가정이
신앙 양육의
중심이다

Family Driven Faith
ⓒ 2007 by Voddie Baucham Jr.
Published by Crossway, a publishing ministry of Good News Publishers,
Wheaton, Illinois 60187, USA.
All rights reserved.
This Korean translation edition ⓒ 2024 by Timothy Publishing House,
Inc., Seoul, Republic of Korea
Published by arrangement with Crossway through rMaeng2, Seoul,
Republic of Korea.

이 한국어판의 저작권은 알맹2를 통하여 Crossway와 독점 계약한
(주)도서출판 디모데에 있습니다.
신저작권법에 따라 한국 내에서 보호받는 저작물이므로 무단 전재와 무단
복제를 금합니다.

가정이 신앙 양육의 중심이다

1쇄 발행 2024년 3월 26일

지은이 보디 바우컴
옮긴이 고동일
펴낸이 고종율
펴낸곳 주)도서출판 디모데〈파이디온선교회 출판 사역 기관〉
등록   2005년 6월 16일 제 319-2005-24호
주소   서울특별시 서초구 서초대로 141-25(방배동, 세일빌딩)
전화   마케팅실 070) 4018-4141
팩스   마케팅실 02) 6919-2381
홈페이지 www.timothybook.com

ISBN 978-89-388-1704-4 (03230)
ⓒ 2024 도서출판 디모데 All rights reserved. 〈Printed in Korea〉

가정이
신앙 양육의
중심이다

신앙으로
바르게 자라면,
언제나
귀하게 된다

보디 바우컴 고동일
지음   옮김

디모데

재스민, 트레이, 일라이저, 애셔, 쥬다,

마이카, 사피야, 에이머스, 시미언

그리고 아직 태어나지 않은 모든 '화살들'에게 이 책을 바칩니다.

오직 하나님께만 영광을(*Soli Deo Gloria*)!

차례

서문 _9
들어가는 글 _13

1장. 당신의 가정은 지금 어떤 모습인가? _17
2장. 오직 한 분 하나님만 섬기라 _49
3장. 가정에서 사랑하는 법을 배우라 _79
4장. 가정에서 성경적 세계관을 가르치라 _111
5장. 가정에서 말씀을 가르치라 _143
6장. 가정에서 말씀대로 행하라 _171
7장. 가정은 하나님의 영역이다 _205
8장. 하나님의 은혜를 기억하라 _235
9장. 가정 중심 신앙을 위한 교회의 전략 _265
10장. 교회가 나아가야 할 방향 _299

주 _336
참고 도서 _343
스터디 가이드 _345

서문

몇 년 전, 나는 하나님이 우리 가족을 변화시키기 위해 사용하신 몇 가지 기본적인 진리를 담은 간단한 책을 쓰기로 마음먹었다. 그 결과가 바로 이 책이다. 그 이후, 이 간단한 진리는 세계 여러 지역에서 수많은 가정과 교회에 영향을 주었다. 이 메시지가 미칠 영향이나 불러일으킬 논란을 예상한 사람은 없었을 것이다. 그런데도 이 메시지는 여전히 사람들의 마음에 감동을 주고 있다. 메시지를 받아들인 결과로, 연인들은 결혼하기로 결정했고, 부부들은 자녀를 낳기로(혹은 더 많은 자녀를 낳기로) 결심했으며, 많은 가정이 홈스쿨링을 시작했다. 또한 부모들은 정기적으로 가정 예배를 드리고 자녀와 함께 교회 예배에 참석하기로 결단했다.

이런 영향력은 개인과 가족뿐만 아니라 교회 전체에까지

퍼졌다. 여러 교회에서 제자훈련 방법을 재평가하고, 가정에서 남성을 리더로 양육하며, 교회 예배에 아이들을 참여시키기로 했다. 이러한 이유로 이 책에는 소그룹 활동에서 상호 작용을 촉진하기 위한 장별 질문과 스터디 가이드가 있다.

그러나 이 책은 비판받기도 했다. 이 책의 '반동적' 어조를 비판하는 사람들이 있었다. 또 기독교인이 자녀에게 기독교 교육을 해야 할 의무가 있다는 생각이나 현대 청소년 사역에 성경적 근거가 없다는 주장에 불편함을 느끼는 이들도 있었다. 이러한 비판이 공정한 것인지는 독자 스스로 판단할 문제다. 그러나 이 책에서 더 명확하게 전달하고 싶은 부분이 있다. 예를 들면, '가족 중의 가족'이라는 은유를 교회의 본질이 아니라 교회의 구조에 대한 표현으로 더 잘 설명했으면 좋았을 것 같다. 어쨌든 수많은 제한 사항에 매몰되어 요점이 희석되지 않기를 바랄 뿐이다.

이 책이 주는 메시지는 전체적으로 이해되어야 한다. 하나님은 자기 백성에게 가정에서 제자를 양육하는 중요성과 그 방법에 대한 명확한 지침을 주셨다. 이 책은 이러한 지침을 탐구하기 위해 신명기 6장을 성경의 원문과 그 시대를 반영한 문맥을 고려하여 설명하고 있다. 이 책은 방법이 어떻게 결과를 조작할 수 있는지에 관한 책이 아니다. 또 단순히 현재의 트렌드나 가능한 해결책을 제시하는 것도 아니다. 이 책은 열정적이고 긴급한 호소이자 '깨어나라!'고 외치는 한 사람의 노력이다. 우리는 땅에서 번성하고 있지도 않고, 좋은 상황에 놓인 것도 아니다(신 6:1-4, 엡 6:1-4 참고). 이는 하나님의 언약 백성이 다음 세대를 위한 복음 전도와 제자 양육에 성경적인 방법을 적용하고 있지 않다는 명백한 표시다.

수확을 기대하는 농부가 밭을 갈고, 씨를 심으며, 물을 뿌리고, 잡초도 뽑고 잘 지켜보면서 기도해야 하는 것처럼, 자녀의 마음에서 결실을 보고 싶은 부모도 마찬가지다. 성경적인 방법을 적용하는 것은 믿음이 부족하다는 증거가 아니며, 오히려 하나님만이 하실 수 있는 일에 우리가 절대적으로 의존하고 있음을 확실히 보여주는 표시다. 하나님과 동행하는 자녀를 키우고자 한다면, 하나님이 우리에게 명령하신 대로 행동해야 한다. 이것이 '가정 중심 신앙'의 핵심이다.

들어가는 글

최근 교회 상황에 관심이 있는 사람이라면 '기독교' 가정에서 자란 아이들이 신앙에서 떠나는 충격적인 통계에 대해 알고 있을 것이다. 여러 연구에 따르면, 복음주의적인 가정에서 자란 십대 대다수가 대학 1학년을 마치기 전에 교회를 떠난다는 사실이 밝혀졌다. 통계학적 지식이 없더라도, 우리가 아이들을 교육하는 방법에 문제가 있다는 사실을 분명히 알 수 있다.

유감스럽게도, 최근 우리가 시도한 어떤 노력도 원하는 결과를 거두고 있지 못하는 것 같다. 서점에는 청소년 사역에 대한 새롭고 혁신적인 방법을 소개하는 책들로 가득하다. 아이들이 청소년기가 되기 전에 어린이 사역에 집중하여 더 견고한 기반을 다지는 것이 해답이라고 말하는 사람들도 있다. 그런가

하면, 청소년 사역과 어린이 사역을 통합하여 더 원활하고 조화롭게 전환이 이루어지게 해야 한다는 의견도 있다. 하지만 이 책은 그 어떤 접근법도 지지하지 않는다.

나는 우리가 잘못된 곳에서 답을 찾고 있다고 생각한다. 우리 자녀들이 믿음에서 멀어지는 이유는 교회가 사역을 제대로 하지 못해서가 아니다(그것도 한 원인일 수는 있지만). 우리 자녀가 믿음을 잃는 이유는 실제로 가정에서 이루어져야 할 일을 교회에 부탁하고 있기 때문이다. 제자훈련과 세대 간의 믿음은 가정에서 시작하고 가정에서 끝나야 한다. 기껏해야 교회는 "성도들을 준비시켜서, 봉사의 일을 하게"(엡 4:12, 새번역) 하고자 지원하는 역할을 담당할 뿐이다.

물론, 이런 내 주장에 대한 즉각적인 반응은 "좋은 생각이긴 하지만, 이것은 단순히 가정이 해야 할 일을 제대로 하지 않은 것뿐입니다"라는 익숙한 말이다. 나는 이런 말을 무수히 들었으며, 이에 전적으로 동의한다. 하지만 교회가 자녀에게 좋은 이름을 지어주지 않는 가족을 위한 '아기 이름 짓기' 사역이나, 성경을 충분히 읽지 못하는 성도들을 위한 '대신 성경 읽어주기' 사역을 시작하지 않는 이유는 무엇일까? 아마도 성경 읽기를 개인의 책임으로 생각하기 때문일 것이다. 교회의 임무는 성도들이 성경에서 가르치는 대로 행동하도록 가르치고 장려하는 것이다.

이 책은 가정에 주도권을 되돌려주고, 다음 세대에 대한 하나님의 명령을 따르도록 가정에 동기를 부여하며, 교정하고 격려하며 준비시키려는 노력의 일환이다. 성경은 하나님이 가정에 기대하시는 것과 그 일이 어떻게 이루어져야 하는지를 명확하게 말하고 있다. 안타깝게도 대부분 기독교인이 이러한 진리를 가르치는 가정에서 자라지 않았다. 그 결과 '부모의 죄'를 반복하고 있다.

나도 이런 가정에서 자라지 못했다는 사실을 들으면 위로가 될지 모르겠다. 나는 비기독교 가정에서 자라났다. 내가 가장 처음 접한 종교는 어머니가 믿었던 불교였다. 게다가 나는 부모 모두가 있는 조화롭고 안정된 환경에서 자라지 않았다. 십대 싱글 맘이었던 어머니는 마약이 만연하고 갱스터가 득실거리는 로스앤젤레스 중남부 지역에서 나를 키워냈다.

실제로, 아내와 나는 성경적인 가정이 어떤 모습인지 전혀 몰랐다. 우리 둘 다 결손 가정에서 자랐기 때문이다. 우리의 어머니들은 버림당하고, 자녀를 양육하고 교육하는 고된 일을 홀로 감당해야 했다. 더구나 이러한 어려움은 집안 내력이 되어 자주 반복되었다. 우리 가족은 여러 세대에 걸쳐 형성된 역기능 가정이었다.

나는 우리 가족의 죄를 옹호하려고 이런 말을 하는 것이 아니다. 사실, 이런 일들을 고백하고 싶지 않다. 우리 가족 중에서도 내가 이런 가족의 치부를 공개적으로 나누는 것을 불쾌해하는 사람이 많다. 우리의 경험을 정상인 것처럼 받아들이고 사는 편이 더 쉬울 것이다. 그러나 이는 사실과는 거리가 멀다. 아내와 나는 우리를 키우고 양육한 가족을 사랑하고 존경하지만, 솔직하게 말해서 우리가 받은 양육이 이상적이라고 할 수는 없다.

내가 가족 간에 갈등과 적대감이 많은 곳에서 자랐다거나 나만이 우리 가족 중에 유일하게 올바른 사람이었다고 말하려는 것이 아니다. 독자들에게 전하고 싶은 점은 아내 브리짓(Bridget)과 내가 이 과정을 어려운 상황 가운데 뒤늦게 시작했다는 것이다. 어떤 상황에서도 우리는 악순환의 고리를 끊고, 세대를 넘어 가족을 변화시킬 기초를 마련할 수 있다. 성경은 살아 숨 쉬며 삶을 변화시키는 하나님의 말씀이다. 하나님은 우리를 어둠 속에서 방황하게 내버려두지 않으신다. 그분은 우리가 효과적으로 부모가 되고 자녀를 훈육하는 법을 찾도록 돕고 계신다. 하나님이 우리 부부에게 아내와 남편, 어머니와 아버지로서의 역할과 행동을 가르치실 수 있다면, 누구에게나 가르치실 수 있다는 뜻이다.

나는 하나님이 이 책을 통해 당신에게 자녀를 주의 교훈과 훈계 속에서 기를 수 있다는 놀라운 가능성을 엿보게 하시길 기도한다. 아멘을 외치는 순간도 있겠지만, 때로는 아픔을 느끼는 순간도 있을 것이다. 하지만 기억하라! 나는 편지를 쓴 사람이 아니라 전달하는 사람일 뿐이다. 단지 그 편지가 우리 집에 먼저 전해졌을 뿐이다. 다음에 소개하는 내용은 우리가 문화 속에서(교회에서조차도) 벗어나 하나님의 길로 우리 가정을 이끌며 겪은 시행착오를 통해 배운 하나님의 진리를 담고 있다.

1장.
당신의 가정은 지금 어떤 모습인가?

"밤 10시입니다. 지금 당신의 자녀는 어디 있습니까?" 만약 당신이 우리 부모님 세대라면, 이 문구를 기억할 것이다. 매일 저녁 뉴스를 보기 전에 이 말을 들었을 것이기 때문이다. 이 안에 담긴 의미는 매우 단순하다. 부모들은 아이가 정해진 시간에 반드시 집에 있음을 확인해야 한다. 누가 이 말에 토를 달겠는가? (더 늦게까지 외출하고 싶은 십대들을 제외하고 말이다.)

요즘에는 이 질문이 다음과 같이 바뀌었다. "당신의 자녀가 영적으로 어디 있는지 알고 있습니까?" 어린 조니는 성경을 읽을 수 있는가? 샐리는 정조(virginity)와 순결(purity)의 차이점을 알고 있는가? 당신의 자녀는 책임감 있는 크리스천으로 자라고 있는가, 아니면 소위 기독교인이라는 수많은 아이가 신앙에서 멀어지는, 경종을 울리는 새로운 추세를 잘 보여주는 예시일 뿐인가?

이 책을 쓰면서 팜비치 애틀랜틱 대학교에서 시리즈 설교를 할 기회가 있었다. 주로 에베소서 5장 25절 이후를 살펴보며 결혼을 고려할 때 성경적 기준에 부응하고, 그 이상을 기대하라고 청년들에게 도전했다. 그것은 강력한 경험이었으며, 내가 예민한 부분을 건드렸다는 것을 알 수 있었다.

설교가 끝난 후 나는 그러한 도전을 받아본 적 없었던 학생들과 이야기를 나눌 기회가 있었다. 교수들과 직원들도 다가와 "저희 아버지가 20년 전에 이런 말을 해주셨다면 참 좋았을 것 같아요"라고 말했다. 몇몇 젊은 여성은 나와 개인적으로 이야기 나눠보고 싶다고 했다. 몇몇 젊은 남성은 "우리의 기준을 완전히 높이셨네요"라고 말했다. 온 캠퍼스가 술렁였다.

한 젊은 여성이 내 설교를 듣고 마음속으로 씨름하다 점심시간에 나를 찾아왔다. 그러고는 깊은 한숨을 내쉬며 자신의 가슴 아픈 사연을 털어놓기 시작했다. 그녀는 21세 대학생으로 한 젊은 남성과 진지하게 사귀고 있었다. 그녀는 그 남자를 정말로 사랑했지만, 그가 성경이 가르치는 예비 남편의 모습을 전혀 갖추지 않았다고 토로했다. 그녀는 눈물을 참으려 애쓰며 "어떡하죠?"라고 물었다.

더 자세히 파헤치자, 그녀가 그 남자와 2년 넘게 만났음을 알게 되었다. 두 사람은 '매우 진지한' 관계였기에, 그녀에게 직접 들은 것은 아니지만, 그들이 성관계를 하지 않는 게 오히려 이상할 정도였다. 그녀는 분명히 내 설교를 듣기 훨씬 전부터 이 관계의 미래에 대해 고민해왔고, 그날 아침에 들은 내용이 그녀를 벼랑 끝으로 몰아붙였다. 하지만 이 관계는 너무 진지하고 오래되었기에, 그녀가 이 관계를 극복하려면 도움을 줄 수 있는 사람들이 필요해 보였다. 나는 그녀에게 이 어려운 시기를 함께 이겨나가 줄 성숙한 크리스천 여성을 알고 있는지 물었지만, 없었다. 그녀는 성경 공부나 소그룹 모임에도 참석하지 않았고, 교회도 다니고 있지 않았다.

나는 이 젊은 여성과 30분간 이야기를 나누었다. 그 시간 동안 그녀의 상황을 그녀보다 몇 살 더 어린 딸을 가진 아버지의 입장에서 생각하려고 노력했다. 그러자 내 마음이 아파지기 시작했다. 나와 이야기를 나눈 이 젊은 여성은 줄곧 교회에 다녔고 좋은 가정에서 성장했다. 사실 그녀의 가족은 그녀에게 무척 헌신적이어서 그녀를 학비가 비싼 사립 기독교 학교에 보냈다. 그러나 집에서 나온 후 불과 몇 년이 지나지 않아 그녀는 교회 예배에 참석하지 않았고, 똑같이 교회를 떠난 청년과 2년 동안 사귀며 전혀 성경적이지 않은 세계관을 확장했다.

불행히도, 이런 상황은 특별하거나 드문 사례가 아니다. 연구에 따르면, 기독 청소년의 70-88퍼센트가 대학교 2학년이 되기 전에 교회를 떠난다고 한다.[1] 현대 미국의 기독교는 자녀를 믿음의 길로 이끄는 데 10명 중 8명(거의 9명)이 실패하고 있다. 상상해보라. 90퍼센트나 되는 아이들이 고등학교를 졸업할 때까지 글도 못 읽는다면 얼마나 어마어마한 일이 벌어질까? 분노로 항의하는 부모들을 수용하기에 학교의 이사회 회의장도 부족할 정도로 큰 소동이 벌어질 것이다.

이 통계가 놀랍기는 하지만 사실 그렇게 놀랄 일도 아니다. 지난 몇 년 동안 수많은 연구자가 교회에 다니며 자신을 기독교인이라고 정의하는 십대 중 대다수가 사실은 기독교적 정체성을 축소하는 신념 체계를 가졌다는 사실을 발견했다. 예를 들어, 조지 바나(George Barna)의 연구에 따르면, '거듭난 십대' 중 85퍼센트가 절대적 진리를 믿지 않는다고 한다.[2] 또한 60퍼센트 이상이 "자기 경험을 제외하고는 확실한 것이 없다"라는 주장에 동의했으며,[3] 조사 대상 중 절반 이상은 성육신하신 예수님이 이 땅에서 죄를 지었을 것이라고 믿었다!

노스캐롤라이나 대학교 채플힐 캠퍼스의 크리스천 스미스(Christian Smith)와 그의 연구팀은 현재까지 이루어진 청소년 종교 연구 중 가장 큰 규모의 연구를 진행했다. 그들이 연구한 내용은 『영혼을 찾아서』(*Soul Searching*)라는 책으로 출간되었다. 청소년과 종교에 관한 국립 연구소(National Study of Youth and Religion)는 미국의 청소년들이 매우 종교적이지만, 그들의 종교가 대체로 애매모호하다는 사실을 발견했다. 이 모호함은 다른 활동에 비해 영적인 문제에 투자하는 시간과 관심이 부족했기 때문이라며, 다음과 같이 지적했다.

> 우리의 연구 결과에 따르면, 종교 공동체는 학업과 미디어에 밀려 청소년들의 시간과 관심을 잃고 있는 것으로 나타났다. 사회학적으로 볼 때 청소년기의 삶을 형성하는 데 신앙 공동체는 일반적으로 매우 제한된 기간에 아주 적은 비중만 차지할 뿐이다. 청소년기는 구조적으로 더 강력하고 소리 높은 주체들이 지배한다. 따라서…

청소년 대부분은 TV에 나오는 유명인이나 팝 스타에 관해서는 자세히 알고 있었지만, 모세와 예수에 대해서는 상당히 애매하게 알고 있는 경우가 많았다. 또 청소년 대부분이 음주 운전, 에이즈, 약물의 위험은 잘 알고 있었지만, 자신들이 속한 전통의 핵심 개념은 전혀 모르고 있었다. 많은 부모가 교회 예배나 청소년 모임보다 학교 행사와 운동을 우선시했다.[4]

결과적으로, 스미스와 그의 연구팀은 "대다수의 미국 청소년이 종교적 진리, 정체성의 경계, 종교적 공동체의 필요성에 대해 상당히 포용적이고 다원적이며 개인주의적인 견해를 가진 것으로 보인다"[5]라고 밝혔다. 다시 말해, 세속적 인본주의가 미국의 기독교 청소년들을 흡수한 것으로 보인다.

따라서 우리는 젊은이들이 대거 교회를 떠나는 사실에 놀랄 필요가 없다. 자신이 거의 동의하지 않는 단체에 충실한 사람이 있을까? 자기 삶의 변두리로 밀려난 신념 체계에 어떻게 충실할 수 있겠는가? 문제는 아이들이 기독교를 떠나고 있다는 것이 아니다. 진짜 문제는 대다수가 이미 자신이 기독교인이 아니라고 스스로 인정하고 있다는 사실이다! 따라서 그들이 떠나는 것은 완전히 이해할 만한 일이다. 사도 요한이 가장 잘 표현한 것처럼 말이다.

> 그들이 우리에게서 나갔으나 우리에게 속하지 아니하였나니 만일 우리에게 속하였더라면 우리와 함께 거하였으려니와 그들이 나간 것은 다 우리에게 속하지 아니함을 나타내려 함이니라(요일 2:19).

어쩌면 민감한 주제일 수도 있겠지만, 이 문제는 살펴볼 필요가 있다. 만약 그리스도인 부모가 자녀가 거듭나지 않았는데도 거듭났다고 확신하면서 살아간다면 어떻게 될까? 우리의 아들과 딸이 양 가운데 염소처럼, 밀 가운데 가라지처럼 살아가고 있다면 어떻겠는가? 네다섯 살 된 어린이가 세례를 받은 것이 그저 회중을 바라보며 "예수님은 내 마음에 계십니다"라는 말을 앵무새처럼 따라 했기 때문이라면 어떻게 해야 하는가?

안타깝게도 이는 우리 문화권의 그리스도인들 사이에서 드물지 않은 현상이다. 톰 레이너(Thom Rainer)의 연구에 따르면, 미국에서 가장 복음적인 교파로 뽑히는 남침례교 내에서도 "거의 절반에 해당하는 교회 구성원이 기독교인이 아닐 수 있다"[6]고 한다. 이는 남침례 교단(SBC)에만 해당하는 일이 아니라 더 큰 문제가 있음을 시사한다. 수많은 사람이 성령의 거듭나게 하시는 능력이 없이 '따라 하는 영접 기도'나 "당신이 천국에서 사랑하는 사람을 다시 만나고 싶다면…"과 같은 말로 사람들을 초청한다.

나의 목표는 부모들이 자기 자녀가 구원받았는지 의심하게 만드는 것이 아니라, 단지 절실히 필요한 경고를 하려는 것이다. 도둑이 우리 자녀를 훔치고, 살해하며, 파괴하고자 우리 코앞에 있는데도 크리스천 부모들은 잠들어 있는 것 같다(요 10:10 참고). 내가 모든 해답을 아는 전문가로서 이 책을 쓴 것은 아니다. 나는 지난 10년 동안 이러한 놀라운 추세를 목격한 목회자이자 우리 가정에 여러 세대에 걸쳐 신실한 믿음을 전수하고 싶은 아버지일 뿐이다.

인생의 양면

내 삶에는 두 가지 측면이 있다. 하나는 개인적인 부분이고, 다른 하나는 직업적인 부분이다. 직업적인 면에서 나는 설교자이자 작가, 교회 장로, 교수다. 이 역할들을 감당하면서 풍요로움과 만족과 보람을 느낀다. 사람들은 나를 박사나 목사로 불러준다. 나는 전국을 돌며 설교하고 가르치며 강연하기도 한다. 대중 앞에서 강의하고 수천 명 앞에서 설교하는 것도 이런 직업적인 측면의 일부다. 사실 인생의 이런 측면에만 매몰되기 쉬울 수 있다. 그러나 내게는 훨씬 더 중요한 또 다른 인생의 측면이 존재한다.

내 인생에서 가장 소중한 부분은 남편과 아버지 역할이다. 내가 브리짓의 남편이자 애서, 재스민, 트레이, 일라이저의 아버지라는 사실보다 더 의미 있는 일은 없다. 내가 이렇게 말하면 어떤 사람들은 "가족생활보다 그리스도와의 관계가 더 중요하지 않나요?"라고 물을 것이다. 궁극적인 의미에서는 그렇다. 그러나 그리스도와 함께 걸어가는 길에서 나에게 가장 중요한 부분은 가족이다. 예수님과 개인적인 관계를 맺는 것은 물론 나에게 중요한 일이다. 하지만 남편과 아버지 역할을 소홀히 하면서 성경을 읽고 기도하며 내 시간의 대부분을 다른 사람들을 위해 쓴다면, 그리스도와의 관계는 균형을 잃거나 더 나쁘게는 진실하지 않게 될 것이다.

아내와 자녀와의 관계는 나와 그리스도의 동행에 진정성을 부여한다. 마태복음에서 예수님도 이 점을 분명하게 말씀하셨다.

> 예수께서 사두개인들로 대답할 수 없게 하셨다 함을 바리새인들이 듣고 모였는데 그중의 한 율법사가 예수를 시험하여 묻되 선생님 율법 중에서 어느 계명이 크니이까 예수께서 이르시되 네 마음을 다하고 목숨을 다하고 뜻을 다하여 주 너의 하나님을 사랑하라 하셨으니 이것이 크고 첫째 되는 계명이요 둘째도 그와 같으니 네 이웃을 네 자신같이 사랑하라 하셨으니 이 두 계명이 온 율법과 선지자의 강령이니라(마 22:34-40, 밑줄 강조).

아내가 내 이웃이 아니라면 도대체 누가 내 이웃이 될 수 있을까? 가장 가까운 이웃도 사랑하지 못하면서, 어떻게 그리스도와 진정으로 동행하고 있다고 주장할 수 있을까?

요한은 이를 더 상세하게 이야기했다.

> 빛 가운데 있다 하면서 그 형제를 미워하는 자는 지금까지 어둠에 있는 자요 그의 형제를 사랑하는 자는 빛 가운데 거하여 자기 속에 거리낌이 없으나 그의 형제를 미워하는 자는 어둠에 있고 또 어둠에 행하며 갈 곳을 알지 못하나니 이는 그 어둠이 그의 눈을 멀게 하였음이라(요일 2:9-11).

이 성경 본문에서도 그 사실을 분명히 밝히고 있다. 내가 이 땅에서 맺은 관계는 곧 나와 하늘의 관계를 증명한다. 내가 하나님을 사랑한다면, 그 사랑은 내 형제자매에게(특히 나와 한 집에 사는 사람들에게) 반드시 드러날 것이다.

사실 복음 사역자로서 내 지위는 내가 남편과 아버지로서 어떻게 행동하느냐에 달려 있다. 사역자가 갖추어야 할 자질은 많지만, 목회 지도자로 섬기기 위해 필요한 기술은 두 가지뿐이다. 첫째, 가르칠 수 있어야 한다. 둘째, 자기 가정을 잘 관리해야 한다(딤전 3장, 딛 1장, 벧전 5장 참고). 다시 말해, 좋은 남편이 되지 않으면 나는 하나님의 백성을 이끌 자격이 없다. 게다가 주의 교훈과 훈계로 자녀를 양육하며 모범이 되지 않는다면, 하나님의 양 떼를 돌보는 일에 적임자가 아니다. "자기 가정을 다스릴 줄 모르는 사람이 어떻게 하나님의 교회를 돌볼 수 있겠습니까?"(딤전 3:5, 새번역)

유감스럽게도, 이는 우리 문화의 대다수 기독교인에게 낯선 개념이다. 대부분의 목회자 선출 위원회는 후보자의 아내나 자녀를 만나보지도 않고, 목회자 후보가 집에 있을 때의 모습을 관찰하지도 않는다. 또 그가 가정에서 어떻게 말씀을 가르치고, 가정 예배를 인도하며, 자녀를 훈육하고 지도하며 격려하는지, 그리고 아내를 어떻게 사랑하는지를 알 만큼 가까운 사람들에게 질문을 던질 생각조차 하지 않는다.

이는 별개의 문제처럼 보일 수 있지만, 확실히 이 문제에 밀접한 관련이 있다. 우리를 이끄는 사람들에게 더는 모범적인 가정생활을 요구하지 않는다는 사실은 우리가 이 문제를 처음부터 소홀히 다뤘다는 사실을 나타낸다. 실제로 '목회자의 자녀'라는 용어는 리더의 버릇없고, 반항적이며, 종종 무시당하는 자녀를 가리키는 완곡한 표현이 되어버렸다. 만약 우리의 리더들이 남편이나 아버지로서 실패한다면, 다른 가정에는 어떤 희망이 있을까?

한 남자의 여정

나는 아내와 대학교 2학년 때 결혼했다. 당시 나는 막 20세가 되었다. 사실 운전 면허증도 없었다. 혼인 신고를 하려면 운전 면허증이 필요했기 때문에 이 사실을 기억한다. 우리는 놀라운 여정을 떠나는 두 젊은이였다. 얼마나 어려운 일이 찾아올지 전혀 알지 못했고, 어려움이 얼마나 빨리 시작될지도 깨닫지 못했다.

우리 두 사람은 이 여정을 시작할 때, 큰 도움을 받지 못하리라는 사실을 알고 있었다. 브리짓도 나도 이상적인 가정에서 양육을 받지 못했다. 사실, 지난 두 세대에 걸쳐 양가 가족 모두 25번의 결혼과 22번의 이혼을 겪었다. 우리 결혼이 아직 이혼으로 끝나지 않은 세 번의 결혼 중 하나라는 사실을 알면 더욱 놀랄 것이다. 얼마 지나지 않아 우리는 다른 곳에서 본보기를 찾아야 할 필요가 있음을 깨달았다.

이 책은 궁극적으로 우리의 여정에 관한 이야기다. 나는 결혼 생활을 유지할 방법을 찾으려 고군분투하는 스무 살짜리 청년에서, 이제는 십대 두 명과 아장아장 걷는 유아, 그리고 곧 함께하게 될 아이를 둔 반쯤 서투르지만 전투에 단련된 38세의 베테랑 아버지로 성장했다. 이 과정에서 우리 가족은 풍성한 축복을 받았다. 나는 성경적 모델을 따르는 것이 어떤 차이를 만들어낼 수 있는지 몸소 경험했다. 우리 삶에서 보이는 증거 덕분에 하나님이 다른 젊은 부부들을 우리 집으로 인도하여 조언을 구하러 오게 하시는 것을 경험했다.

더 중요한 것은 주변 사람들이 우리 가정을 통해 하나님이 일하고 계심을 보면서, 우리 가정을 사용하시는 것을 깨달았다는 것이다. 내가 받은 큰 칭찬 중 하나는 사촌 여동생 두 명이 말한 것이다(심지어 두 번이나 같은 칭찬을 받았다). 결혼과 가족에 관해 대화를 나누다가 둘 다 나에게 이렇게 말했다. "나는 그저 결혼만 하고 싶은 게 아니야. 오빠랑 브리짓 언니처럼 결혼 생활을 하고 싶어." 나는 깜짝 놀랐다! 내 눈에는 우리 가정의 결점과 개선해야 할 부족한 부분만 보이지만, 가끔은 주변 사람들을 통해 하나님이 얼마나 먼 길을 인도해주셨는지를 상기하게 된다.

아내와 나는 몇 년 동안 세 가지 약속을 지키는 방법을 찾으려고 노력했다. 첫째, 우리는 함께 지내며 부부로서 번영하는 데 헌신한다. 둘째, 우리는 여러 세대에 걸쳐 믿음을 전수하기 위해 헌신한다. 마지막으로, 우리는 다른 이들의 삶에도 처음 두 가지 약속을 재현하기 위해 온 힘을 다해 헌신한다. 이 책은 세 번째 약속을 지키기 위한 미약한 노력이다.

풀 스크린 세상에서 사는 와이드 스크린 가정

나와 우리 가족은 영화를 좋아한다. 우리는 새로운 가족 영화의 개봉 예정일을 달력에 표시하고, 영화가 개봉하는 날에는 극장에 가려고 최선을 다한다. 우리는 집에서 영화 보는 것도 좋아한다. 우리가 가지고 있는 DVD가 꽤 많아서 때로는 친구들이 비디오 대여 가게에 가는 대신 우리 집에 영화 DVD를 빌리러 오는 경우도 있다. 가끔 몇몇 친구와 가족이 우리 집에 모여 영화의 밤을 즐기기도 한다.

그러나 미디어에 대한 이해가 부족한 손님이 오는 날에는 약간의 문제가 발생하기도 한다. 영화의 밤이 논쟁의 밤이 돼 버리는 것이다. 논쟁이 생기는 원인은 코미디를 볼지 드라마를 볼지에 대한 것이 아니라 그보다 훨씬 근본적인 의견 차이에 대한 것이다. 바로 와이드 스크린 대 풀 스크린에 대한 어마어마한 논쟁이다. 우리 가족은 엄밀히 말하자면 와이드 스크린을 선호한다. 실제로 우리는 풀 스크린 버전 DVD를 실수로 골랐다가 다시 매장에 반품하기도 했다. 그러나 우리 친구와 가족 중 몇몇은 화면 위아래의 검은 가장자리가 무언가를 놓치고 있다는 표시라고 확신했다.

가장 격렬하고 오래도록 이어진 와이드 스크린 대 풀 스크린 논쟁은 나와 처남 간의 것이었다. 이 논쟁은 몇 년에 걸쳐 계속되었다! 게다가 이미 내 의견을 충분히 증명한 후에도 논쟁은 계속되었다.

어느 날 우리 두 사람은 아이들과 함께 자주 방문하는 전자 제품 매장에 들렀다. 늘 그렇듯이 한 개를 사러 들어갔다가 열두 개를 사고 나오게 되었다. 그런데 아이들과 함께 매장 안을 돌아다니던 처남 케빈이 보이지 않았다. 마침내 우리는 대형 스크린 TV 앞에서 그를 발견했다. 그는 자신이 좋아하는 영화의 결말 부분을 시청하고 있었다. 우리는 모두 거기 서서 〈드럼라인〉(Drumline)의 밴드 행진 장면을 함께 관람했다. 바로 그때 처남은 우리의 논쟁을 영원히 끝내버릴 두 마디를 던졌다.

먼저, 그는 "예전에는 어떤 대형으로 행진하고 있는지 전혀 몰랐어요"라고 말했다. 현장에서 밴드의 클라이맥스 공연을 지켜보던 그는 그들의 대형이 2001이라는 숫자를 이루고 있다는 것을 마침내 알게 되었다. 두 번째로, "이제 영화 삼분의 일을 놓치고 있다는 게 무슨 말인지 알겠어요"라고 말했다. 드디어! 긴 시간이 걸린 끝에 와이드 스크린 버전이 영화 일부를 잘라내는 것처럼 보이지만 사실은 풀 스크린 버전이 시청자를 속이고 있다는 사실을 처남에게 설득한 것이다. 그 순간, 그는 내 마음에 여전히 울려 퍼지는 한마디를 덧붙였다. 그는 완전히 솔직한 표정으로 나를 쳐다보며 말했다. "그래도 그 검은 부분은 여전히 싫어요."

즉, 그는 이제 와이드 스크린 영화의 이점을 완전히 이해했는데도, 풀 스크린 영화의 세계를 떠나려 하지 않았다. 그 순간 내가 할 수 있는 일은 그저 고개를 저으며 물러나는 것뿐이었다. 하지만 결국 그는 포기했다. 이제 그가 와이드 스크린 영화를 즐기고 있다는 것이 자랑스럽다. 이것은 매우 독선적인 두 명의 남성 사이에서 벌어진 꽤 어리석은 논쟁이었지만, 주변에서 일어나는 일에 의문을 품고 현재 상황을 충분히 고려하지 않는 것은 위험할 수 있다는 사실을 보여준다.

2004년 6월 빌 오라일리(Bill O'Reilly)는 『홈 인베이전』(*Home Invasion*)이라는 신간 저자를 인터뷰했다. 저자인 레베카 해글런(Rebecca Hagelin)은 세 자녀의 어머니였으며, 자녀의 미디어와 엔터테인먼트 소비에 관해 매우 엄격한 견해를 갖고 있었다. 오라일리는 그녀의 17세 아들이 MTV를 시청하는지 물었다. 놀랍게도 그녀는 아니라고 대답했다. 게다가 자신과 남편이 자녀의 삶에 도덕적 기반을 마련해주었기 때문에 그녀의 아들에게는 그런 것들을 소비하려는 욕구가 전혀 없다고 설명했다. 이 시점에서 오라일리는 완전히 놀라버렸다. 그는 몇 가지 농담을 했지만 그의 기본 메시지는 "그런 말도 안 되는 일에 기꺼이 순종하는 아이들이 있다는 것이 행운이다"였다. "나라면 도망쳤을 것"이라고 말하기도 했다.

빌 오라일리가 육아의 표준을 제시하는 것은 아니지만 그의 견해는 많은 그리스도인 부모의 견해와 매우 일치한다. 우리 부부는 자녀의 TV 시청 시간을 일주일에 4시간(전국 평균은 하루에 4시간 30분에서 5시간)으로 제한하고, 15세 딸의 데이트를 허용하지 않는다. 그래서 아이들을 억압한다는 말을 얼마나 많이 들었는지 모른다. 불가피하게 우리는 "아이들이 대학에 가면 자기 마음대로 방종한 삶을 살게 될 거예요!"라고 사람들이 흔히 하는 말을 듣는다. 하지만 흥미롭게도 내가 대학 시절 기억하는 '자유분방한 사람' 중에 초보자는 한 명도 없었다. 그들 중 아무도 집에서 순결한 삶을 살다가 대학에 와서 갑자기 도덕적으로 탈선하지 않았다. 대부분 이전부터 시도해본 방탕함에 더욱 깊게 빠져들었을 뿐이다.

이 문제는 더 깊은 의미를 내포하고 있다. 핵심은 우리 아이들이 나중에 죄를 짓느냐 아니냐가 아니라, 아이들이 집을 떠나기 전에 그들을 훈련해야 할 성경적 책임이 부모에게 있느냐는 것이다. 그리스도인 부모들이 자녀에게 불경건한 경험을 시도해볼 여지를 허용하는 것이 성경적으로 옳은지에 대한 의문이 제기된다.

많은 가정이 내가 '풀 스크린 양육'이라고 부르는 것에 빠져 있다. 성경적인 명령은 사회적인 기준과 비교하면 뭔가 부족한 것처럼 느껴진다. 그래서 성경적 기준을 고수하다 우리 아이가 더 좋아지고, 더 인정받으며, 정상적으로 살 기회를 박탈하는 것은 아닌지 걱정한다. 그러고는 성경적 기준보다 문화적 기준을 따르게 된다. 그러면 자녀에게 바라는 점도 달라진다. 이제 우리가 자녀에게 원하는 것은 세상의 다른 부모가 그들의 자녀에게 원하는 것과 크게 다르지 않게 된다.

결과적으로 크리스천 스미스가 기술한 대로 "종교는 대부분의 미국 청소년의 삶과 경험에서 분리되어 뒷전으로 밀려나는 것으로 보인다."[7] 이런 분리는 영적인 문제에 부여되는 중요성이 매우 적다는 맥락에서 완전히 이해할 수 있다. 스미스는 이를 다음과 같이 설명한다.

이것은 놀라운 일이 아니다. 이는 대부분 미국 청소년의 일상에 종교적인 내용이나 신앙과 관련된 것을 거의 찾아볼 수 없다는 사실을

반영한다. 미국 청소년의 삶은 대부분 학교와 숙제로 가득 차 있다.[8]

많은 십대가 스포츠나 동아리 활동에 참여하고 있다. 대부분의 십대는 친구들과 어울리며 쇼핑을 하거나 운동한다. 또 대부분 영상을 보고 이메일이나 메시지로 친구들과 소통하며, 음악을 듣고 다른 전자 매체에 많은 시간을 할애한다. 남자 친구나 여자 친구 또한 종종 십대들이 많은 시간과 관심을 쏟는 대상이다.[9]

우리 자녀가 은혜 가운데 성장하는 것보다 더 중요하다고 생각하는 것이 몇 가지 있는 것 같다. 그중 세 가지를 생각해 보자.

좋은 성적

대부분 부모에게 자녀에게 가장 바라는 것이 무엇인지 물으면, 기독교인이든 무신론자든 비슷하게 대답할 것이다. 아마도 "우리 아이가 좋은 교육을 받았으면 좋겠어요"라고 말할 것이다. 실제로 조지 바나가 기독교인 부모와 비기독교인 부모를 인터뷰한 결과도 그랬다. 그들이 자녀를 위해 가장 중요하게 생각하는 목표는 좋은 교육을 받는 것이었다.[10]

자녀 교육을 강조하는 것이 잘못된 것이라고 말하려는 것이 아니다. 오히려 우리 부부는 자녀 교육에 열광적이다. 그러나 자녀 교육이 우리의 주요 목표는 아니다. 아이들을 위한 우리의 주요 목표는 그들이 주님과 동행하게 되는 것이다. 유감스럽게도 앞서 언급한 연구에 따르면(기독교인이든 아니든) 자녀 교육보다 그리스도와의 관계를 중요하게 생각하는 부모의 수가 그렇지 않은 부모의 절반 정도밖에 되지 않았다.[11]

이것은 풀 스크린 양육의 대표적인 예시다. 세상의 제한된 시각으로는 좋은 성적을 받고, 좋은(이라고 쓰고 '명성 높고 세간의 이목을 끄는'이라고 읽는) 대학에 가서 졸업하고, 좋은 직장을 얻어 부모님보다 더 많은 돈을 버는 것이 가장 중요한 일이라고 말한다. 좋은 삶이 무엇인지, 너무 좁은 시야로 보고 있는 것이 아닌가! 인생에는 성적보다 더 중요한 것이 많이 있다.

좋은 스포츠팀

스포츠 분야에서도 풀 스크린 문제가 나타난다. 얼마 전 나는 세계에서 큰 신학교 중 한 곳의 수업에서 성경적 양육에 대한 견해를 나눌 기회가 있었다. 학생들이 흥미로워했던 것 중 하나는 우리 부부가 홈스쿨링을 한다는 사실이었다(자세한 내용은 나중에 설명할 것이다). 몇몇 학생이 나에게 비슷한 질문을 했다. "스포츠 활동은 어떻게 하고 있나요?" 내가 "스포츠가 그렇게 중요한가요?"라고 답하자, 그들의 호기심을 더욱 자극했다. 학생들은 내가 일부러 도발적으로 행동하는 것인지, 아니면 잠시 정신을 잃은 것인지 확신하지 못했다. 어쩔 수 없이 그들은 다음과 같은 질문을 덧붙였다. "아이들이 팀워크와 스포츠맨십을 어떻게 배우나요?" "아이들이 어떻게 경쟁심을 키우나요?"라는 질문이 나오기도 했다. 나는 그들의 질문에 다른 질문으로 답했다. "토머스 제퍼슨, 벤저민 프랭클린, 조지 워싱턴은 어떻게 그런 것들을 배웠을까요?" 더 나아가 예수님은 그리스도인 남성성의 궁극적인 모델이시다. 예수님은 이런 것들을 어떻게 배우셨을까? 예수님이 리틀 리그에 참가하셨을까?

조직적인 스포츠 활동을 하는 것이 잘못되었다고 말하려는 게 아니다. 내 요점은, 10세에 유명한 야구팀의 일원이 된다고 해서 인생이 크게 달라지지는 않는다는 것이다. 오히려 이러한 활동은 더 중요한 목표를 추구하는 데 방해가 될 때가 많다. 역사상 옛사람들은 지하실 어딘가에 먼지만 쌓일 트로피를 차지하기 위해 헉헉대는 아이들을 이곳저곳으로 끌고 다니며 성취욕이 강하고 교육 수준이 낮으며 신앙심이 없는 친구들과 경쟁하게 하지 않았다. 그렇게 하지 않아도 아이들이 성숙한 남자와 여자로 성장하는 데 아무 문제가 없었다.

내가 아들에게 공을 주시하라고 가르치면서 그리스도를 주시하는 법을 가르치지 않는다면 나는 아버지로서 실패한 것이다. 사소하고 일시적인 추구가 중요한 일에 방해가 되는 것을 용납해서는 안 된다. 스포츠팀에 합류하는 것은 엄청난 성취이지만 이를 올바른 관점에서 바라보아야 한다. 어떤 스포츠 활동도 하나님의 사람이 되는 것만큼 중요하지는 않다.

좋은 이성 교제

몇 해 전 어느 월요일 저녁, 나는 휴스턴의 유명한 교회에서 대규모 행사에 참석할 예정이었다. 이 교회에서 이미 여러 차례 설교를 한 적이 있었기에 성도들도 나를 낯설게 여기지 않았다. 건물에 들어서자 어떤 신사분이 나에게 다가와 내가 가지고 온 책과 테이프를 옮기는 데 도움이 필요한지 물었다. 나는 그의 친절에 감사하며 기꺼이 도움을 받았다.

그 남자는 내가 들고 있던 상자를 자신의 '미래 사위'라고 소개한 건장한 청년에게 건네주었다. 나는 그 청년의 소년 같은 외모에 바로 충격을 받았다. 알고 보니 그 청년은 열다섯 살밖에 되지 않았다. 얼마 후 열세 살짜리 소녀가 다가왔다. 그는 그 소녀를 자기 딸이자 그 소년의 '여자 친구'라고 소개했다. "도대체 무슨 생각이에요?"라고 소리치지 않으려고 온 힘을 다해 자제해야 했다. 나는 이 남자에게 아버지가 딸의 순결을 지켜준다는 것의 의미를 묻고 싶었다. 그가 임박한 결혼을 이야기하며 두 십대에게 압박감을 주고 있다는 것을 아는지도 묻고 싶었다. 나는 그에게 헤드록을 걸고 싶을 지경이었지만, 참아야 했다.

현대 미국의 데이트는 미화된 이혼 관행에 지나지 않는다. 젊은이들은 배타적이고 낭만적이며 때로는 성적인 관계를 맺으면서 서로에게 헌신하는 법을 배우지만 결국 헤어지고 다시 처음부터 시작한다. 하지만 하나님은 그분의 자녀가 이런 식으로 살도록 의도하지 않으셨다. 많은 크리스천 부모가 이러한 관계를 정상적이고 필수적인 자녀의 성장 과정으로 보며, 별다른 조처를 하지 않는다. 하지만 솔로몬보다 더 현명하고, 삼손보다 더 강하며, 다윗보다 더 경건한 자녀라고 해도(이들은 모두 성적인 죄를 범한 적이 있는 사람이다), 그들 또한 성적인 유혹에 노출되기 쉽고, 이러한 시기상조의 연애는 그들에게 유혹의 초대장을 주는 것과 같다.

나는 아이들이 다 자란 뒤 짝을 찾기를 바란다. 물론 나도 어서 빨리 딸과 함께 결혼식장을 행진하고 싶다. 또 내 아들들이 특별한 사람을 위한 반지를 준비하는 모습도 보고 싶다. 하지만 현재로서는 삶에 더 중요한 것들이 있다. 게다가 결혼할 준비가 되기 전에 이러한 배타적인 관계에 뛰어드는 것은 마치 돈 없이 쇼핑하는 것과 같다. 결국 이 관계가 끝날 때는 실망할 뿐만 아니라, 바라지 않은 결과를 마주하게 될 수도 있다.

좋은 성적, 좋은 스포츠팀, 좋은 이성 교제, 이러한 것들은 적절한 맥락에서는 괜찮은 목표다. 문제는 이러한 목표들이 더 중요한 목적을 대체하는 것이다. 많은 기독교인이 경건함과 다음 세대로 이어지는 신앙을 추구하는 대신 그저 잘사는 데 만족하고 있다. 불행히도 우리 아이들이 그 대가를 치르고 있다. 하지만 더 나은 길이 있다. 하나님의 말씀은 우리에게 따라야 할 길을 제시해주신다.

결혼을 원하지 않는 문화

우리가 풀 스크린과 같은 태도를 취하는 또 다른 분야는 결혼이다. 〈타임〉(*Time*)지 2005년 1월 호에는 우리 문화의 청소년기 연장에 대한 기사가 실렸다. 미국의 젊은 성인들은 날이 갈수록 점점 더 어린아이처럼 행동하고 있다. 대학에 가기 위해 집을 떠나지만, 졸업 후에는 종종 직업도 없이 다시 돌아와서 결혼도 늦게 하는 경향이 있다.

2005년 8월, 루이빌에 있는 남침례신학교의 앨버트 몰러 (R. Albert Mohler) 총장이 라디오 청취자들에게 말한 내용이 논란이 되었다. 그는 "제 생각에 이 세대를 괴롭히는 죄는…언젠가는 결혼하겠다고 하는 사람들이 결혼을 미루는 생활 방식을 택하는 것입니다"[12]라고 말했다. 수많은 언론에서 몰러의 말을 인용했고, 이에 따라 많은 기독교인이 분노했다. 하지만 나는 몰러가 중요한 무언가를 지적하고 있다고 생각한다.

전국을 여행하면서, 지적이며 예수님을 사랑하고 성경을 열심히 읽으며 사역에 마음을 둔 청년들이 결혼하기를 거부하는 것을 보고 깜짝 놀랐다! 마치 "너는 대학원 진학이나 중산층 소득을 달성하거나 세금 우대를 받는 퇴직 연금을 개설하기 전에는 절대 결혼해서는 안 될지니"라는 새로운 성경 말씀을 발견한 것처럼 보인다(나는 이를 '망설임후서'라고 부른다). 더 나쁜 것은 이런 조건을 갖춘 남자를 만나 결혼하려면 어떻게 해야 하냐고 묻는 젊은 자매들의 눈과 마주하는 것이다.

아마도 젊은 남녀들이 결혼을 기피하는 것은 급증하는 이혼율 때문일지도 모른다. 어쩌면 그들이 어릴 때 목격한 나쁜 결혼 생활 때문일 수도 있다. 생활비가 너무 많이 들어서 아내와 살려면 상당한 수입이 필요하다고 생각해서일지도 모른다. 그러나 나는 그 어느 것도 아니라고 생각한다. 내가 만나는 젊은 남녀들은 실제로 결혼이라는 깊고 어두우며 억압적인 세계로 뛰어들기 전에 경험해야 할 것들이 있다고 믿고 있는 것 같다. 유럽이나 아프리카를 여행하고 싶어 하는 사람도 있고, 먼저 선교지에서 시간을 보내고 싶어 하는 사람도 있다. 혹은 자동으로 결혼할 준비가 되는 마법 같은 나이가 있다고 믿는 청년도 있다. 어떤 경우든, 이는 "아내를 얻는 자는 복을 얻고 여호와께 은총을 받는 자니라"(잠 18:22)는 성경의 교훈과는 거리가 멀다.

아이를 원하지 않는 문화

나는 종종 대학생에게 설교하는 특권을 누린다. 이를 특권으로 여기는 이유는 이 모든 만남에 내재된 도전과 잠재력을 정말로 사랑하기 때문이다. "물론이죠, 주님. 안 될 거 뭐 있어요?"라고 말할 수 있는 자유가 있는 청년들의 삶에 하나님의 말씀을 전할 수 있음이 기쁘다. 선교에 대한 메시지를 전하고 나면 꼭 누군가가 다가와 "그 말을 듣고 싶었어요"라고 하거나 "내년에 동유럽으로 가야 할지 고민하고 있었는데, 응답을 받은 것 같아요"라는 반응을 보이는데, 이런 곳이 또 어디에 있을까? 그러나 나는 오늘날 기독 대학생들이 받아들이기 어려워하는 도전을 발견했다. 바로 부모가 되는 것이다.

내가 대학생들과 나누고 싶은 성경 구절 중 하나는 사도행전 1장 6-8절이다. 나의 메시지는 간단하다. 하나님은 당신의 생각보다 더 큰 목적을 세우셨다. 그 계획에 당신도 포함되어 있으며, 하나님은 당신에게 딱 맞는 역할을 주신다. 여기까지 말했을 때 반응은 대게 매우 긍정적인데, 마지막 요점을 적용하기 바로 전까지만 그렇다.

학생들의 주의를 집중시키는 대목은 8절에서 예수님이 하신 말씀이다. "오직 성령이 너희에게 임하시면 너희가 권능을 받고 예루살렘과 온 유대와 사마리아와 땅끝까지 이르러 내 증인이 되리라 하시니라." 그리고 예수님의 말씀을 들은 모든 사람이 지구상 가장 먼 곳까지 가지는 못했다는 점을 강조한다. 사실, 그들 중 상당수는 사마리아에 가지 못했다. 또한 모든 사람이 같은 사역과 사역지로 부름을 받은 것은 아니다. 더 나아가 나는 이 진리를 학생들의 삶에 적용하여 각자에게 맡겨진 사역지가 있고, 그곳을 찾는 데 인생의 열정을 쏟아야 한다고 제안한다. 충분히 무해한 이야기처럼 들리지 않는가?

몇 달 전, 나는 바이블 벨트(보수적인 기독교가 주류를 이루는 미국 남부와 중서부 지역—역자 주)에 위치한 한 교회의 수련회에서 이 주제에 대해 가르치고 있었다. 그 수련회에서 나는 몇몇 대학생에게 이 성경 원칙을 적용하는 것은 언어학 학위를 취득하여 미전도 종족의 언어로 성경을 번역하는 일을 의미할 수 있다고 제안했다. 그러고는 바로 반짝이는 눈동자로 고개를 끄덕이는 청년들을 바라보며 덧붙였다. "하지만 여러분 중 어떤 사람은 대여섯 명의 자녀를 낳아 대가족을 이루고, 그 아이들을 의로 교육하여 세상에 그리스도의 영향력을 끼치게 하는 일로 부르셨을 수도 있습니다." 이 말을 하자마자 공기 속에 칼로 벤 듯한 긴장감이 감돌았다. 열의에 찬 청년들이 가득했던 공간이 마치 처음으로 영어를 들어본 듯한 화성인들의 모임으로 변했다. 그들은 마치 "재미있네요. '농담이었어요'라고 언제 말할 건가요?"라고 물어보듯이 나를 쳐다보았다.

나는 이때다 싶었다. 분위기가 갑자기 불편해진 것을 지적하며, "우리가 언제부터 아이들을 싫어하기 시작했을까요?"라고 물었다. 그러자 그들의 태도가 바뀌었다. 이 청년들은 우리 문화에서 너무 오랜 기간 성경 진리보다 우선하도록 허용된 문화적인 가정을 다시 자세히 살펴보라는 요청을 받은 것이다. 몰러는 현재의 문화적 흐름과 동향을 정확하게 파악하고 다음과 같은 글을 썼다. "기독교인은 부모가 되는 것에 대한 이러한 반란이 실제로는 하나님의 설계에 대한 절대적 반란이라는 것을 인식해야 한다."[13]

어머니나 아버지가 되는 일, 가정을 이루는 일이 고소득의 직업이나 눈에 잘 띄는 사역만큼 명예롭지 않다는 생각은 좋게 말하면 성경적으로 무지한 것이며, 심각하게는 몹시 이단적인 것이다. 이러한 태도는 최근 몇 년 동안 교회 안팎에서 다양한 방식으로 나타났다. 사실 이러한 태도 때문에 우리 부부는 삶에서 가장 고통스러운 결정을 내리게 되었다.

아내와 나는 결혼한 지 10개월 만에 첫아이를 낳았다. 둘째는 그로부터 3년 후에 낳았다. 그 3년 동안 우리는 주변 사람들로부터 첫아이를 너무 빨리 낳은 것이 실수였다는 말을 들었다(그래서 3년의 공백을 두었다). 우리는 둘째가 남아라면(첫째는 여아였다) '완벽한 작은 가족'이 될 거라는 얘기도 들었다.

아내가 아들을 임신하자, 압박이 시작되었다. 수많은 사람이 좋은 의도로 아내에게 속삭였다. 어떤 사람은 "아이들 때문에 자유를 잃어서는 안 돼"라고 경고했다. 대학 등록금 인상과 물가 상승과 같은 경제적인 이유로 우리에게 자녀를 갖는 것에 대해 충고하는 사람들도 있었다. 불행히도, 우리 귀에 들리는 목소리들이 하나님의 목소리를 이기고 말았다. 트레이(Trey)가 태어난 후, 우리는 우리의 의견을 하나님께 전달할 의사를 찾아갔다. 그는 메스와 봉합사를 가지고 우리를 대신해 하나님께 말씀드렸다. "바우컴 부부는 이제 더는 당신을 신뢰하지도 않고, 당신이 삶에 관여하기를 원하지 않습니다."

몇 년 후, 아내는 눈물을 흘리며 내 앞에 무릎을 꿇고 두 가지를 물었다. 먼저 아내는 자신이 태를 닫은 것에 대한 용서를 구했다. 그리고 다시 태를 여는 수술을 받아도 괜찮을지 물었다. 나는 깜짝 놀랐다. 그런 일이 일어나도록 방관한 것이 얼마나 잘못된 일인지, 그리고 그 일을 다시 바로잡게 되어 얼마나 기쁜지를 전하며 눈물을 감출 수 없었다.

우리는 그다음 주에 전문의를 찾아갔다. 안타깝게도, 수술 때문에 다시 아기를 가질 수 없다는 사실을 알게 되었다. 나는 바위 밑으로 기어들어 가고 싶었다. 시간을 거슬러 올라가 스물세 살의 나를 만나 멱살을 잡고 "절대 이런 일이 일어나도록 내버려두지 마!"라고 말하고 싶었다. 바로 그 순간 우리는 입양으로 가족을 확장하기로 했다. 글을 쓰는 현재, 우리에게는 입양한 아이가 한 명 있고, 언제든 네 번째 아이를 가족으로 맞이할 수 있도록 기다리고 있다. 과거로 돌아가 우리가 저지른 일을 취소할 수는 없다. 하지만 우리는 아이는 축복이며 하나님이 태를 열거나 닫으신다는 것을 온 세상 사람들이 들을 때까지 외칠 수 있다. 우리는 어린아이의 탄생을 한탄할 것이 아니라 기쁨으로 받아들여야 한다.

자녀가 몇 명인가요?

존슨 부부는 서로 사랑하고 헌신하는 30대의 크리스천 부부다. 이 부부는 교회와 지역 사회에서 활발하게 활동하고 있으며, 부모의 책임을 매우 진지하게 받아들이고 있다. 그들의 자녀는 우리가 만날 수 있는 가장 사려 깊고 예의 바른 아이들일 것이다. 하지만 어느 날, 존슨 부부는 교회에서 논란거리가 되고 말았다. 도대체 이 경건한 크리스천 부부가 무슨 일을 저질렀을까? 그들은 또 한 번 임신하고 말았다!

존슨 부부가 젊은 부부를 위한 성경 공부에 참여했을 당시 이미 어린 자녀 다섯 명을 둔 상태였다. 처음에 그들은 다른 부부들의 조롱 섞인 말에 별로 신경 쓰지 않았다. 아이 다섯 명을 둔 여느 부부처럼, 그들은 "TV도 안 보세요?"나 "피임을 해볼 생각은 못 하셨어요?"와 같은 전형적인 질문에 익숙했다. 사실, 존슨 부부는 이런 말들을 그저 순진한 농담으로 받아들였다. 하지만 그들이 새로운 임신 소식을 발표했을 때, 게다가 이번에는 쌍둥이임을 알리자, 그 말들은 더는 무해한 농담으로 여겨지지 않게 되었다.

갑자기 성경 공부에 참여하는 사람들이 존슨 부부의 지혜와 책임, 정신 건강에 의문을 제기하기 시작했다. 문제가 심각해지자 상황을 해결하려고 목회자 중 한 명을 데려와야 했다. 목회자가 존슨 가족의 규모에 분노하는 이유에 관한 근거가 성경에 있냐고 묻자, 성경 공부 참여자 중 일부는 단순히 이렇게 대답할 뿐이었다. "만약 하나님이 그렇게 많은 자녀를 낳기를 원하셨다면, 피임을 허락하지 않으셨겠지요." 또 다른 한

명은 이렇게 덧붙였다. "그렇게 많은 아이의 대학 등록금을 어떻게 마련할 건가요?" 두 아이를 키우는 한 젊은 엄마는 이렇게 말했다. "저는 엄마의 일이 얼마나 힘들고 엄청난 노동인지 알아요. 이렇게 많은 부담을 한꺼번에 주는 건 아내에 대한 배려가 없는 거라고 생각해요."

가족의 규모는 이제 소득과 편의성의 문제가 되었다. 아이들을 대하는 우리의 태도는 이렇다. "아들 하나, 딸 하나, 주님을 찬양하라! 드디어 다 이루었다!" 놀라운 것은, 약 55평 집에 살면서 차를 두 대나 가진 사람이 아이 한두 명을 키우기에도 빠듯하다고 말하는 경우가 꽤 많다는 것이다. 우리의 선조들은 현재 기준으로는 가난하다고 여겨지는 상황에서도 집에서 많은 아이를 성공적으로 키워냈는데, 우리는 그렇게 할 형편이 안 된다고 생각한다.

이 책을 내려놓거나 심장 마비를 일으키기 전에, 모든 사람이 반드시 아이 일곱 명을 낳아야 한다고 말하는 것이 아님을 분명히 하고 싶다. 가족 규모를 제한해야 하는 합당한 경우가 있다고 생각한다. 하지만 나는 이러한 합당한 이유로 가족의 크기를 제한한 사람들을 거의 만나본 적이 없다. 대부분은 이미 아들과 딸을 낳았기 때문에 스스로 '완벽한 '작은' 가족'을 이루었다고 생각해서 더는 아이를 낳지 않으려고 하거나, 아이들의 대학 교육비, 휴가비, 은퇴 비용을 고려한 결과, 아이 1.9명이 자기 경제 수준에서 적정선이라고 생각하는 경우가 많았다. 혹은 자녀를 훈육하기가 어려워서 통제를 할 수 없어 더 많은 아이를 낳는 것이 스트레스라고 생각하는 사람들도 있었다. 더 임신해서는 안 된다는 의사의 합당한 진단을 받은 부부는 매우 드물었다.

과거의 교훈에서 얻은 새로운 지혜

하나님은 우리가 자녀를 키우면서 광야에서 목적 없이 방황하도록 내버려두지 않으신다. 그분은 우리에게 여러 세대에 걸쳐 신실한 믿음을 전수하는 일에 대한 청사진을 제시해주셨다. 그 청사진은 성경 전체에 나타나 있는데, 마치 사용 설명서처럼 읽히는 곳이 하나 있다. 바로 신명기 6장이다.

솔직히 말해, 나는 신명기라는 책이 늘 마음에 들지 않았다. 사실 처음에는 전혀 좋아할 수 없었다. 신명기에서는 그리스도의 복음서와 신약의 서신서에 나타난 내가 알고 사랑했던 하나님을 느낄 수 없었다. 모세의 율법에 불순종하거나 법을 위반한 사람을 돌로 쳐 죽이라는 명령이 나온다는 사실을 처음으로 알게 되었을 때 놀랐던 기억이 난다. 또한 고대에서나 통하는 법과 규칙이라고 생각해서 거부감도 느꼈다.

그런데 신명기가 성경의 전체 구조에서 얼마나 중요한 역할을 하는지 깨닫게 되자, 모든 것이 달라졌다. 더불어 예수님이 신명기와 레위기의 말씀을 자주 인용하신 것에 놀라고 말았다. 결국 나는 이 율법책을 좋아하게 되었고, 신명기의 가르침이 일상생활과 얼마나 밀접한 연관성이 있는지를 깨달았다. 그렇다. 신명기의 말씀은 오늘날에도 여전히 적용되는 말씀이다! 하지만 우리가 구약을 읽고 이해하며 묵상하려고 하지 않았기에 많은 부분에서 신명기와의 이런 연관성을 놓치게 되었다.

한번 생각해보자. 모세가 자리에 앉아서 상황을 면밀히 검토하고 있다. 이스라엘은 기념비적인 순간의 문턱에 서 있다. 그들은 이제 곧 '약속의 땅'을 소유할 참이다. 이미 40년 전에 기회가 있었지만, 그들은 하나님이 가나안 거주민들을 물리치실 수 있음을 믿지 못했다. 여호수아와 갈렙 두 명만이 "우리가 곧 올라가서 그 땅을 취하자 능히 이기리라"(민 13:30)는 목소리를 냈을 뿐이다. 그러나 백성은 비관론자들의 편에 서서 앞으로 나아가지 않았다.

그로부터 40년이 지난 지금, 이스라엘은 다시 한번 약속의 땅을 소유할 기회를 얻었다. 위대한 지도자였던 모세는 마침내 그들에게 몇 가지 마지막 지침을 전하기로 마음먹고, 백성 앞에서 다시 율법을 선포한다. 그래서 이 책은 신명기(Deuteronomy, deutero는 '반복'을, nomos는 '율법'을 뜻함)라고 불린다. 즉, 신명기는 율법을 다시 설명하는 책이다.

이방인이 거주하는 땅으로 들어가려는 백성에게 어떤 말을 전해야 할까? 모든 순간에 믿음의 시험을 받게 될 줄 알고 있다면, 믿는 이들에게 무슨 말을 해야 할까? 하나님의 언약을 받고 전하는 책임을 맡은 무리에게는 어떤 조언을 해야 할까? 모세는 정확히 무슨 말을 해야 할지 알고 있었다. 그는 그들에게 하나님의 말씀을 전했다. 그 말씀은 역사의 전당에 울려 퍼져서 오늘까지도 계속되고 있다.

우리도 모세가 전하는 도전적인 말씀에 귀 기울여야 한다. 우리는 현재 기독교 공동체의 토대를 무너뜨리는 시대와 문화 속에 살고 있다. 십대 자녀를 바라보며 그들이 우리와 같은 믿음을 가지고 있지 않다는 사실을 깨닫는 사람이 얼마나 될까? 자녀가 집을 떠나는 순간 믿음에서도 떠날 것이라는 사실을 알고 매일 밤 베갯머리에서 걱정하고 있는 사람이 몇이나 될까? 통계에 따르면 대부분 자녀가 대학에 진학하면 믿음에서 멀어지는 경향이 있다. 하지만 내 경험과 크리스천 부모들과 나눈 대화에 비추어보면, 이 문제는 훨씬 일찍부터 시작된다.

내 설교가 끝나면, 어머니들이 종종 눈물을 참으며 다가와 "어떻게 해야 할까요?"라고 묻는다. 이 여성들은 십대 자녀의 삶에 개입할 방법을 알고 싶어 한다. 아버지들도 내게 다가와 고개를 절레절레 흔들며 "20년 전에 이 말을 들었다면 좋았을 것 같아요"라고 말한다. 나는 그들에게 손자, 손녀를 세워주라고 격려하며 위로하려고 노력한다.

얼마 전에 나는 여러 세대에 걸쳐 신실한 믿음을 전수하는 신앙에 대한 메시지를 전했다. 설교가 끝난 후 한 아버지가 다가와 잠시만 기다려달라고 말했다. 그는 온 가족을 불러 모아 성경 말씀에 따라 살지 못한 자신의 실패를 시인하며, 그 자리에서 나에게 기도해달라고 부탁했다. 또 다른 신사는 설교가 끝난 후에 나에게 다가와 내 어깨를 붙잡고 울면서 "너무 늦지 않았다고 말해줘요"라고 애원했다. 교회에서 자란 반항적인 십대 딸을 둔 어머니가 내 손을 잡고 "제 딸을 위해 기도해주세요. 집을 떠났는데 지금 어디 있는지 모르겠어요"라고 말한 적도 있다. 이런 순간에 나는 이 싸움이 얼마나 중대한지를 계속해서 상기하게 된다. 우리 아이들이 나쁜 성적을 받거나 심지어 법적 분쟁에 휘말리는 것을 이야기하는 것이 아니다. 청년들이 부모의 신앙에, 더 나아가 하나님으로부터 등을 돌리는 현상을 말하는 것이다.

이 책이 당신의 모든 질문에 답해주거나 모든 문제를 해결해주리라고 말할 수는 없다. 그러나 당신에게 한 가지는 약속할 수 있다. 나는 당신에게 전투에 참여하는 방법을 보여줄 것이다. 무언가를 해야만 한다. 우리 자녀가 믿음을 떠나는 모습을 가만히 보고만 있을 수는 없다. 그저 고개를 끄덕이며 패배를 수용할 수도 없다. 우리의 아들과 딸을 위해 싸워야만 한다.

며칠 전, 쇼핑몰을 거닐다가 십대인 딸아이를 쳐다보았다. 앞으로 남은 시간에 비해 이미 흘러간 시간이 얼마나 많은지를 생각하니 갑자기 울컥했다. 나는 그저 하나님께 부르짖으며, "주님, 제가 이 시간을 최대한 활용할 수 있게 도와주세요"라고 기도했다.

2장.
오직 한 분 하나님만 섬기라

이스라엘아 들으라 우리 하나님 여호와는 오직 유일한 여호와이시니(신 6:4).

　　나는 결혼과 동시에 '캠퍼스 킹카' 시절이 끝났다는 것을 깨달았다. 다른 여자들과 관계를 유지하면서 아내와 끈끈한 관계를 맺을 수 있다는 환상 따위는 없었다. 그건 그렇고, 만약 당신이 '남녀 사이에 친구가 될 수 있다'고 믿으며, 다른 여자들과의 플라토닉한 우정을 이해해달라고 당신 아내에게 요구한다면, 알려주고 싶은 소식이 있다. 플라톤은 당신의 결혼을 망칠 것이다!
　　나는 모든 것을 통제할 수 있다고 생각했다. 내 작고 검은 수첩도 없어졌고, 전화번호도 바꾸었으며, 거의 모든 것을 처리했다고 생각했다. 그런데도 사건은 벌어지고 말았다. 아내가 나의 오래된 서류 보관함을 정리하기로 한 것이다. 나는 아내에게 각 물건에 관련된 이야기를 들려주며 함께 상자를 살펴보았다. 선수팀 합격 문서, 신문 기사를 스크랩한 것, 고등학교 운동선수 시절에 받은 메달 등이 있었다. 최근 대학 축구 경기에 대한 미디어 가이드도 있었다. 그런데 그 추억의 물건들 아래, 상자 제일 밑에 넣어둔 옛 여자 친구들이 보낸 편지 몇 통이 있었다. 트레이시는 누구지? 질은 또 누구야? 그 순간 나는 생명의 위협을 느꼈다. 내가 할 수 있는 말이라고는 "결혼하기 훨씬 전부터 이 상자를 한 번도 열어본 적이 없어, 알지?"뿐이었다.

우리는 종종 웃으며 그날 밤을 회상한다. 하지만 당시에는 별로 웃긴 상황이 아니었다. 마치 원하지도 않고 반갑지도 않은 낯선 사람이 우리 집에 침입한 것 같았다. 어떤 면에서는 내 아내의 영역이 침범당한 것이다. 만약 오래된 편지 그 이상의 것이 발견되었다면 어땠을까 상상이 되지 않는다. 옛 여자 친구가 우리 집으로 전화했다면 어땠을까? 만약 내가 바람을 피웠다면?

영적 외도

우리는 모두 외도의 심각성을 잘 이해하고 있지만, 종종 하나님의 영적 경쟁자에 대한 충성이 외도와 별반 다르지 않다는 사실을 인지하지 못하는 경우가 많다. 최근에 방영된 요리 프로그램에서 어떤 요리사가 많은 사람이 부주의하게 저지르는 실수를 잘 보여주었다. 그녀는 도넛 모양의 케이크를 구워

형틀에서 꺼내려 했다. 그녀는 케이크를 쉽게 떼어내려고 팬을 뒤집어엎어 바닥을 가볍게 두드렸다. 그리고 하늘을 바라보며 간단한 기도를 드렸다. "주님, 제발 눌어붙지 않게 해주세요." 그녀는 성공적으로 팬에서 케이크를 꺼냈다. 눌어붙지 않은 완벽한 케이크가 드러났다. 그녀는 손등으로 이마를 닦으며 "좋아요, 제가 좋은 업보를 많이 쌓았나 봐요"라고 말했다.

이 여성은 성경의 주님과 뉴에이지 운동의 힌두교와 불교의 신 모두에게 충성을 선언하려는 의도로 그렇게 말한 것이 아니었겠지만, 사실 정확하게는 그렇게 말한 셈이다. 만약 그녀가 남편에게 이렇게 말했다면 어땠을지 상상해보라. "여보, 케이크 좀 꺼내줄래요?" 그녀의 남편은 케이크를 망치지 않고 무사히 꺼내라는 임무를 성공적으로 마쳤다. 그러자 그녀는 전 남자 친구 톰의 사진을 보며 "와, 톰, 케이크가 달라붙지도 않고 잘 만들어졌어!"라고 말한다. 만약 이 이야기가 과장되었다고 생각한다면, 성경에서 하나님의 이름과 영광에 대한 하나님의 질투를 어떻게 말하는지 다시 한번 고려해봐야 할 것이다.

> 너는 다른 신에게 절하지 말라 여호와는 질투라 이름하는 질투의 하나님임이니라 너는 삼가 그 땅의 주민과 언약을 세우지 말지니 이는 그들이 모든 신을 음란하게 섬기며 그들의 신들에게 제물을 드리고 너를 청하면 네가 그 제물을 먹을까 함이며 또 네가 그들의 딸들을 네 아들들의 아내로 삼음으로 그들의 딸들이 그들의 신들을 음란하게 섬기며 네 아들에게 그들의 신들을 음란하게 섬기게 할까 함이니라 (출 34:14-16).

너는 나 외에는 다른 신들을 네게 두지 말라 너를 위하여 새긴 우상을
만들지 말고 또 위로 하늘에 있는 것이나 아래로 땅에 있는 것이나
땅 아래 물속에 있는 것의 어떤 형상도 만들지 말며 그것들에게
절하지 말며 그것들을 섬기지 말라 나 네 하나님 여호와는 질투하는
하나님인즉 나를 미워하는 자의 죄를 갚되 아버지로부터 아들에게로
삼사 대까지 이르게 하거니와(출 20:3-5).

나는 여호와이니 이는 내 이름이라 나는 내 영광을 다른 자에게, 내
찬송을 우상에게 주지 아니하리라(사 42:8).

나는 나를 위하며 나를 위하여 이를 이룰 것이라 어찌 내 이름을
욕되게 하리요 내 영광을 다른 자에게 주지 아니하리라(사 48:11).

이 구절들을 읽고 나면, 하나님의 영광에 대해 경솔한 태도를 취할 수 없다. 주님은 그분의 이름과 영광에 대해 질투심을 품고 계신다. 그분은 다수 중 하나(*E Pluribus Unum*)로 만족하지 않으신다. 하나님은 하나님이시다. 그분은 하나님의 자리를 차지하기 위해 출마하지도 않으시고, 우리의 투표(또는 나의 투표)가 필요하신 분도 아니다. 그분은 신을 정하는 투표가 진행됐을 때 유일하게 존재하셨던 분이다. 따라서 재검표 따위는 절대 없을 것이다. 하나님은 하나님이시다.

성경의 하나님께 헌신하지 않은 가정은 문화적 공격의 물결을 막을 희망이 없다. 우리가 성경의 진리와 세속적 심리학, 로맨스 소설의 이념 그리고 동양 신비주의를 조금씩 섞으면,

치명적인 거짓말의 혼합물을 얻게 될 것이다. 불행히도, 많은 기독교 가정에서 정확히 이렇게 하고 있다. 우리는 결혼에 관해서는 필 박사[Dr. Phil, 필립 캘빈 맥그로(Philip Calvin McGraw)는 미국의 유명한 심리학자, 작가, TV 토크쇼〈필 박사〉의 호스트다. 그 토크쇼는 가족, 인간관계 문제를 다룬다]의 주장을, 자녀 양육에 관해서는 스폭 박사[Dr. Spoke, 벤저민 매클레인 스폭(Benjamin McLane Spock)은 미국의 유명한 소아과 의사이자 어린이 건강과 양육에 대한 저술가다. 그의 책 『육아를 위한 백과사전』(*The Common Sense Book of Baby and Child Care*)은 부모를 위한 표준 참고서로 여겨진다]의 의견을, 성생활에 대해서는 루스 박사[Dr. Ruth, 루스 웨스타이머(Ruth Westheimer)는 미국에서 활동하는 독일 출신의 성 교육가이자 심리학자로, 성과 관계에 관한 조언을 해준다—역자 주]의 의견을 참고한다. 그리고 문제가 너무 심각해서 다른 박사를 찾을 수 없을 때만 예수 박사에게 달려간다.

토마스의 이야기[1]

얼마 전, 나는 슬픔에 젖은 아버지와 함께 이야기를 나누었다. 그는 자식이 죽어서가 아니라, 그보다 훨씬 더 심각한 일로 슬퍼하고 있었다. 그의 아들 토마스는 교회에서 자랐다. 토마스는 착한 아이였다. 청소년 모임에 정기적으로 참석했으며, 교회에 다니는 여학생과 교제했고, 제자훈련, 청소년 수련회, YEC(침례교 청소년 전도 여행)에도 열심히 참여했으며, 고등학교

2학년 때는 선교 여행에도 다녀왔다.

그러나 대학에 입학하면서 상황은 달라졌다. 그의 부모는 '세속적인' 학교의 위험에 대해 익히 들었기 때문에 그를 기독교 대학에 보냈다. 거기서 그는 뛰어난 운동선수로 활약하고 야구 장학금을 받기도 했다. 토마스의 이야기는 일반적이지만 예외적이기도 하다. 그는 크리스천 부모가 자녀에게 바라는 일, 즉 우수한 성적, 좋은 친구들, 교회 활동, 인기 있는 학생, 운동 장학금을 받아 대학에 진학하는 것 등의 모든 일을 이루었다. 그런데 그의 아버지는 왜 슬퍼했을까?

알고 보니 토마스의 삶에는 더 어두운 면이 있었다. 그의 어머니, 아버지, 청소년부 목사 그리고 주일학교 교사가 본 적이 없는 부분들이 표면 아래에 도사리고 있었다. 그가 전미 기독교 대학(All-American Christian University)에 다니면서부터 이 어두운 면이 드러나기 시작했다.

첫째, 토마스는 교회 출석을 중단했다. 가끔 캠퍼스에서 열리는 대규모 주간 성경 공부나 도시의 큰 교회에서 주최하는 지역 대학 예배에 참석했지만, 지역 교회 신자들의 공동체에 참여하지는 않았다. 게다가 개인 경건을 위한 시간도 보내지 않았고, 기독교적 훈련을 추구하려는 마음도 없었다.

다음으로 토마스는 수업 시간에도 조금씩 어려움을 겪기 시작했다. 그는 항상 A나 B 학점을 받는 학생이었지만 이제는 일부 수업에서 중간고사를 통과하기도 힘들어졌다. 왜 그렇게 됐는지 알아보니, 토마스가 늦게까지 밖에서 술을 많이 마시고 수업을 자주 빼먹고 있다는 사실을 발견했다.

마지막으로 토마스는 무작위로 실시한 약물 검사에서 아나볼릭 스테로이드를 복용했다는 사실이 밝혀져 야구팀에서 퇴출당했다. 아버지는 너무 상심해서 토마스가 2학년 때 복학하는 것을 허락하지 않았다. 그 대신 그는 이 청년이 '정신을 차릴 때까지' 지역 커뮤니티 대학에 보내기로 했다.

토마스의 이야기를 듣고 나서 이 슬픔에 젖은 아버지를 위로하기 위해 나는 최선을 다했다. 그는 잠시 눈물을 흘리다가 혐오감으로 머리를 흔들며 "어디서부터 잘못됐을까요?"라고 물었다. 그러나 딱히 답을 원하는 것 같지는 않았다. 그 이후 며칠 동안 우리는 상황을 분석하고, 매우 어려운 문제들을 다루었다. 아주 딱 맞아떨어지는 예라고 할 수는 없지만, 토마스의 이야기에서 몇 가지 친숙한 패턴을 발견했다.

먼저, 토마스가 영적인 일에 헌신하지 않으려는 것은 절대이상한 일이 아니었다. 이 아버지와 이야기를 나누면서 나는 토마스가 타고난 재능을 지닌 야구 선수 그 이상이었다는 사실을 알게 되었다. 이 아이는 여섯 살 때부터 야구를 시작했고 아홉 살 때부터는 개인 교습을 받기 시작했다! 열두 살 때부터는 장거리를 여행하며 다양한 야구 경기를 하는 팀의 일원이 되어 모든 수준에서 특별한 선수로 선정되었다. 이 부부는 아들이 최고의 야구 선수가 될 수 있도록 최선을 다해왔다.

이는 여름과 가을에는 불규칙하게 교회에 참석할 수밖에 없었다는 것을 의미했다. 여느 부모와 마찬가지로, 그들은 한 토너먼트가 끝나면 다른 토너먼트에 참여하기 위해 여행하며, 일요일 경기에도 출전하게 해달라는 기도를 하고 있었다. 그들이 깨닫지 못한 것은 토마스에게 제4계명보다 야구를 더 우선시하도록 가르치고 있었다는 것이다. 그들은 토마스에게 야구 시즌이 아닐 때만 안식일을 거룩히 지켜야 한다고 가르쳤다.

따라서 토마스가 대학에 진학해서 교회에 출석할지 팀 동료들과 놀러 다닐지를 선택해야 할 때, 그의 선택은 이미 정해져 있었다. 화학 실험실과 야구 훈련장 중 어디에서 시간을 보내야 할지를 선택해야 할 때도 그는 자연스럽게 그 답을 알고 있었다. 그리고 인생 최초로 벤치 신세를 질지, 아니면 더 큰 몸과 더 나은 타격감을 얻기 위한 지름길을 택할지 선택해야 할 때도 한동안 고심했지만, 결국 여섯 살 때부터 자신을 이끌어 온 유일한 가치에 기초하여 결정을 내렸다.

다시 말해, 영적인 문제에 대한 헌신 부족이 토마스의 도덕적 타락의 토대를 마련했다는 것이다. 기독교는 절대 토마스가 사는 우주의 중심에 있지 않았다. 그것은 항상 위성처럼 주변에 놓여 있었다. 항상 우주의 중심을 차지한 밝고 빛나는 야구라는 별 주위를 교회와 더 중요한 예수 그리스도가 공전했다. 이 예시는 모든 젊은 야구 선수는 도덕적 타락을 경험하게 된다는 뜻이 아니다. 나는 절대로 모든 스포츠를 폐지해야 한다고 주장하는 것이 아니다. 단지 우리의 믿음을 타협하게 만드는 모든 것이 우상이 될 수 있다고 주장하는 것이다. 어떤 사람들은 건성으로 그 우상을 숭배하겠지만, 어떤 사람들은 자신의 전부를 그 제단에 바친다.

토마스의 아버지는 아들의 경기를 한 번도 놓치지 않고 참석했다. 게다가 커브 볼 던지는 법, 땅볼을 처리하기 위해 몸을 던지는 법, 더블 플레이를 하는 방법을 가르쳐준 것도 아버지였다. 사실, 토마스의 아버지는 그의 첫 번째 티볼팀의 코치였다. 그러나 내가 그에게 아들과 가족을 예배의 자리로 인도했는지를 묻자, 그는 "한 번도 그런 생각을 해본 적이 없어요"라고 대답했다.

다시 말해, 이 아버지는 아들에게 야구 선수가 되는 법을 가르치는 데 셀 수 없이 많은 시간과 헤아릴 수 없을 만큼 많은 에너지를 쏟았지만, 그리스도인이 되는 법을 가르치는 일은 전혀 하지 않았다. 내가 이 문제에 관해 더 구체적으로 묻자 "교회 청소년 담당 목사님이 그 부분은 잘 맡아서 하고 있다고 생각했어요"라고 말했다. 여기서 핵심은 너무 명백해서 말하기가 망설여질 정도다. 분명 야구 코치와 선수단이 있었는데도, 그는 뒷마당에서 직접 개인 지도를 했다. 그러나 영적인 문제에 관해서는 책임을 떠넘겼다.

야구 경기는 절대로 빠지지 않으면서(그리고 그 사실을 명예로운 훈장으로 여겼지만), 교회는 몇 주 또는 몇 달 동안 결석해도 상관하지 않았다. 이 가족은 하나님이 아닌 다른 것을 숭배하고 있었고, 아들의 삶은 그들의 우상 숭배의 열매였다. 그들은 특정한 목적을 위해서라면 모든 것을 희생할 각오가 되어 있었다. 유감스럽게도, 그들의 아들이 주님과 동행하는 삶은 선택지에 없었다. 이런 상황에서 젊은 청년이 교회를 떠나는 것이 이상한 일이었을까? 토마스와 같은 상황에서 젊은이가 팀 동료들과 술 마시는 것을 거부할 용기를 내기 어려우리라는 사실은 의심의 여지가 없다.

안타깝게도 이런 이야기는 오랫동안 교회에 다닌 우리에게는 매우 친숙하다. 사실, 우리는 대부분 이런 이야기 속에서 우리 자신을 보게 된다. 우리는 다양한 신이 우리의 충성을 차지하기 위해 경쟁하는 시대에 살고 있다. 설상가상으로, 이 신들은 자신들을 숭배하고 경배한다면, 성경의 하나님이 우리 자녀에게 주지 못하시는 세속적인 성공을 주겠다고 우리를 설득한다.

우리 가족이 부서뜨려야 했던 우상은 학문이란 신이었다. 아내와 나는 둘 다 대학 졸업자가 상대적으로 적은 가정 출신이다. 우리는 둘 다 학문적 성공이라는 꿈을 좇아 평생을 보냈다. LA 중남부의 한부모 가정에서 자란 나에게 학문은 '탈출구' 역할을 했다. 어머니는 교육의 중요성을 심어주려고 열심히 일했다. 나는 그 부분에 감사하다. 그러나 다른 것과 마찬가지로, 학문적 성공을 추구하는 것도 지나칠 수 있다.

얼마 전 우리 부부는 자정이 넘도록 우리 가족의 상황에 관해 이야기하며 기도하고 눈물을 흘렸다. 우리 아이들은 우리가 정한 삶의 속도를 유지하려고 매일 노예처럼 공부하고 있었다. 아이들은 아침 9시부터 적어도 저녁 6시나 7시까지 학교에 있었다. 우리는 아이들이 대학 입학시험(SAT)을 잘 치러 좋은 대학에 진학하도록 준비시키는 데 최선을 다했다. 우리 아이들은 또래 친구들이 상상하는 것보다 훨씬 더 열심히 공부했다. 그래서 우리 집은 항상 긴장감이 넘쳤고, 학교 외에 다른 활동을 할 시간이 거의 없었다.

다음 날 아침, 우리는 안방으로 아이들을 불러 오늘은 학교에 가지 않을 것이라고 말했다. 그러고서 온종일 이야기하고, 웃고, 기도하고, 놀면서 하루를 보냈다. 우리는 아이들에게 너무 많이 공부시킨 일에 관해 사과하고, 우리의 목표가 얼마나 멀리 벗어났는지를 이야기했다. 여전히 우리 부부는 아이들이 지적으로 성장하도록 정성을 다하며, 아이들도 이에 부응해 열심히 공부하고 있다. 그러나 공부는 9시 30분에 시작해서 2시 30분에 끝내게 한다. 아침에 일어나서 식사하고, 산책하고, 가정 예배를 드린 뒤 하루 일과를 보낸다.

아내와 나는 우리가 하는 일의 대부분이 더 중요한 문제를 희생하면서까지 아메리칸드림을 달성하는 데 맞춰져 있다는 점을 인정해야 했다. 결국 우리가 자녀와 함께 보내는 시간을 무시한다면, 우리 아이들이 세계 최고의 대학에 가는 것이 무슨 소용이 있겠는가? 열두 살 난 아들에게 라틴어, 논리학, 철학, 신학, 역사, 대수학, 생물학이 얼마나 필요하겠는가?

아이러니하게도 새로운 시간표 덕분에 이전보다 더 적은 과목에 집중해도 훨씬 더 많은 것을 성취할 수 있게 되었으며, 그 과정에서 우리 집의 분위기는 완전히 바뀌었다. 우리가 섬기던 우상은 실제로 그것이 약속한 것을 우리에게서 약탈하고 있었다.

우상이 가득한 문화 속에서 우리는 어떻게 우상 숭배를 피할 수 있을까? 우리는 어떻게 이런 문화를 뛰어넘어 하나님과 동행할 수 있을까? 어렵겠지만, 나는 이것이 가능하다고 믿는다. 단순히 에베소서 5장에 나오는 바울의 권고를 따르면 된다.

그런즉 너희가 어떻게 행할지를 자세히 주의하여 지혜 없는 자같이
하지 말고 오직 지혜 있는 자같이 하여 세월을 아끼라 때가 악하니라
그러므로 어리석은 자가 되지 말고 오직 주의 뜻이 무엇인가 이해하라
술 취하지 말라 이는 방탕한 것이니 오직 성령으로 충만함을 받으라
시와 찬송과 신령한 노래들로 서로 화답하며 너희의 마음으로 주께
노래하며 찬송하며 범사에 우리 주 예수 그리스도의 이름으로 항상
아버지 하나님께 감사하며 그리스도를 경외함으로 피차 복종하라
(엡 5:15-21).

이 말씀은 하나님을 향한 궤도에 우리의 삶을 올려놓을 수 있는 본을 제시한다. 흥미롭게도 이 구절은 에베소서 6장 1-4절에서 자녀를 기르는 부모의 책임에 대한 바울의 열정적인 가르침과 연결된다. 앞으로 살펴보겠지만, 이 본문은 신명기에 나오는 모세의 가르침과 매우 유사하다. 실제로 바울은 자신의 가르침에서 신명기 6장을 인용한다.

바울은 우상 숭배하는 문화 속에서도 하나님께 영광 돌리는 삶을 살고자 하는 사람들에게 청사진을 제시한다. 이 본문에서 우리는 우리의 행실을 조심하고, 우리 시간의 선한 청지기가 되어야 하며, 하나님의 뜻을 이해하고, 항상 성령에 순종하며, 성경의 원리에 따라 우리 관계를 유지(다스리다)해야 한다는 것을 배울 수 있다.

걸음을 조심하라(15-16절)

자녀에 관한 이런 격언이 있다. "가르치는 것보다 삶으로 전해지는 부분이 더 많다." 나는 이 말을 믿는다. 당신의 자녀가 화성에서 태어난 시험관 아기가 아니라면, 당신도 이 말을 믿을 것이다. 가끔 아이들을 혼내고 싶지만, 내 모습을 그대로 모방한 행동이기에 혼내지 못한 경험도 해봤을 것이다. 어느 날 아들이 바닥에 옷가지를 어질러놓자, 아내가 아들을 우리 부부의 침실로 보낸 적이 있다. 아들은 들어오면서 "더러운 옷을 치우지 않았다고 아빠랑 이야기하래요"라고 말했다. 아들의 눈은 즉시 침실 바닥에 흩어져 있던 전날 입은 내 옷을 훑었다. 나는 그 모습을 보며 "우리가 더 노력해야겠네"라고 말할 수밖에 없었다.

우리 자녀가 우리의 모습을 뛰어넘기를 기대할 수 없다. 만약 부모가 성경 읽는 모습을 자녀가 보지 못한다면, 아이들도 성경을 읽지 않을 것이다. 만약 부모가 부적절한 언어를 쓰거나 "희롱의 말"(엡 5:4)을 하는 것을 본다면 아이들도 따라 할 것이다. 만약 아버지가 어머니에게 소리를 지르며 아내를 멸시하는 모습을 보인다면, 아이들도 엄마를 존경하지 않을 것이다. 우리는 아이들에게 '내가 하는 말대로 행동하라'고 가르칠 수 있지만, 그것은 우리의 말과 행동이 모순되지 않을 때만 가능한 일이다.

시간의 선한 청지기가 되라(17절)

조 깁스(Joe Gibbs)가 코치에서 은퇴했을 때(그는 나중에 프로 리그로 돌아갔다), 한 기자가 정상에서 은퇴를 선언한 이유를 물었다. 깁스의 대답은 전설적이었다. 어느 날 저녁, 그는 열두 시간에서 열네 시간 정도 일한 뒤에 집에 돌아가 자기 아들들에게 굿나잇 키스를 하기로 했다. 그런데 아들들의 방에 들어가보니 아이들은 이미 어른이 되어 있었다. 그는 기회를 놓쳤다는 사실만 깨달았을 뿐이었다!

조 깁스는 너무 많은 부모가 너무 늦게 깨닫는 교훈을 그때 얻었다. 시간은 소중하며 자녀를 키울 기회는 단 한 번뿐이다. 그들의 어린 시절은 다시 돌아오지 않으며, 당신은 아주 짧은 시간만 아이들과 한집에서 산다. 아이들이 태어남과 동시에 시간은 흐르기 시작하고, 그 시간을 멈추거나 늦추기 위해 할 수 있는 일은 아무것도 없다. 유일한 희망은 당신의 시간을 최대한 활용하는 것뿐이다. 조 깁스는 NFL 감독으로 얻은 트로피, 돈, 명예 중 어떤 것도 자녀와 비교할 수 없다고 사람들에게 말하고 싶었던 것이다.

나는 가끔 우리 딸을 보면 그냥 울고 싶을 때가 있다. 이 글을 쓰는 지금 우리 딸은 열다섯 살이다. 이제 딸아이는 작고 소중한 기쁨 덩어리에서 아름다운 젊은 여성으로 성장했다. 몇 년 안에 그녀는 우리를 떠나게 될 것이다. 큰아들은 딸보다 몇 살 아래다. 나는 하나님께 시계를 멈추고 우리가 함께하는 시간을 더 늘릴 방법을 주시기를 끊임없이 기도한다. 나는 모든 순간을 간직하고 싶다. 내가 더 노력을 기울여야 한다는 뜻이다.

가능한 한 자녀와 함께하라

내 친구 중 몇몇은 골프에 푹 빠져 있다. 이 친구들은 공을 치려고 나가는 것을 정말 좋아한다. 사실 그들은 열렬한 골퍼라서 다른 사람들이 왜 골프를 좋아하지 않는지 이해하지 못할 정도다. 반면 나는 골프를 치지 않는다. 내가 골프를 좋아하지 않기 때문은 아니다. 나는 분명히 골프를 좋아한다. 돈이 많이 들기 때문도 아니다. 우리 동네에는 매우 저렴한 골프 코스가 있다. 내가 골프를 치지 않는 이유는 시간이 너무 많이 소요되기 때문이다. 나는 콘퍼런스 때문에 매달 열흘 정도 전국을 돌아다니고 있다. 반나절이 걸리는 골프는 집을 자주 비우는 나에게 가장 부담스러운 취미다.

골프를 즐기는 것이 죄라고 말하는 것이 아니다. 단지 내 경우, 일정 때문에 가족과 시간을 보내는 데 어려움을 겪고 있으며, 오랜 시간 집을 비우는 취미인 골프는 이를 더 어렵게 만든다는 사실을 말하고 싶을 뿐이다. 온 가족이 함께 골프를 친다면 모르겠다. 내가 자주 출타하지 않았다면, 이렇게 시간을 철저히 사수해야 한다는 압박감을 느끼지 않았을 것이다. 하지만 지금 상황에서는 가능한 한 가족과 함께 있어야 한다고 느낀다.

우리는 모두 시간을 어떻게 사용하는지 평가해야 한다. 남편 혹은 아내의 의무를 소홀하게 하는 일에 참여하고 있는가?

그런 일은 필수인가, 아니면 단지 편하고 즐거운 것인가? 그 시간을 보충할 방법이 있는가? 그렇지 않다면 이것이 당신의 성경적 의무와 역할에 복종해야 하는 부분은 아닌가? 만약 가정 중심의 신앙을 진지하게 생각한다면, 이러한 질문은 피할 수 없다.

계획하지 않으면 시간을 낭비하게 된다

계획을 세우지 않으면 실패를 계획하고 있는 셈이다. 우리는 이 말을 한두 번 아니, 천 번은 들었을 것이다. 왜냐하면 백 퍼센트 사실이기 때문이다. 특히 가족에 관련된 경우 더욱 그렇다. 만약 우리가 가족 휴가를 계획하지 않는다면, 여름이 지난 후 무슨 일이 있었는지조차 기억 못 할 것이다. 만약 피아노 연주회를 달력에 표시하지 않는다면, 다른 일정이 그 공간을 채울 것이다. 그리고 우리가 자녀를 훈육하는 시간을 확보하지 않는다면, 그들이 저절로 제자가 되지는 않을 것이다.

양보할 수 없는 몇 가지 일정을 정하고 달력에 표시해보라. 내 경우에는 가족 생일, 가족 휴가, 아내와 함께하는 최소 한 번의 짧은 휴가(바람직하게는 두 번) 그리고 충분히 미리 알 수 있는 특별한 이벤트가 포함된다. 이러한 일을 달력에 표시하면, 이 일정을 방해하는 어떤 행사도 계획할 수 없다. 단 하나의 예외는 종종 초대받는 하와이 사역뿐이다. 아내와 아이들은 하와이에서 사역하는 동안 나와 함께 '고생'하게 된다.

계획을 세우는 일이 아이들에게 얼마나 큰 즐거움을 안겨주는지 놀랄 것이다. 이를 통해 아이들은 자신들이 얼마나 중요한지, 부모가 결혼 생활을 얼마나 귀중하게 여기고, 자신들과 함께하는 시간을 얼마나 소중히 여기는지 깨달을 것이다. 또한 문화가 아이들을 빼앗으려 할 때, 아이들이 기억하게 될 명확한 메시지를 전달할 것이다. 아빠에게 일이 가족 행사보다 중요하지 않다는 사실을 자녀가 알게 되면, 아이들에게 가끔 밴드 연습에 빠져야 한다고 말하기가 훨씬 쉬워진다.

하나님의 뜻을 이해하라(17절)

우리는 만물을 통치하시는 하나님을 섬긴다. 보통 기독교인에게 이렇게 말하면 진심으로 '아멘'이라고 고백하는 것을 듣게 될 것이다. 그러나 조금 더 깊이 파고들면 올바른 신앙과 실천 사이에 큰 간극이 있음을 발견하게 될 것이다. 우리의 말과 삶이 일치하지 않는다는 것이다.

예를 들어, 대학 시절에 알게 된 릭(가명)이라는 청년의 이야기를 해보겠다. 나는 졸업 학기에 릭과 함께 수업을 들었다. 당시 그는 2학년이었다. 릭은 흔한 위기를 겪고 있었다. 그는 하나님이 자신을 설교자로 부르셨다고 확신했지만, 이 부르심을 위해 대학에서부터 준비해야 한다고 부모님을 설득하지 못했다.

릭의 아버지는 경영과 회계 전공을 기독교와 철학으로 바꾼다면, 재정 지원을 차단할 것이라고 말했다. 그는 비참했다. 아버지와 어머니를 존경하고 싶었지만, 동시에 하나님의 명령도 따르고 싶었다. 어떻게 해야 했을까?

엘리자베스(가명)의 경우도 마찬가지다. 그녀는 아름답고 총명한 20세 대학생으로, 그녀의 부모는 졸업 전에 딸이 결혼한다는 생각에 화가 나 있었다. 내가 만난 대부분의 기독교인처럼 엘리자베스의 부모는 딸이 대학을 졸업한 뒤에나 결혼해야 한다고 믿었으며, 내가 자신들의 주장을 옹호해주리라고 생각했다. 하지만 내가 엘리자베스의 편을 들자 거의 바닥에 주저앉고 말았다.

나는 결혼이 대학 졸업보다 훨씬 더 중요하다고 생각한다. 더욱이 2년의 약혼 기간을 견디라고 요구하는 것은 기독교 신념을 타협하라고 하는 것과 마찬가지라고 생각한다. 아이들이 결혼할 준비가 되어 있지 않았다면, 우리는 그 관계가 꽃피우도록 허용하지 말았어야 했다.

릭과 엘리자베스는 내가 관찰한 현대 미국 크리스천 부모들의 행동 양식을 대표하는 사례다. 기독교 가치에 대한 값비싼 희생을 감수하더라도, 아이들이 '아메리칸드림'을 이루도록 강조한다. 마치 이 땅이 우리 집이 아니며, 하나님이 예비하신 것은 세상이 주는 최상의 것과 비교할 수 없다는 사실을 잊어버린 것처럼 말이다.

릭의 아버지는 아들이 성공적인 사업가가 되길 원했다. 엘리자베스의 부모는 딸을 어려움에서 보호하여, 그녀가 대학을 졸업하고 '안정'된 삶의 기반을 마련한 후에 결혼하기를 바랐다. 그게 그렇게 잘못된 일인가? 자녀가 잘되기를 바라는 것이 그렇게 잘못인가? 반드시 그런 것은 아니다. 우리가 '자녀를 위한 최선'을 이루기 위한 노력으로 하나님이 자녀에게 주신 은

사, 재능, 능력, 열정을 무시하지 않는 한, 이는 문제가 되지 않는다.

중요한 점은 자녀가 우리에게 속한 것이 아니라 하나님께 속했다는 사실을 이해하는 것이다. 부모로서 우리의 목표가 우리 자신의 비전에 따라 제한되어서는 안 된다. 나는 유한하고 죄가 크며 이기적인 사람이다. 무한하시고 전능하시며 불변하시는 우주의 주권자 하나님께 아이들을 맡길 수 있는데, 왜 내가 아이들의 미래를 계획해야 하는가? 나는 하나님께 내 아이들의 미래를 어떻게 해달라고 주장하고 싶지 않다. 하나님이 나에게 말씀해주시기를 원한다! 내 뜻을 하나님의 뜻보다 우선하면, 하나님이 아닌 다른 것에 굴복한 것일 뿐만 아니라 나 자신이 우상이 된 것이다.

성령님께 항상 순종하라(18절)

오늘 아침 식탁에서, 아내와 아이들은 내가 건포도 상자를 놓고 소란을 피우는 모습을 멍하니 지켜보았다. 지나치게 오랜 시간 동안 소란을 피운 게 문제가 아니라 내가 아직 식사 기도를 하지 않았다는 것이 문제였다. 아내는 나를 바라보고 목소리를 가다듬으며, "별일 아니면, 우리가 음식을 먹을 수 있도록 기도해줬으면 좋겠어요"라는 표정을 지었다. 둘러보니 모두의 시선이 나에게 쏠려 있었다. 나는 재빨리 고개를 숙여, 침 흘리는 자녀에게 사과하고 식사와 새로운 하루를 주신 하나님께 감사드렸다. 기도 후에 우리는 함께 웃으며 식사를 시작했다.

우리가 식사 전에 기도하지 않았다고 해서 하나님이 우리에게 벌을 주지는 않으실 것이다(소화 불량이 생기게도 하지 않으실 테지만). 또한 우리 가족이 식사 기도를 통해 특별한 이익을 받는다고도 생각하지 않는다. 그러나 가능하면 자주 우리가 가족으로서 하나님을 인정하는 것이 중요하다고 믿는다. 아내와 나는 모든 식사가 전능하신 하나님의 손에서 온 선물임을 자녀에게 상기시키는 것이 중요하다고 생각한다. 또한 우리 자녀에게 오래도록 영향을 미칠 경건의 습관을 심어주는 것도 중요하다고 생각한다. 우리가 가정에 하나님의 섭리와 그분의 자리를 상기시킬 수 있는 여러 방법이 있다.

식사 시간

식사 전에 기도하지 않는다고 해서 음식이나 나에게 나쁜 일이 생기지는 않을 것이다. 그렇다고 식전 기도를 한다고 해서 내가 다른 사람보다 더 영적인 사람이 되는 것도 아니다. 나는 식사 때마다 의례적으로 기도하는 몇몇 사람을 알고 있는데, 사실 그들은 지금보다 덜 영적인 사람이 되려고 노력해야 할 것이다. 하지만 식사 기도는 제대로만 한다면 강력한 양육 도구가 될 수 있다.

나는 매달 열흘 정도 출장을 간다. 즉, 나는 한 달에 20-21일 정도를 집에서 보낸다는 뜻이다. 집에서 보내는 시간은 대부분 서재에서 일하는 데 쓰지만, 집에서 일하기 때문에 누릴 수 있는 혜택도 있다. 그 혜택 중 하나는 가족과 함께 식사할 수 있다는 것이다. 그렇다. 나는 한 달에 20일 정도는 아내와 아이들과 함께 아침과 저녁을 함께 먹는 특권을 누린다.

아마도 가족과 함께하는 식사의 가장 소중한 점은 식탁에 둘러앉아 이야기를 나눌 시간을 보낼 수 있다는 것이다. 그리고 대개 우리의 토론 중심에는 하나님이 계신다. 우리는 식사를 시작할 때마다 기도하고 감사하면서 하나님을 인정한다. 하루 동안 얻은 교훈과 삶의 적용을 나누고, 우리 삶과 가정에서 하나님의 손길을 경험한 이야기를 하며 그분을 인정한다.

위기의 순간

"시련은 사람들이 종교를 넘어 하나님께로 나아가게 한다"라는 말이 있다. 이보다 더 진실한 말은 없을 것이다. 위기는 진정한 성경적 신앙을 증명할 엄청난 기회다. 사실, 다른 어떤 상황이나 환경보다 위기의 순간이 하나님과의 동행에 관해 더 많은 것을 알려준다. 위기는 우리의 최선과 최악을 드러내어, 우리가 누구이며 어떤 존재인지를 보게 한다. 위기의 순간은 또한 우리 신앙의 본질과 내용에 대해 많은 것을 드러낸다.

나는 많은 기독교인이 위기의 순간에도 가족과 함께 기도하지 않는다고 고백하는 데 놀라곤 한다. 사실 나 역시도 그런 적이 얼마나 많았는지 모른다. 위기가 발생하면 우리는 모두 긴장 상태가 되어 각자 기도한다. 때로는 함께 모여 기도하지 못할 때가 있다. 그러나 그 위기가 크든 작든 가족 기도로 이어져야 한다고 생각한다.

하나님은 이 원칙을 허리케인 리타를 통해 우리에게 명확히 가르쳐주셨다. 우리는 5등급 허리케인이 직접적인 영향을 미치는 지역에 살고 있었는데, 곧 허리케인이 다가온다는 소식을 들었다. 어떻게 해야 할지 결정을 내려야 하는 시간은 이틀밖에 남지 않았다. 나는 그 주말에 애틀랜타에서 설교할 예정이었는데 내가 탈 비행기는 금요일이 될 때까지도 출발하지 않았다. 수요일에는 도시를 떠나는 모든 항공편이 매진되었고, 고속도로는 점점 막히기 시작했다. 위기의 순간이었다.

목요일 아침, 계속해서 뉴스를 지켜보다가 애틀랜타 교회에 연락해 참석하기 어렵다는 의사를 전했다. 나는 우리 가족을 두고 떠날 수 없었고, 내가 예약한 금요일 아침 비행기는 취소될 것이 분명했기에 우리는 즉시 대피해야 했다. 아내와 아이들의 겁에 질린 표정을 바라보다가 지금 시간이 11시라는 것과 우리가 그날(어쩌면 그 전날에도) 가정 예배를 드리지 않았다는 것을 깨달았다. 나는 가족을 불러 모아, 지금까지 경험한 것 중 가장 감미로운 찬양과 기도를 드리고 성경 공부를 했다.

예배를 마치자마자 핸드폰을 보니 여행사 직원에게서 메시지가 와 있었다. 그녀는 목요일 저녁에 출발하는 항공권 세 장을 찾아 아내와 아이들의 자리를 예약했다고 했다. 그런데 내가 앉을 자리가 없었다. 즉시 우수 고객 데스크에 전화해서 혹시 어떤 조치를 취해줄 수 있는지 물었다. "대기자 명단에 이름을 올릴 수 있을까요?"라고 물었다. "아니요." 직원이 대답했다. "빈자리도 없고, 예약한 자리가 없으면 들어가지도 못할 거예요." 바로 그 순간 그 직원이 숨을 멈추며 말했다. "기도하고 계셨었나 봐요." "왜요?"라고 내가 물었다. "방금 자리 하나가

났거든요!"

우리는 즉시 짐을 챙겨 집을 나와 텅 빈 고속도로를 따라 내내 달렸다. 모두가 도시를 벗어나기 위해 북서쪽으로 향하고 있었지만, 공항에 가려면 남동쪽으로 가야 했기 때문이다. 평균 대기 시간은 몇 시간이 걸리지만, 우리는 도착하자마자 공항 출입이 잦은 사람들만 아는 뒷문으로 들어가 보안 검색대를 20분 만에 통과했다. 게다가 우리는 모두 일등석을 타고 애틀랜타로 향했다.

우리가 가정 예배를 드렸기 때문에 그런 일이 일어났다고 말하는 것이 아니다. 하지만 하나님이 그날의 사건을 사용하셔서, 우리 삶에서 그분의 살아 계심과 전능하심을 나타내셨다고 확신한다. 또한 우리는 폭풍 전날과는 다른 시선으로 가정 예배를 바라보게 되었다. 그 후 며칠 동안 우리의 이야기를 들은 수많은 사람이 하나님의 신실하심에 큰 은혜를 받았다. 나는 다시는 위기 때문에 기도로 하나님을 인정하지 못하게 되는 일은 없게 할 것이다.

특별한 날

1996년, 아내와 나는 크리스마스 저녁 식사에 우리 가족 몇 명을 초대하는 특권을 누렸다. 당시 우리는 결혼한 지 약 7년이 되었고, 가족과 함께 '우리 집'에서 크리스마스를 보내기는 처음이었다. 지난 몇 년 동안은 우리가 친척들의 집에 방문했었다. 그러나 그해는 달랐다. 그해 우리는 마침내 모든 사람을 수용할 수 있을 만한 큰 집에 살게 되었으며, 주방은 음식을 조리하는 모든 사람이 들어갈 수 있을 만큼 컸다!

구체적으로 어떤 일이 있었는지는 잘 기억나지 않지만, 음식이 준비되어 식사하려던 순간은 기억난다. 식탁 주위에 모여 모두의 시선이 나를 향한 순간, 우리는 본능적으로 손을 잡았다. 누구도 말하지 않았지만 모든 사람이 다음에 무슨 일이 일어날지 정확히 알고 있었다. 나는 식탁에 둘러앉은 사람들에게 미소를 지으며 머리를 숙이고 우리 주님께 기도를 드렸다. 믿을 수 없었다. 그 순간은 짧았지만, 그 감격은 지금도 여전하다. 나는 처음으로 그러한 기도를 드리는 특권을 누렸던 때를 절대 잊지 못할 것이다.

당시 우리 아이들은 여섯 살과 세 살이었지만, 나는 '얼마나 큰 축복인가!'라고 생각했다. 아마도 그날이 나에게 그토록 큰 의미가 있었던 이유는 내 아버지가 그렇게 기도하는 것을 본 적이 없었기 때문일지도 모른다. 아니면 처음으로 크리스마스 파티를 우리 집에서 주도했기 때문에 기뻤는지도 모른다. 혹은 하나님을 인정하는 일이 우리 가족의 중추적인 역할이 되었음을 깨달았기 때문일 수도 있다. 이유야 무엇이든 기분이 좋았다.

가족이 특별한 순간에 하나님을 인정해야 한다는 말이 간단하게 들릴 수 있지만, 이를 상기시키는 일이 우리에게 필요하다. 그동안 생일, 졸업, 또는 다른 기념일에 가족이 함께 모여 특별한 기도를 드릴 기회를 얼마나 많이 놓쳤을까? 우리는 특별한 순간과 중요한 이정표 같은 모든 기회를 활용하여 하나님을 인정해야 한다.

특별한 여행 기간

홈스쿨링을 시작하기 전에, 아들은 우리 교회 유치원에 다녔다. 아이는 아침이면 일어나 신나서 유치원에 가고 싶어 했다. 나는 아이를 유치원에 등원시키는 특권을 누리던 시절을 기억한다. 우리는 차에 올라타 안전벨트를 단단히 매고 출발했다. 유치원에서 한 블록 정도 떨어진 특정 교차로에 도착하면 함께 머리를 숙이고 기도했다. 내가 먼저 아들을 위해 기도하면 그다음 아들이 기도했다.

어느 토요일 아침, 가족 소풍을 가다가 우연히 유치원에 갈 때마다 기도하던 교차로를 지나가게 되었다. 아들은 아직 요일 개념을 모를 정도로 어렸기 때문에 머리를 숙이고 이렇게 기도하기 시작했다. "예수님, 제가 학교에서 의젓하게 있을 수 있게 도와주세요…." 그러고는 마치 누군가가 아이의 어깨를 두드리며 유치원이 아닌 다른 곳으로 가고 있다고 알려준 것처럼 머리를 들고 말했다. "음, 예수님, 우리가 어디로 가든 착하게 살 수 있도록 도와주세요."

우리 가족이 차에 탈 때마다 기도드린다고 말하고 싶지만, 사실 그렇진 않다. 그러나 긴 여행을 떠나거나 아주 특별한 여행을 할 때는 잠시 멈춰서 안전하게 여행할 수 있도록 기도드리기도 한다. 하지만 이 장을 쓰면서 우리가 자주 그렇게 하지 않는다는 것을 깨달았다.

성경의 원리대로 관계를 형성하라 (21절)

"엄마와 아빠만의 시간을 가질 거야. 조금 있다 나올게." 아내가 자주 하는 말이다. 브리짓이 문밖으로 머리를 내밀고 "엄마와 아빠의 시간이야"라고 선언하면, 아이들은 심각한 일이 아니면 절대 우리에게 다가올 수 없다는 사실을 알고 있다. 때때로 '엄마와 아빠만의 시간'에 우리는 낮잠을 자거나, 아이들에 대해 이야기한다. 또 때로는 이 책에 쓸 수 없는 일을 하기도 한다. 우리 아이들은 어떤 이유로든 우리를 방해해서는 안 된다는 것을 알고 있다.

엄마 아빠만의 시간이 중요한 이유는 그것이 가정에서 결혼 생활의 우선순위를 보여주기 때문이다. 우리 아이들은 다음과 같은 매우 분명한 메시지를 받는다. '엄마 아빠가 함께 있을 때, 그 시간은 너희들과 함께 있는 시간보다 중요하다.' 이것은 '아이가 가장 중요하다'고 믿는 문화에서는 가혹하게 들릴 것이다. 그러나 이것은 바로 당신과 당신의 자녀가 반드시 배워야 할 교훈이다. 엄마 아빠의 결혼 생활은 다른 모든 것보다 우선해야 하기 때문이다.

이러한 우선순위를 확립해야 하는 적어도 세 가지 이유가 있다. 첫째, 부모로서 우리의 임무는 자녀를 잘 키워서 떠나보내는 것이다. 언젠가 자녀가 출가할 날이 올 것이다. 그날이 오면, 자녀를 최우선으로 여겼던 부부는 초점을 재조정하고 나아가기가 어려울 것이다. 실제로, 이것이 결혼한 지 25년, 30년 된 부부가 갑자기 헤어지는 새로운 추세가 생긴 이유 중 하나다. 나는 "아이들이 떠나고 나니 더는 이 사람과 함께 살 이유가 없어졌다"라고 말하는 수많은 사람과 대화를 나누었다.

둘째, 우리의 결혼은 다양한 가정생활의 기초가 된다. 자녀는 가족과 한 목적을 향해 나아가도록 지도받을 필요가 있다. 아내와 나는 기름칠이 잘된 기계처럼 하나의 팀으로 움직여야 한다. 이런 일은 관계에 상당한 시간을 투자하지 않으면 일어나지 않는다. 우리의 결혼 생활은 자녀의 제자도를 계획하고 감독하는 전략적 지휘소이자, 자녀가 무서운 세상 속에서 안전함을 느낄 수 있게 해주는 상담소이며, 결혼이 무엇인지 보고 배우는 실험실이기도 하다.

우리의 결혼 생활은 또한 가정에서 훈육의 분위기를 조성한다. 21절은 우리가 그리스도를 경외함으로 피차 복종하라고 말한다. 21절은 계속 이어진 스물한 절을 아우르고 이끄는 우산 역할을 한다. 21절의 복종은 아내와 남편, 자녀와 부모, 종과 주인의 세 관계에서 모두 나타난다. 다시 말해, 21절의 복종은 18절의 성령으로 충만해져야 한다는 명령과 연결될 뿐 아니라 자녀가 부모에게 복종해야 하며, 동시에 아내가 남편에게 복종해야 한다는 것을 요구한다. 남편에게 복종하지 않는 아내는 혼란스러운 가정의 모습을 보여주는 것이다. 상사가 장교에게 공개적으로 무례하게 행동하면서 이등병의 존경을 기대하는 군대를 상상할 수 있을까?

마지막으로, 우리 아이들은 언젠가 결혼할 것이며, 다른 모든 관계(부모와의 관계 포함)보다 우선하는 관계를 맺게 되리라는 것을 알아야 한다. 부모에게서 독립하지 못하는 배우자 때문에 결혼 생활에 어려움을 겪는 사람이 많다. 이는 종종 부모에게서 결혼 관계의 우선순위에 대한 명확한 메시지를 듣지 못해 생긴 결과다. 이런 모든 것이 부모의 결혼 생활에 달려 있으므로, 결혼 생활을 우선시하지 않을 수 없다. 우리가 여러 세대에 걸쳐 신실한 믿음을 전수하기를 원한다면 더욱 그렇다.

실천하기

1. 당신의 삶에서 잠재되어 있는 우상은 무엇인지 나열해보라. 당신의 삶에서 하나님이 요구하시는 일들이 있는가? 그것은 무엇인가? 자녀들과 함께 생각해보라.

2. 가족이 함께 모여, 어떻게 우리 삶의 우상을 무너뜨릴지를 생각해보라. 집에서 없애야 할 것들이 있을 수도 있다. 아마도 당신의 일정에서 제외해야 할 일도 있을 것이다.

3. 가족이 함께 기도하고 회개하는 특별한 시간을 보내라. 하나님 앞에서 우상 숭배의 죄를 고백하고, 그분의 용서를 받으라. 그리고 이제 새롭게 누리게 된 자유를 기념하라.

3장.
가정에서 사랑하는 법을 배우라

너는 마음을 다하고 뜻을 다하고 힘을 다하여 네 하나님 여호와를 사랑하라(신 6:5).

당신이 가정의 경건한 가장이 되고 싶다면, 하나님을 경외하는 가장이 있는 집답게 가족들 사이에 기독교적인 화목이 이루어지는지 살펴봐야 한다. _존 번연(John Bunyan)

처음에는 이 장의 제목을 '하나님을 사랑하는 법을 배우라'로 지을 생각이었다. 그러나 더 자세히 살펴본 결과 그보다 더 깊은 의미가 있다는 것을 깨달았다. 모세가 말한 "주를 사랑하라"는 명령은 수직적이고 경배하는 관계를 넘어서 더 포괄적인 의미를 담고 있다. 이 권면은 우리와 하나님 사이의 관계를 넘어서는 것이다.

사랑은 모두 사랑이다

이 대목에서 한 가지 분명한 것은 하나님이 그분을 따르는 자들에게 기대하시는 사랑이 다른 관계에서의 사랑과 별반 다르지 않다는 것이다. 생각해보라. 종교적인 사랑과 비종교적인 사랑 사이에 명확한 구분이 있을까? 내 기도 생활을 지배하는 사랑과 가정생활을 지배하는 사랑에 대해 서로 다른 정의가 존재할까? 물론 그렇지 않다. 사랑은 그 자체로 사랑이다. 구약과 신약에는 사랑을 나타내는 다양한 용어가 있지만, 주로 그것들은 사랑의 본질이 아니라 관계나 방향성을 나타내는 데 사용된다.

예를 들어, 많은 사람이 신약성경에 등장하는 아가페(*Agape*)와 필레오(*Phileo*)를 두 종류의 다른 사랑으로 생각한다. 아마 "아가페는 신의 사랑이다"라는 말을 들어본 적이 있을 것이다. 필레오가 문자 그대로 '형제 사랑'을 의미하고 아가페가 이타적이고, 희생적인 사랑을 의미하는 것은 사실이지만, 아가페가 신의 사랑이고 필레오가 인간의 사랑이라는 것은 사실이 아니다. 사실, 성경에 필레오가 신의 사랑으로 여겨지는 경우도 여러 차례 나타난다.

> 아버지께서 아들을 사랑하사(*Phileo*) 자기가 행하시는 것을 다 아들에게 보이시고 또 그보다 더 큰 일을 보이사 너희로 놀랍게 여기게 하시리라(요 5:20).

> 이는 너희가 나를 사랑하고 또 내가 하나님께로부터 온 줄 믿었으므로 아버지께서 친히 너희를 사랑하심이라(*Phileo*)(요 16:27).

> 시몬 베드로와 예수께서 사랑하시던(*Phileo*) 그 다른 제자에게

달려가서 말하되 사람들이 주님을 무덤에서 가져다가 어디 두었는지 우리가 알지 못하겠다 하니(요 20:2).

무릇 내가 사랑하는(*Phileo*) 자를 책망하여 징계하노니 그러므로 네가 열심을 내라 회개하라(계 3:19).

성경은 사람이 하나님을 사랑하는 데 필레오와 아가페가 모두 허용되는 표현임을 분명히 한다. 바울은 하나님을 필레오하지 않는 사람들에게 "만일 누구든지 주를 사랑하지(*Phileo*) 아니하면 저주를 받을지어다"(고전 16:22)라고 경고한다. 만일 아가페가 하나님을 사랑하는 사람의 유일한 기준이라면, 바울은 그렇게 강력한 경고를 하기 위해 필레오를 사용하지 않았을 것이다. 더불어, 그는 "적어도 하나님을 필레오하지 않는다면…"이라고 말하지 않았다. 그는 명확히 필레오만으로도 충분하다고 말하고 있다.

심지어 예수님도 사람이 하나님을 사랑하는 데 필레오가 충분한 표현임을 인정하셨다. 이는 베드로가 고백한 대로 예수님이 그를 회복시키실 때 나온 표현이다. "주님 모든 것을 아시오매 내가 주님을 사랑하는(*Phileo*) 줄을 주님께서 아시나이다"(요 21:15-17). 예수님은 베드로의 사랑의 형태나 수준 때문에 꾸짖지 않으셨다. 오히려 베드로에게 양을 먹이라는 사명을 맡기셨다.

그리스어와 히브리어는 때로 일반 영어보다 표현이 더 정확하다. 우리가 친구, 배우자, 자녀에게 "사랑해"라고 말할 때,

'사랑'이라는 동일한 개념을 다른 맥락에서 다양한 단어로 전달할 수 있다. 다시 말해, 필레오는 아가페의 저급하거나 희석된 형태가 아니라, 다른 뉘앙스를 전달하는 대안일 뿐이다. 즉, 사랑은 모두 사랑이다.

하나님을 사랑하고, 형제를 사랑하라

이 장의 제목을 변경하게 된 두 번째 계기는 요한일서를 개인적으로 연구하던 중이었다. 이 짧은 편지를 연구하다가 이 책의 작업 과정에 새로운 의미를 부여할 익숙한 구절을 발견했다. 요한은 4장에서 간과할 수 없는 질문을 제기한다. "누구든지 하나님을 사랑하노라 하고 그 형제를 미워하면 이는 거짓말 하는 자니 보는바 그 형제를 사랑하지 아니하는 자는 보지 못하는바 하나님을 사랑할 수 없느니라"(20절).

바로 이것이었다! 나는 모세의 권면을 완전히 새로운 시각에서 바라보게 되었다. 이 명령은 우리의 수직적인 관계 그 이상이었다. 하나님을 사랑하는 법을 배우면 필연적으로 모든 종류의 사랑을 배우게 된다. 너무 과장된 이야기처럼 들릴 수 있겠지만, 어떤 사람이 던진 중요한 질문에 대한 예수님의 대답을 들어보라. "율법 중에서 어느 계명이 큽니까?"라는 중요한 질문에 예수님은 이렇게 말씀하셨다. "네 마음을 다하고 목숨을 다하고 뜻을 다하여 주 너의 하나님을 사랑하라"(마 22:37). 그리고 다시 덧붙이셨다. "이것이 크고 첫째 되는 계명이요 둘째도 그와 같으니 네 이웃을 네 자신같이 사랑하라"(38-39절).

이처럼 예수님은 모세가 한 말을 인용하셔서 하나님을 사랑하는 것과 사람을 사랑하는 것의 본질적인 특성을 언급하신다. 따라서 이 장을 단순히 하나님을 사랑하는 법을 배우는 것으로 제한하는 것은 충분하지 않았을 것이다. 만약 우리 가정들이 이방 문화의 저항 속에서도 하나님의 백성으로서 신분을 드러내려면 우리도 이스라엘 백성처럼 사랑하는 법을 배워야 한다.

우리 가정들은 사랑의 향기로 가득해야 한다. 그러면 우리에게 방문하는 사람들은 우리 가정이 이기적이고 자기중심적인 나르시시즘과는 다른 안전한 항구라는 것을 즉시 알아챌 것이다. 그리고 우리에게서 떠나고 싶어 하지 않을 것이다. 이웃들은 계속해서 온갖 구실을 만들어 우리를 방문하려고 할 테고, 우리에게서 느낀 사랑의 향기를 계속 맡고 싶어 할 것이다. 억압받고 상처받은 사람들이 우리를 찾아올 것이다. 파탄 직전인 가정은 우리를 보고 "우리 집은 왜 저렇게 안 될까?"라고 말할 것이다.

유감스럽게도 이런 경우는 드물다. 우리 문화에서 신앙을 고백하는 기독교인들은 종종 주변의 비신자들보다 더 좋고, 더 깊으며, 더 오래가는 사랑을 보여주지 않는다. 때로 우리는 하나님의 백성다운 향기보다 이 세상의 악취를 더 많이 내뿜기도 한다. 이는 안타까운 소식이다. 하지만 기쁜 소식은 상황이 이런 식으로 계속될 필요가 없다는 것이다. 우리는 사랑을 배울 수 있다. 첫 번째 단계는 우리를 지금의 모습으로 이끈 비효과적인 방법과 이념에서 벗어나는 것이다.

딜레마

"온 마음을 다해 너를 사랑해." 이 말은 익숙한 표현이다. 부모는 자녀에게, 남편과 아내는 서로 이렇게 말한다. 사랑에 빠진 연인들은 상대의 눈을 깊이 응시하며 이 익숙한 문구를 속삭인다. 그러나 안타깝게도 이 말은 빛을 잃은 것 같다. 요즘에는 "온 마음을 다해 너를 사랑해"가 결국 "다시는 너를 보고 싶지 않아"로 변하는 경우가 많다.

나는 많은 커플의 결혼식에서 주례를 섰다. 그들은 서로 눈을 깊이 응시하며 조심스럽고 긴장된 목소리로 초조하게 서약을 낭독하고, 자신들의 불멸의 사랑을 공개적으로 약속했다. 하지만 남편이 아내를(또는 아내가 남편을) 더는 동경과 애정이 담기지 않은 시선으로 쳐다보며, "나는 너를 더 이상 사랑하지 않아"라는 한마디로 모든 서약을 철회하는 모습도 여러 번 목격했다.

"죽음이 우리를 갈라놓을 때까지"와 "재산 분할은 반반씩 해" 사이에 무슨 일이 벌어지는 걸까? 별처럼 빛나는 눈빛으로 시작했던 두 남녀가 어떻게 서로 미움과 분노를 품고, 이혼이라는 뒷문으로 먼저 빠져나가려는 상황이 되었을까? 현재 '사랑이 식었어'가 유행처럼 번지는 유행의 주요 원인 중 하나는 무지라고 생각한다. 그렇다. 사람들은 더 나은 방법을 알지 못한다. 우리는 사랑이 우연히 생겨나는 압도적이며 통제할 수 없는 감각이라고 생각한다. 사랑이 제멋대로 찾아왔다가 사라진다고 여기는 것이다. 간단히 말해, 우리는 그리스 로마의 낭만적 사랑이라는 신화에 완전히 빠져버렸다.

큐피드와 그리스 로마의 사랑 신화

밸런타인데이 카드와 만화에 자주 등장하는 큐피드는 작은 화살을 쏘는 천사다. 이 신화는 큐피드와 프시케의 이야기에서 기원하지만, 지금은 변형되었다. 요즘은 큐피드가 지구를 돌아다니며 사랑의 화살을 남모르게 쏘아 누구든 주위 사람과 '사랑에 빠지게' 만든다. 만약 이 신화가 무해하다는 생각이 든다면, 다시 생각해보라. 사랑을 우연히 생겨나는 압도적이며 통제할 수 없는 힘으로 여기는 것은 엄청난 결과를 가져올 수 있다.

신화 1. 사랑은 우연의 힘이다

"누구와 사랑에 빠질지 선택할 수 없다." 우리 대부분은 이 말을 들어본 적이 있을 것이다. 이 말은 일반적으로 다음과 같이 해석된다. "성경 말씀, 내 가족과 친구들, 심지어 낯선 사람들조차 이런 멍청이와 시간을 낭비하는 건 바보 같은 일이라고 말할지라도 나는 절대 이 사람을 포기하지 않을 거야." 이런 상황을 본 적이 있을 것이다. 아름답고 지혜로워 보이는 어떤 젊은 여성이 자신을 함부로 대하는 남자와 사귀기 시작한다. 다른 사람은 모두 그 사실을 알고 있지만, 그녀만은 깨닫지 못한다.

내가 본 가장 최악은 메리(가명)라는 여성의 경우였다. 메리는 약 15년 동안 한 남자와 사귀었다. 그런데 그 15년 동안 이 남자는 메리와 결혼하기는커녕 그녀의 친구 여러 명과 바람을 피우기도 하고, 그녀의 딸에게 성적으로 접근한 적도 있으며, 안정적인 직장 생활을 유지하지도 못했고, 목숨의 위협을 느낄 정도로 그녀를 폭행하기도 했다. 게다가 이것이 전부가 아니었다. 무엇보다도 이 남자는 매력적이고 세련된 돈 후안이 아니라, 오히려 내가 만난 사람 중 가장 불쾌한 사람에 가까웠다. 그런데도 메리는 마치 나방이 불빛에 끌리듯(혹은 파리가 파리 끈끈이에 붙는 것처럼) 그에게 끌렸다.

우리는 각자 메리 같은 사람을 알고 있을 것이다. 그들이 학대를 견디며 버티는 모습을 보면 우리는 모두 놀라며 매번 '이번엔 반드시 헤어지겠지?'라고 생각한다. 도대체 왜 어떤 사람은 이런 상황에서 헤어 나오지 못할까? 메리에게 물어보면 아마도 "이미 사랑에 빠졌는데 어쩔 수 없잖아요"라는 상투적인 말을 할 것이다. 메리가 이 폭력적이고 만족스럽지 못한 관계를 계속 이어 나가는 것은 상식과는 관련이 없다. 모든 것은 우연한 힘이라고 불리는 사랑이 그녀와 가해자를 묶어놓기 때문이다.

신화 2. 사랑은 압도적인 힘이다

잘생긴 주인공이 아름다운 여주인공을 품에 안는다. 그는 마치 그녀가 자기 존재의 열쇠를 품고 있는 것처럼 그녀의 눈을 간절히 바라보며 갈망한다. 그들의 가슴은 숨을 고르느라 들썩인다. 그녀는 (자신의 외도를 알지 못하는 남편을 생각하며) 저항하려 애쓰지만, 남자 주인공이 다시 그녀를 감싸 안으며 말한다. "통제할 수 없는 힘이 우리를 이끌고 있어" 들어본 적이 있는 말이 아닌가? 로맨스 소설가는 아니지만, 이런 장면을 너무 많이 보고 들어서 이제는 진부한 것이 되었다. 그리스 로마 신화에 따르면, 사랑은 우리 인간 따위가 절대 이길 수 없는 압도적인 힘이다. 설사 이기더라도 우리는 '진정한 사랑'을 잃고, 잃어버린 사랑에 대한 그리움으로 가득하여 남은 시간을 불행하게 보내야 한다. 다른 누군가와 서약했다는 사실은 무시하면 그만이다.

영화 속에서는 이런 신화가 우아한 무대 위에서 펼쳐지지만, 실제 삶에서 이를 바라보는 것은 전혀 다른 일이다. 영화는 종종 이 압도적인 힘의 좋은 면만을 강조한다. 우리가 고대했던 마지막 키스 장면만이 화면에 담길 뿐이다. 하지만 영화는 종종 버림받은 연인의 괴로움이나, 부모가 자신을 사랑하지 않을까 봐 불안해하는 자녀의 고통은 보여주지 않는다. 모험과 신비가 이미 사라진 1년 후, 그 사랑스러운 커플을 묶어주었던 바로 그 사건으로 인해 싸우는 모습은 그려지지 않는다.

신화 3, 사랑은 통제할 수 없는 힘이다

"그냥 사랑이 식었을 뿐이에요." 한 남성에게 20년 만에 결혼 생활을 끝낸 이유를 묻자 그가 한 대답이었다. 나는 그가 어떤 말이든 덧붙일 줄 알았다. 어떤 변명이나 설명을 기대하고 있었다. 그가 아이들이 다 자랄 때까지 참은 것이라고 말할 줄 알았다(비록 이것도 완전히 용납하기 어려운 이유이지만). 하지만 그는 그런 말은 하지 않았다. 그저 어깨를 으쓱하며, "그냥 사랑이 식었을 뿐이에요"라고 내뱉었다.

그는 마치 당연한 사실을 이야기하는 듯했다. 그의 표정에는 부끄러움이나 회한이 전혀 담겨 있지 않았다. 눈을 피하거나 머리를 숙이지도 않았고, 어떤 설명을 덧붙이거나 상황을 개선하려는 시도도 없었다. 그저 그 말만 했을 뿐이었다.

이 신사가 특이한 경우면 좋겠지만, 아쉽게도 그렇지 않다. 그는 사랑이 때로 빠르고 신비하게 왔다가 사라지는 통제할 수 없는 힘이라는 개념을 받아들인 전형적인 사람 중 한 명이었다. 또 자기 갈증을 해소해줄 수 없는 그리스 로마 신화의 샘물을 깊이 들이킨 사람이었다.

신화 4, 사랑은 감각적인 힘이다

로맨스 소설부터 장편 영화, 시트콤에 이르기까지, 사랑은 성관계와 동일시된다. 현대 미디어에서 성관계는 새로운 형태의 결혼이다. 과거 영화는 낯선 두 사람이 만나 결혼식을 올리고 서약하는 장면으로 시작하곤 했다. 하지만 이제는 두 사람이 만나 성관계를 가진 뒤, '특별한' 무언가가 있었다고 인정하고 나서야 비로소 전화번호를 교환한다. 주변 사람이 영화의 여주인공에게 가장 자주 묻는 말은 더는 "프러포즈 받았어?"가 아니라 "그 사람이랑 잤어?"가 되었다.

이것은 단순히 그리스 로마 사랑 신화의 논리적인 연장일 뿐이다. 큐피드의 화살은 사람들을 항상 감각적인 사랑으로 이끌었지만, 이렇게 생생하게 묘사된 적은 없었다. 그리고 이전에는 사랑에 대한 무신경한 태도가 강조되지 않았다. 우리가 지금 목격하는 것은 장식을 제거한 그리스 로마의 사랑 신화에 불과하다.

사실 요즘 큐피드가 필요한 사람이 있을까? 그렇다. 우리는 하트 모양의 화살을 가진 작은 천사를 버리고 현대화된 뉴에이지 개념을 선호한다. 이제 큐피드는 우리가 숨 쉬는 공기 같은 존재다. 더는 큐피드가 심장에 화살을 쏴주길 기다릴 필요가 없다. 단지 시간 여유가 있는 파트너가 필요할 뿐이다.

결국 한 사랑이 다른 관계에는 적용되지 않는다

이런 사랑의 가장 큰 문제는 그 사랑이 다른 관계에는 적용되지 않는다는 것이다. 사랑이 우연히 생겨나는 압도적이고 통제할 수 없는 감각적인 힘이라면, 어떻게 내 아이들을 사랑해야 할까? 나는 내 딸과의 관계에서 이 문제를 직접 경험했다. 남성 대부분이 그렇듯이, 딸이 여성으로 성장하면서 어려운 시기를 겪었다. 만약 사랑이 감각적인 힘이라고 믿는다면, 나는 어떻게 이 어린 여성에게 사랑을 표현해야 할까? 이제는 딸을 안아주면 안 되는 것일까? 물론 이제는 딸아이를 내 무릎에 앉힐 수는 없을 것이다.

안타깝게도 내가 이런 문제로 고민하는 동안 딸의 마음에 불신과 불안함이 자라기 시작했다. 딸아이는 변화하고 있었지만, 나는 여전히 그 아이의 아빠였고, 아이는 마음속에서는 자신을 여전히 아빠의 어린 딸로 여기고 있었다. 딸은 나의 신중함을 거부로 해석했다. 나는 딸에게 적절히 다가가면서도 애정을 나누는 법을 배워야 했다. 그 첫 번째 단계는 사랑에 대한 그리스 로마 신화의 잘못된 개념에서 벗어나는 것이었다. 다른 관계에도 사랑을 적용하기 위해서는 사랑을 성경적으로 이해해야 했다.

이러한 사랑 신화의 또 다른 문제점은 그것의 불안정한 성질에서 기인한다. 이혼 가정의 자녀는 부모가 서로 사랑을 그만둔 것처럼 언제쯤 자신을 사랑하지 않게 될지 걱정한다. 그들의 잘못이 아닌데도 말이다. 어떤 방식으로 내 직업과 어머니와 하나님을 사랑해야 할까? 더 나아가 하나님은 어떻게 나를 사랑하실까? 실제로 이 낭만적인 사랑에 대한 그리스 로마 신화 때문에 많은 사람이 하나님의 사랑을 의심하게 된다. 만약 하나님의 사랑이 할리우드의 사랑과 마찬가지로 변덕스럽다면 어떨까? 하나님은 나와 이혼하려 하실까?

분명히 더 좋은 방법이 있을 것이다. 사랑은 신화 그 이상이어야 한다. 신화로는 어려움을 견디거나 역경에 맞서거나 재앙을 극복하지 못한다. 나이가 들어 아름다움이 사라진 여성에게 위안을 주지 못한다. 그녀는 남편이 젊은 여성의 아름다움을 보고 우연히 생겨나는 압도적이며 통제 불가능한 감각적

힘에 사로잡힐까 봐 두려움을 느끼며 살아야 한다. 이러한 사랑은 직업과 자신감과 아내의 사랑까지 잃은 남성의 두려움을 누그러뜨리지도 못한다. 또한 결혼 초기의 난관을 헤쳐 나가야 하는 젊은 부부에게 아무런 도움이 되지 않는다.

다행히도, 더 나은 방법이 있다. 하나님은 우리에게 신화를 넘어선 사랑의 정의를 주셨다. 이 사랑은 전환할 수 있으며 배우자를 향하든, 자식을 향하든, 형제자매를 향하든, 하나님을 향하든 변하지 않는다. 이 사랑은 신화처럼 변덕스럽거나 연약하지 않아서 안정적이다. 이 사랑은 견디고 이기며 승리한다. 더 나아가 이 사랑은 완전히 만족스럽다.

모세, 그리고 성경 속 사랑의 표상

성경에서 가장 잘 알려진 구절은 신명기 6장 4절이다. 셰마(Shema, '듣다'라는 뜻)는 경건한 유대인들이 매일 읊는 기도다. 셰마라는 명칭은 이 성경 구절의 첫 번째 히브리어 단어에서 유래했다. "이스라엘아 들으라 우리 하나님 여호와는 오직 유일한 여호와이시니." 하지만 이 구절에서 더 널리 알려진 부분은 다음과 같다. "너는 마음을 다하고 뜻을 다하고 힘을 다하여 네 하나님 여호와를 사랑하라"(5절). 여기서 사용된 세 가지 히브리어 단어(마음, 뜻, 힘)는 사랑에 대한 명확한 성경적 정의를 설명한다. 사랑은 의지에 따른 감정을 수반하며 그 대상을 위한 행동으로 나타난다.

이 단어들을 모세와 신명기와 성경 전반의 맥락에서 자세히 검토하면, 이러한 정의가 충분히 증명된다.

사랑은 의지적 행동이다

사랑은 선택이다. 이 진술이 '낭만적이지 않다'고 생각하는 사람들도 있을 것이다. 그럴 수도 있겠지만, 여기서 목표는 로맨스가 아닌 '사랑'이다. 더 구체적으로는 하나님의 사랑에 대한 개념이며, 그 출발점은 성경이다. 모세는 "너는 마음(heart)을 다하[여] 네 하나님 여호와를 사랑하라"고 말한다. 이 문장은 우리가 아무 생각 없이 사용하는 말 중 하나다. "마음을 다하여" 누군가를 사랑한다는 말은 어떤 의미일까? 심장은 피를 뿜어내는 근육일 뿐이다. 마음(heart)이라는 용어와는 달리, 심장(heart)은 아무것도 알지 못하고, 느끼지 못하며, 보지 못한다(영어로 마음과 심장 모두 'heart'다—역자 주). '머리' 대 '마음'이라는 표현이나 '마음으로 느낀다'와 같은 표현을 사용할 때 우리는 항상 비유적인 언어로 말하는 것이다. 문자 그대로 가슴 중앙에 위치한 근육 자체가 따로 정신을 가지고 있다는 뜻은 아니다.

히브리어에서 마음(heart)을 나타내는 단어는 '레바브'(*lebab*)다. 우리가 다시 접하거나 사용하게 될 가능성이 별로 없는 단어지만, 이것이 매우 중요한 단어임은 분명하다. 이것은 '속사람, 마음 또는 의지'를 의미한다. 심장은 혈액을 펌프질하는 근육이므로 이는 비유적인 표현이라는 사실을 기억하라. 여기서는 이 단어가 우리의 의지를 가리킨다는 것을 알 수 있다. 따라서 성경적인 사랑은 의지의 행동이며, 선택이다.

우리는 얼마나 자주 운동선수가 내면의 힘을 발휘하여 놀라운 일을 해내는 것을 목격하는가? 그럴 때 우리는 "그 선수는 의지가 강하다"(She has heart)라고 말한다. 반면에 네 번째 쿼터에 팀이 무너져서 상당한 우위를 놓치게 되면 "의지가 부족했다"(They just didn't have heart)라고 외친다. 이는 앞서 언급한 선수의 가슴 중앙에 패배한 팀에게는 부족했던 피를 뿜어내는 근육이 있었다는 의미가 아니다. 당연히 말도 안 되는 소리다. 여기서 의미하는 것은 그 선수가 엄청난 의지를 보여주었으며, 다른 팀은 그렇지 않았다는 것이다. 이러한 비유적 표현의 배경에는 앞서 말했던 히브리어의 개념이 큰 역할을 한다.

문제는 시간이 흐르면서 이것이 비유적 표현이라는 것을 잊어버렸다는 것이다. 많은 사람이 사랑의 개념을 마음과 의지에서 완전히 분리했다. 마음과 의지야말로 진정한 사랑이 존재하는 곳인데도, 마치 사랑이 의지와 정반대인 것처럼 말한다. 혀가 없으면 말할 수 없는 것처럼, 의지가 없이는 더는 사랑도 할 수 없다.

사랑은 감정을 동반한다

사랑이 선택이라는 사실이 감정적인 측면을 부정하는 것은 아니다. 사랑에는 감정이 있어야 한다. 예비 배우자에게 아무런 감정을 느끼지 않는다면, 그것은 '잘못된 사람'을 찾았다는 의미다. 만약 어떤 남자가 나에게 결혼 예비 상담을 받으러 와서 자신은 약혼자에게 헌신적이지만 아무런 감정이 들지 않는다고 말하면, 나는 그에게 다른 사람을 찾아보라고 말할 것이다.

이는 장래의 배우자나 신혼부부에게만 해당하는 것이 아니다. 나는 결혼 15주년 기념일에 문 앞에서 아내에게 짜증스럽게 꽃을 건네며 나와 동행해달라고 요청하지 않았다. "지난 180개월간 우리를 하나로 묶어준 언약의 관계를 축하하러 숯불구이나 즐기러 갈까?"라고 말하지도 않았다. 절대 그럴 수 없다! 아내의 눈을 바라보는 순간 내가 말하려고 했던 모든 말을 잊어버렸다. 내가 할 수 있는 일이라고는 그저 고개를 끄덕이며 "감사합니다, 예수님!"이라고 말하는 것뿐이었다.

장거리 사역을 마치고 귀가하는데 집에 가까워질 때마다 내 가슴은 여전히 두근거린다. 아내가 나를 만지면 때때로 숨이 막힐 때가 있다. 사람들이 가득한 공간을 가로질러 걸어가는 아내를 보면 나는 여전히 넋이 나간다. 사실 이 단락을 쓰면서도 눈물을 참느라 힘이 들었다. 나는 여전히 아내에게 깊은 감정을 느낀다.

감정은 사랑 방정식의 많은 부분을 차지하지만, 총합이 되어서는 안 된다. 사랑에는 감정이 동반되지만 성경적인 사랑은 감정에 좌우되지 않는다. 감정은 변하기 마련이기 때문이다. 가끔은 아내가 나를 짜증 나게 할 때도 있고, 서로 모든 것을 포기하고 싶을 때도 있다. 이처럼 결혼 생활은 정말 힘들다! 우리는 육체와 세상과 마귀를 상대로 전쟁을 벌이는 독특한 두 개인이다. 때로는 이 때문에 둘 사이에 전쟁이 벌어지기도 한다.

그리스 로마 신화의 환상이 낳은 부작용은 감정만으로 시작한 결혼이 이혼이라는 쓰레기통에 버려지는 현상이다. 목회자로서 나는 이혼을 선택한 사람들과 여러 차례 대화를 나눈 적이 있다. 그들은 자신의 감정이 변했기에 결혼 생활을 끝내기로 했다고 말한다. 어떤 사람은 심지어 이를 하나님 탓으로 돌리기도 한다. "하나님은 내가 불행한 결혼 생활을 하길 원하지 않으실 거예요"라는 이제는 흔해진 변명을 얼마나 많이 들었는지 모른다. 더 솔직한 표현은 "죽을 때까지라는 말은 내 개인적인 만족의 죽음을 의미해요"일 것이다.

사랑은 대상을 위해 행동하게 만든다

그 유명한 '신학자' 재닛 잭슨(Janet Jackson)의 말을 빌리자면, "최근에 내게 무엇을 해주었나요?"라고 물을 수 있다. 물론 재닛은 성경적인 사랑의 정의에 대해 노래한 것은 아니지만, 그녀의 말에는 무언가가 있다. 모세는 우리가 마음(의지)과 뜻(감정)과 힘을 다하여 주 여호와를 사랑해야 한다고 말했다. 마지막 단어인 '메오드'(*meod*)를 문자 그대로 번역하면 '많음'이나 '힘'이라는 뜻이며, 노력이나 행동을 의미한다.

신명기 전반에 걸쳐 모세는 하나님을 사랑하는 것과 그분의 계명을 지키는 것을 연결한다(6:5-6, 7:9, 10:12, 11:1, 13, 22, 13:3-4, 19:9, 30:6, 16, 20). 신명기의 주제는 '사랑과 순종'이다. 그리고 이 주제는 구약뿐만 아니라 신약에서도 반복된다.

예수님은 "너희가 나를 사랑하면 나의 계명을 지키리라"(요 14:15)고 말씀하셨다. 요한복음 14장 21절에서 그분은 "나의 계명을 지키는 자라야 나를 사랑하는 자니 나를 사랑하는 자는 내 아버지께 사랑을 받을 것이요 나도 그를 사랑하여 그에게 나를 나타내리라"고 말씀하셨다. 또다시 예수님은 이렇게 말씀하셨다. "내가 아버지의 계명을 지켜 그의 사랑 안에 거하는 것같이 너희도 내 계명을 지키면 내 사랑 안에 거하리라"(요 15:10). 이 말씀을 기록한 요한은 자신의 편지에서도 이 주제를 되풀이했다(요일 2:3-4, 3:22, 5:3). 실제로, 요한일서에는 계명을 지켜 주님을 사랑하는 마음을 나타내라는 주제가 깊게 스며 있다.

간단히 말해, 누군가가 진정으로 하나님을 사랑하는지 확인하려면 그의 행동을 주목하면 된다. 만약 어떤 사람이 하나님이 기뻐하시는 일이 아니라 하나님이 싫어하고 금하신 일을 행하면서도 하나님을 사랑한다고 주장한다면, 그 주장은 사실이 아닐 것이다. 요한은 "그를 아노라 하고 그의 계명을 지키지 아니하는 자는 거짓말하는 자요 진리가 그 속에 있지 아니하되 누구든지 그의 말씀을 지키는 자는 하나님의 사랑이 참으로 그 속에서 온전하게 되었나니"(요일 2:4-5)라고 말한다.

사랑은 우리의 노력으로 입증된다. 내가 하나님을 사랑한다고 말한다면, 내가 하는 일(또는 내 힘과 노력을 어디에 쏟는지)에서 그것이 증거로 나타나야 한다. 마찬가지로 내가 아내를 사랑한다고 말한다면, 그것은 내 행동에서도 드러나야 한다. 만약 내 행동이 자기중심적이라면, 내가 사랑하는 대상이 나 자신인 것을 보여주는 셈이다. 그러나 만약 내 행동이 아내의 필요를 채워주려는 방향을 향한다면, 이는 아내가 실제로 내 애정의 대상이라는 뜻이다.

내가 이 사실을 배우는 데는 어느 정도의 시간이 걸렸지만, 일단 이해하자 즉각적인 변화가 있었다. 나는 두 번째로 우리 집을 짓던 순간을 아주 생생히 기억한다(그렇다, 우리는 그 힘든 일을 두 번이나 겪어야 했다). 건축업자는 우리가 또다시 고문당하는 것 같은 시간을 보내야 하는 것에 유감을 표현했다. 우리는 그에게 괜찮다고 말하며 그 경험을 기대한다고 말했다. 나는 그가 보인 반응을 생생하게 기억한다. 그는 나를 똑바로 바라보며 "지금은 그렇게 말씀하시지만, 일단 '그 방'에서는 어떻게 될지 두고 보시죠"라고 말했다.

'그 방'은 모든 디자인 옵션을 선택하는 장소를 뜻한다. 그곳에서 부부들은 종종 페인트, 벽돌, 장식, 바닥재, 조명 그리고 무시무시한 업그레이드에 대한 결정을 내리기 위해 눈물을 쏟거나 화를 낸다. 그래서 '그 방'은 전설적인 곳이다. 그곳에 들어가본 적이 있다면 더 설명이 필요하지 않겠지만, 경험해본 적이 없다면 내가 아무리 설명해도 이해하기 어려울 것이다. 직접 경험해봐야 알 수 있다.

그러나 나는 크게 걱정하지 않았다. 그래서 그의 눈을 보며 대답했다. "우리는 괜찮을 거예요." 그는 알래스카만 한 미소를 띤 채 나를 바라보고 최대한 빈정거리며 말했다. "필요하시다면 여기서 기다리죠." 아내와 나는 '그 방'으로 들어갔고, 게임은 시작되었다.

30분 뒤에 우리가 나오자 업자는 우리가 어떤 대립 상태에 이르렀으리라 확신하고 도움을 줄 준비가 돼 있었던 것 같았다. 그가 "어떻게 도와드릴까요?"라고 물었다. 내가 그를 돌아보며 "괜찮아요. 다 결정했어요"라고 말하는 순간, 그의 도움이 아주 조금도 필요하지 않은 것처럼 느껴졌다. 나는(크리스천으로서) 자랑하지 않으려 노력했지만, 솔직히 말하면 마치 슈퍼볼에서 상대팀의 패스를 가로챈 후 엔드존을 향해 99야드를 달려가는 '네온' 디온 샌더스(Deion Sanders)가 된 기분이었다.

우리의 비결은 무엇이었을까? 어떻게 이렇게 빠르게 결정을 내리고, 경험이 풍부한 업자와 인테리어 전문가조차 감탄하는 선택을 할 수 있었을까? 그 비결은 바로 사랑이다. 나는 아내가 어떤 생각을 하고 있는지 정확히 알아내려고 시간을 들였다. 모델 하우스를 방문해서 질문도 하고 답을 들으며 아내의 반응을 관찰했다. 이처럼 나는 주의를 기울였다. 그래서 디자인을 결정하는 '그 방'에 들어가기 전에 아내가 원하는 것을 이미 알고 있었다. 내가 할 일은 아내의 시선을 사로잡을 만한 것들을 찾아내어 이미 습득한 정보를 바탕으로 그것들을 배열하고, 모든 것이 조화롭게 어우러지는 것을 지켜보는 것뿐이었다.

물론 '그 방'에 들어가서 "당신 마음에 드는 건 뭐든지 골라"라고 말할 수도 있었다. 하지만 그렇게 했다면 아내는 실망하고 화를 냈을 것이다. 아내는 너무 막막한 작업을 혼자 결정해야 해서 좌절을 느끼고, 그렇게 중요한 결정 과정에서 나만 쏙 빠지려고 하는 데 화가 났을 것이다.

아니면 나 혼자 모든 일을 도맡아서 할 수도 있었다. "편히 있어. 내가 다 알아서 할게"라고 말할 수도 있었다. 하지만 그런 선택을 했다면, 아내는 불안함을 느꼈을 것이다. 혹시 남편이 너무 남성적인 스타일이나 자기 취향에 맞지 않는 것을 고를까 봐 내키지 않았을 것이다.

그래서 나는 아내가 원하는 것을 적극적으로 찾아보기로 했다. 그 과정에서 나는 아내와 우리 가정, 우리 집을 짓는 데 헌신을 보여주었다. 정말 굉장했다! 여전히 그런 승리를 조금 더 이어갈 수 있다면 좋겠지만…, 아쉽게도 아직도 실수하는 날들이 있다. 아내에게 크리스마스 선물로 비디오카메라를 선물했던 해를 생생히 기억한다. 별로 좋은 기억은 아니었다. 나는 카메라를 보자마자 우리 가정에 필요한 물건이라고 생각했다. 일석이조의 효과를 기대하며 그것을 포장해서 크리스마스 트리 밑에 놓았다. 아내가 그 상자를 열었을 때의 표정을 묘사할 만큼 내 글 실력이 훌륭하다면 좋겠지만, 이것으로 충분하리라 생각한다. 이제 다시 전쟁의 방으로 돌아가자.

그날 내가 보여준 것은 행동으로 표현된 애정이었다. 아내에게 "사랑해"라고 말하는 것도 필요하지만, 아내가 알 수 있게 사랑을 표현하는 것도 똑같이 중요하다는 점을 배우기 시작했다. 자녀에게도 마찬가지다. 아이들도 아빠의 사랑을 보고 듣는 것이 필요하다.

2003년 여름에 나는 이 원칙의 가치를 깨달았다. 나는 남침례교 목회자 총회에서 설교할 예정이었다. 이것은 내가 받았던 매우 중요한 초대 중 하나였다. 세계에서 가장 큰 개신교 교단의 연례 총회에서 설교하게 된 것이다. 복음주의의 권위 있는 목회자들과 함께 강단에 서는 영광을 누릴 수 있었다. 정말 대단한 영광이었다. 하지만 총회가 열리기 두 달 전, 우리 아이들이 주에서 열린 음악 이론 시험에 합격하여 주립 피아노 앙상블에서 연주할 자격을 얻었다는 소식을 들었다. 이 피아노 앙상블과 남침례교 총회에 동시에 참석할 수는 없었다.

나는 무엇을 해야 할지 알고 있었다. 즉시 그해 총회장이었던 맥 브런슨(Mac Brunson) 박사에게 전화를 걸어 상황을 설명한 후 총회 프로그램에서 나를 제외해줄 수 있는지 물었다. 맥 박사는 흔쾌히 괜찮다고 했다. 전화를 끊은 순간, 아내는 나를 바라보았다. 그때 나를 향한 아내의 눈빛은 남자라면 평생 한 번은 느껴봐야 한다. 그것은 충격이나 놀람의 표정이 아니라 완전한 기쁨과 감사의 표정이었다. 나는 방금 내 경력에서 가장 큰 기회를 거절했지만, 아내가 들은 것은 거절이 아니었다. 아내는 "나와 아이들이 정말로 당신 인생에서 가장 중요한가요?"라는 질문에 "네"라는 대답을 들었다. "우리를 이 모든 것보다 더 사랑하나요?"라는 질문에 진심 어린 "아멘"을 들었다.

아내는 나중에 그 이야기를 아이들에게 들려주었는데, 아이들이 보인 반응은 더 보람찼다. 아이들은 엄마가 눈물을 참느라 애쓰는 모습을 바라보며 그저 "멋져요"라고 말했을 뿐이었다. 아이들에게는 그 이야기가 별일이 아니었다. 남침례교 총회가 무엇인지 전혀 몰랐기 때문이기도 하고, 아빠가 자신들을 위해 하늘과 땅이라도 옮겨주리라는 것과 (주님과 엄마를 제외하고) 자신들을 가장 소중하게 생각한다는 사실을 전혀 의심하지 않았기 때문이다.

성경적 사랑의 모델이 주는 유익

성경적 사랑의 모델은 의지적이다

압도적이고 통제할 수 없는 사랑에 어떤 가치가 있을까? 누군가에게 어쩔 수 없이 나와 함께한다는 말을 듣는다면 그 사랑에 어떤 의미가 있을까? 당신은 어떨지 모르지만, 나에게는 삶의 마지막 15년이 화학 반응에 불과했다는 설명이 그다지 안정감을 주지 않는다. 나에게는 아내가 아침에 일어날 때마다 손가락을 들고 로맨스의 바람이 어느 쪽으로 불고 있는지 판단하며, '사랑이 식었는지'를 궁금해하기보다 아침마다 나를 사랑하기로 선택했다는 사실을 알게 되는 것이 훨씬 더 위안이 된다.

성경적 사랑의 모델은 모든 관계에 적용된다

그리스 로마 신화의 큰 문제 중 하나는 그것이 낭만적이지 않은 관계에서는 전혀 도움이 안 된다는 것이다. 성경적인 모델은 아내, 딸, 아들, 어머니, 이웃 그리고 하나님과 나의 관계에 모두 들어맞는다. 각 상황에서 나는 그 대상에 대한 감정을 동반한 의지적 행동으로 그들을 사랑할 수 있다. 그러나 그리스 로마 로맨스의 압도적이고 통제하거나 예측할 수 없는 감각적 사랑은 거의 연인이나 배우자에게만 해당한다.

솔직히 말하자면, 나는 아빠가 되었을 때도 이 부분을 이해하지 못하고 있었다. 아이가 태어나기를 고대했지만, 동시에 그 아이를 사랑할 자신이 없어 두려웠다. 나는 이미 아내를 너무나 사랑하고 있었기 때문에 다른 누군가를 사랑할 수 있는 공간이 없을 것 같았다. 이 아이뿐 아니라 앞으로 태어날 다른 아이들도 마찬가지였다. 내 사랑을 우리 아이들에게 어떻게 나눠야 할지 걱정이 되었다. 다른 많은 예비 엄마 아빠와 대화하고 나서 이것이 나만 느끼는 고민이 아니라는 사실을 깨달았다.

그러나 성경적 사랑의 위대한 점은 그 사랑이 모든 관계에 완벽히 적용된다는 것이다. 내가 아내를 사랑하는 것은 신비한 힘에 대한 반응이 아니라 의지적 선택으로 이루어진 행동이다. 만약 사랑이 힘이라면 분산해야 할 수밖에 없다. 하지만 사랑이 선택의 결과라면 아내를 사랑하기로 선택하고 동시에 아들과 딸도 충분히 사랑할 수 있다. 게다가 사랑은 감정을 동반하기 때문에 각 관계에서 내린 선택은 그 자체로 감정적 보상을 얻게 해준다. 또한 사랑은 그 대상을 위한 행동으로 이어지기에 아이들을 위한 행동을 손상하지 않으면서도 아내에게 사랑을 표현할 수 있다.

성경적 사랑의 모델은 안전하다

배우자가 장애가 있거나 매력이 없을 때, 감각적 측면에 기초한 사랑은 어떻게 될까? 배우자가 출장 중에 큐피드의 화살을 맞아 다른 사람에게 반하게 되면 어떻게 될까? 아내가 다른 남자 앞에서 '통제할 수 없이 압도당하는 경우'에는 어떻게 해야 할까? 그리스 로마 신화에 따르면 답은 간단하다. '누구와 사랑에 빠질지 선택할 수 없다.' 그래서 이 사람을 사랑했다가 자신도 모르게 저 사람과 사랑에 빠지는 일이 일어난다. 또

'무과실 이혼', 즉 책임 없는 이혼이라는 말이 생겨난 이유이기도 하다. 낭만적 사랑의 환상에 빠진 사람들은 혼전 계약서 같은 대단한 장치도 마련해두었다.

성경적 사랑은 그렇지 않다. 성경적 사랑은 "나는 너를 사랑하기로 선택했고, 언제나 네 곁을 떠나지 않을 거야"라고 말한다. 성경적 사랑은 어려움이 닥쳤을 때 물러서지 않는다. 이 사랑은 대가를 기대하지 않고 주며, 희생하고, 헌신하며, 이혼을 거짓으로 장착한 문화에 닥친 비극적이고 불필요한 전염병으로 여긴다. 성경적 사랑은 미성숙한 관계를 특징짓는 감정적인 흥분에 사로잡히는 것이 아니라 성숙하고 경건하며 관계적 사랑이 제공하는 깊이와 폭에 만족한다. 성경적인 사랑은 끊임없이 더 좋은 거래를 찾아다니지 않는다. 그 대신 자신이 실제로 가진 것에 감사하느라 바쁘다.

최근에 나는 친구 댄 이어리(Dan Yeary) 목사가 시무하는 노스피닉스 침례교회에서 설교한 적이 있다. 댄과 그의 아내는 결혼한 지 30년이 넘었으며, 내가 지금까지 만난 부부 중 가장 경건한 부부였다. 댄의 아내는 다발성 경화증을 앓고 있어서 지난 몇 년 동안 휠체어를 타고 다녀야 했다. 그녀는 더는 혼자 걷거나 자신을 돌볼 수 없어서 댄에게 완전히 의존하고 있었다.

이틀 동안 나는 60대인 댄이 아내를 휠체어에 태우고 교회나 음식점의 자리에 앉히는 모습을 지켜보았다. 그는 어딘가에 갈 때마다 그녀를 차에 태우고 내려야 했다. 저녁 식사를 할 때는 아내에게 음식을 먹이고, 입을 닦아주며, 의자에 앉히는 일을 반복해야 했다.

이 부부를 지켜보면서 이 남자가 매일 보여주는 헌신을 어떤 화학적 반응 탓으로 돌리는 것이 얼마나 어리석은 일인지를 깊이 깨달았다. 댄은 1년 365일 사랑하는 사람을 돌보며, 어디에도 가지 않았다. 이러한 헌신은 큐피드의 화살이 닿는 곳에서는 찾아볼 수 없을 것이다.

성경적 사랑의 모델은 만족하게 한다

나는 다른 여자와 성적인 관계를 맺기보다 아내와 샌드위치를 먹는 편이 더 좋다. 나는 아내에게 완전히 만족한다. '우리가 예전에 느꼈던 그 특별한 감정'을 찾고 있지 않다. 우리가 공유해온 것이 수년에 걸쳐 성장하고 성숙해졌다는 사실을 깨달았다. 또 나는 새로운 열정으로 아드레날린이 솟구치게 되리라 기대하지도 않고, 그런 감정을 그리워하지도 않는다. 나는 더 탄탄하고, 만족스러우며, 보람 있는 것을 찾아냈다. 밀물과 썰물처럼 왔다 갔다 하지 않는 진정한 사랑을 찾아낸 것이다.

내가 여성의 매력에 영향을 받지 않는다고 주장하는 것은 아니다. 그렇게 생각한다면 어리석은 일이다. 나는 항상 고린도전서 10장 12절 경고를 계속해서 상기한다. "그런즉 선 줄로 생각하는 자는 넘어질까 조심하라." 나는 초인이 아니므로 모든 면에서 나 자신을 보호해야 한다. 그래서 가능하면 여성과 단둘이 있지 않는다. 밖에서 누군가가 들여다볼 수 있도록 창문이 열린 방이 아니면 여성과 상담도 하지 않는다. 우리 가족 외의 다른 여성과 친밀한 친구 관계를 맺지도 않는다. 나는 매우 조심스러운 편이어서 어떤 사람들은 내가 너무 신중하다고 할 정도다!

이러한 예방 조치를 하는 이유는 아내에 대한 나의 헌신이 의심스러워서가 아니다. 오히려 나는 이러한 조치를 아내를 향한 헌신의 표지로 삼고 있다. 나는 심지어 악의 모양조차 피하고 싶다. 비난의 여지를 남기고 싶지도 않다. 게다가 적에게 한 치의 양보도 하고 싶지 않다. 이러한 보호 조치는 아내에게 우리 약속의 존엄성과 순수성, 배타성을 지키기 위한 나의 헌신을 끊임없이 상기시킨다. 다시 말해, 아내는 이러한 예방 조치가 나의 의지에 감정이 곁들여진 행동의 표현임을 이해하고 있다.

사람들이 지켜보고 있다

아내와 나는 라스베이거스의 한 레스토랑에서 저녁을 먹고 있었다. 이틀 동안 우리가 가장 좋아하는 두 가지 여가 활동인 멋진 음식과 멋진 공연을 즐기는 휴가를 만끽하고 있었다. '태양의 서커스'(Cirque du Soleil)의 멋진 공연을 관람하고, 에머릴스에서 근사한 저녁 식사를 할 예정이었다. 우리 두 사람에게는 꿈같은 데이트였다. 우리는 웃고, 이야기하며, 손을 잡고 레스토랑으로 들어갔다. 우리 둘 다 미소가 가득했다. 착석할 자리에 도착하자 나는 늘 그랬듯이 의자를 빼서, 아내가 앉을 수 있도록 도와주고서 나는 그 옆에 앉아 우리의 놀라운 하루에 관해 계속 대화를 나누었다.

우리가 자리에 앉자, 옆 테이블에 있던 여자가 아내에게 물었다. "신혼여행 중이세요?" 아내와 나는 서로 바라보며 미소를 지었다. "아니요, 저희는 결혼한 지 12년이 되었어요." 아내가 대답했다. 그 여자는 의아하다는 듯이 고개를 가로젓더니 "그럼 기념일인가 봐요?"라고 물었다. 또 아내는 고개를 저으며 수줍은 미소를 지었다. 여성은 마침내 "카지노에서 큰 상금을 따셨나 봐요?"라고 말했다. 아내는 "아니요. 저희는 도박을 하지 않아요"라고 대답했다. 마침내 그 여성의 호기심을 채워줄 준비가 된 아내는 미소를 지으며, "저희는 그냥 며칠 여행을 왔어요"라고 말했다. 그녀는 우리 대화를 거의 듣지 못한 것 같은 자기 남편을 쳐다보며 "좋겠네요!"라고 쏘아붙였다.

이 여성은 그리스 로마의 낭만적 사랑을 상상하며, 큐피드가 방금 우리에게 화살을 쏘았고 우리가 새로운 열정에 휩싸여 있다고 생각했다. 그녀는 우리가 새로 결혼했거나 적어도 중요한 기념일을 축하하고 있다고 생각했다. 간단히 말해서, 12년 동안 계속 결혼 생활을 한 부부가 어째서 서로 특별한 관심을 보이는지 이해할 수 없었다. 그 후 저녁 식사 시간 내내 그녀는 계속해서 의아한 시선으로 우리를 쳐다보았다.

하지만 그 여성은 알 수 없었을 것이다. 내가 아내에게 문을 열어주고, 의자를 빼주며, 아내가 말할 때 주의 깊게 눈을 마주치고, 아내와 함께 걸을 때 차도 쪽으로 걷는 것이 학습된 행동이라는 사실을 말이다. 아내가 내 손을 잡고, 내 농담에 웃어주며, 내 어깨에 머리를 기댄다거나 내가 좋아하는 푸드 네트워크 채널의 셰프 중 한 사람이 운영하는 레스토랑을 예약한 것은 내게 잊지 못할 여행을 선사하려는 노력이라는 사실을 말이다. 또 그녀는 우리 부부가 매년 몇 번씩 이런 여행을 계획하는 것도 알지 못했을 것이다. 우리가 이러한 노력을 하는 이유는 서로 깊이 반해서가 아니라 결혼 생활을 돌보고 발전시키기 위한 일을 실천하기로 헌신했기 때문이며, 이런 일은 계획하지 않으면 실현할 수 없는 것이다.

그 여성은 자기 주변에 언제나 우연히 등장하는 압도적이며 통제할 수 없는 감각적인 힘을 보고 있는 줄로 착각했지만, 실제로는 의지적 행동이 감정과 함께 나타난 결과였다. 그녀는 위조품에 너무 익숙해서, 진짜가 그녀 앞에 나타나자 어떻게 반응해야 할지 몰랐다.

불행히도, 이 여성만 그런 것이 아니다. 심지어 일부 기독교인도 그리스 로마의 신화를 찾아 헤매며 삶을 허송세월한다. 그들은 '이 사람이 바로 그 사람이기를' 바라며 이 관계에서 저 관계로 뛰어다닌다. 결국에는 '마음의 소리를 따라' 가게 된 결혼식장에서 행복한 미래를 기대한다. 하지만 신선함이 사라지고 결혼 서약이 먼 추억이 되고 나면, 한숨을 쉬며 기권의 수건을 집어던진다. 다음번에는 더 나은 선택을 할 수 있으리라고 자신하며 새로운 미래를 꿈꾼다. 또 어떤 사람은 결혼 관계에 헌신하기로 했기에 절대 포기하지 않겠다고 마음먹는다. 때로는 잠시 희망이 보이기도 하지만, 수년간 고통 속에서 간신히 터벅터벅 헤쳐 나갈 뿐이다. 어느 경우든 진정한 만족은 절대 찾아오지 않는다.

하나님은 이미 우리에게 답을 주셨다. 그분은 우리의 가장 깊은 갈망을 채워줄 사랑을 제공해주셨다. 우리는 바이올린과 첼로 소리가 들리는 특별하고 로맨틱한 순간을 기다릴 필요가 없다. 사실, 그런 순간들은 드물 것이라고 장담할 수 있다. 우리가 해야 할 일은 바로 성경적인 사랑의 정의를 받아들이고, 그 안에서 걷기 시작하는 것뿐이다. 먼저, 우리는 하나님을 사랑하는 법을 배워야 한다. 그다음에는 같은 사랑을 다른 이들에게 표현해야 한다. 그러면 마침내 그 사랑이 우리에게 되돌아오기 시작한다. 그러다 보면 사람들이 궁금해하며 "신혼여행 중이에요?"라고 묻게 될 것이다.

실천하기

1. 최근에 배우자와 격한 논쟁을 했던 상황을 되돌아보라. 두 손 들고 기권하고 싶다는 생각이 들 정도로 어려운 상황이었는가? 만약 그랬다면, 이 장에서 다루고 있는 진리를 깊이 고민하고, 그러한 선택이 어떤 결과를 초래할지 스스로 질문해보라.

2. 아이들이 어떻게 엄마 아빠의 관계를 볼지를 되돌아보라. 당신 부부가 서로 사랑한다는 사실을 자녀가 알고 있는가? 당신의 자녀는 부모의 모습을 가까이에서 보며 성경적인 사랑의 모형을 보고 있는가? 아니면 변덕스럽고 불안정하며 언제든 무너질 수 있는 관계의 모형을 보고 있는가? 만약 후자라면, 자녀에게 보여준 엄마 아빠의 모습에 대해 사과하고, 새로운 관계의 모델을 보여줄 수 있도록 노력하라.

3. 현재 결혼을 고려하고 있다면, 당신이 연인과 맺은 관계가 그리스 로마 신화에 따른 것인지, 아니면 성경의 원칙에 기반한 관계인지를 확인해보라. 결혼 생활에서 성경적 원칙을 강화하기 위해 어떤 노력을 기울일 수 있을까?

4장.
가정에서 성경적 세계관을 가르치라

오늘 내가 네게 명하는 이 말씀을 너는 마음에 새기고
(신 6:6).

성경적 사랑을 제대로 이해하면 그 토대 위에 자녀의 영적인 삶을 세워갈 수 있다. 그러나 이 기반은 시작에 불과하다. 성경적인 사랑이 기초라면, 성경적인 세계관이 그 구조물이 된다. 우리는 아이들이 성경적으로 사고할 수 있도록 훈련해야 한다. 성경적인 세계관이 형성되지 않은 아이는 마치 전략 없이 경기하는 야구 선수와 같다. 가끔 극적인 경기를 펼치는 놀라운 능력을 보여줄지는 모르지만, 적절하지 않은 타이밍에 잘못된 장소로 귀결되는 때가 더 많고, 최악에는 어떻게 그런 상황에 처했는지 모르기 때문에 돌아올 수 없는 강을 건널 수도 있다.

경기장에서 배운 교훈

나는 대학에서 미식축구를 했다. 그런데 2학년 때 코치가 변경되었다. 제리 번트 코치와 그의 스태프들의 지도하에 한 해를 보내다가 갑자기 프레드 골드스미스라는 다음 코치를 만나게 되었다. 아마 당신은 이 두 사람의 이름을 들어본 적이 없을 것이다. 내가 다녔던 대학은 미식축구보다 학문적으로 더 잘 알려진 학교였지만, 코치가 바뀌는 일은 내게는 큰일이었다.

외부에서 보면 코치 교체는 대수로운 일이 아닌 것처럼 보일 수 있다. 경기장 밖에서 "어서, 얘들아!"라고 외치는 사람이 성과를 내지 못하자 다른 사람을 거기에 세우고는 "가자, 얘들아!"라고 외치게 하여 더 나은 결과를 얻기를 바라는 것이다. 물론 미식축구를 해본 사람이라면 사실 그렇지 않다는 것을 잘 알 것이다. 코치 변경은 엄청난 일이다.

코치 변경에서 가장 어려운 부분은 선수가 새로운 철학과 용어에 적응하는 것이다. 축구는 간단한 게임이지만, 돼지가죽 공(초창기 럭비공은 돼지가죽으로 만들었다—역자 주)을 결승점에 넘기고, 다른 팀은 그러지 못하게 막는 예술과 과학에 접근하는 여러 가지 방법이 있다. 어떤 코치는 속도를 강조하고, 다른 코치는 규모를 강조한다. 어떤 코치는 경기장 곳곳에 공을 던지길 원하고, 다른 코치는 러닝 게임으로 지면에서 경기를 진행하길 원한다. 또 어떤 사람은 전략을 설명하기 위해 단어를 사용하고, 다른 사람은 숫자를 사용한다. 새로운 코치의 철학과 용어를 배우는 것은 새로운 언어를 배우는 것과 유사하다(어떨 때는 더 복잡하다). 이것이 일부 선수가 특정 코치 아래에서 성공하고 다른 코치 아래에서는 실패하는 이유다.

여러 면에서 구원은 코치 변경과 같다. 우리는 한 정권(세상, 육신, 마귀)에서 다른 정권(그리스도)으로 이동했다. 새로운 코치를 만난 선수처럼, 우리는 성공하기 위해 가능한 한 신속하고 철저하게 새로운 철학과 용어를 배워야 한다. 안타깝게도, 많은 기독교인이 이러한 진리를 더 확장하여 적용하는 데 무심하거나, 진리를 일상적인 삶에 적용하는 데 시간을 들이지 않는다.

우리는 충성할 뿐 아니라 언어와 사고도 바꿔야 한다. 나는 모세가 "이 말씀을 너는 마음에 새기고"라고 말할 때 이것을 하나님의 뜻에 우리 자신의 의지를 복종하라는 부르심이라고 보았다. 이 구절에서 '마음'이라는 히브리어 단어는 의지와 결정을 뜻한다. 이것은 세계관의 완전한 변화로 부르신 것을 의미한다. 피터 크레기(Peter Craigie)는 다음과 같이 말했다.

> 계명은 이스라엘 사람들이 하나님에 대한 사랑을 표현할 수 있는 틀을 제공했으며, 그들의 마음속에 있어야 했다. 다시 말해, 사람들은 이 계명을 생각하고 숙고하여, 율법을 준수하는 것이 단지 율법적 행위에 그치는 것이 아니라 깨닫고 반응하는 일이 되게 해야 했다.[1]

장 칼뱅(John Calvin)은 같은 구절에 관해 더 자세히 설명하고 있다. 그는 다음과 같이 적었다.

하나님은 백성이 이 계명을 잊어버리지 않도록 마음에 심어주셨다. '마음'이라는 단어를 사용해 기억력과 다른 정신 능력에 관해 말씀하신다. 이 계명은 너무나 큰 보물이기에 마음속에 깊이 감추어야 하며, 그 교리를 그들의 머릿속에 각인시켜 거기서 절대 떠나지 않게 하시려던 것이다.[2]

그러므로 모세가 백성을 가르친 목적은 단순히 계명을 암기하라거나 율법에 기계적으로 순종하라는 게 아니었다. 하나님 백성의 사고방식 자체를 변화시키는 것이 목적이었다.

우리가 하나님께 나아가면 모든 것이 변한다. 우리는 믿음, 구원 그리고 영원과 같은 단어를 사용하기 시작한다. 더욱이, 우리의 행동과 태도가 변화하기 시작한다. 간단히 말해서, 믿음에 이른다는 것은 세계관을 바꾸는 일이다. 나는 이 진리가 경건한 자녀를 양육하는 데 적어도 두 가지 매우 중요한 의미가 있다고 믿는다.

첫째, 주님을 따르는 것이 우리의 세계관을 바꾸는 것을 의미한다면, 우리는 기본적으로 세계관이 무엇인지 이해해야 한다. 둘째, 우리의 세계관이 바뀌어야 한다면, 성경적 세계관이 우리의 기본 설정이 아님을 이해해야 한다. 다시 말해, 만약 성경적 세계관에 따른 사고가 이미 우리에게 주어져, 그것이 기본이라면, 우리가 믿음을 가질 때 굳이 세계관을 변화시킬 필요가 없을 것이다. 따라서 일반적 세계관이 보편적이며, 성경적 세계관은 특별한 것이다.

조지 바나의 연구에 따르면, 정기적으로 교회에 참석한

다고 해서 성경적 세계관을 형성한 것은 아니라고 한다. "성경적인 세계관은 가르치는 일과 본을 보이는 일이 동시에 이루어져야 한다. 즉 말과 모범으로 성경적 세계관을 세워줄 수 있다. 그러나 분명히 너무 많은 그리스도의 공동체가 성경적 진리가 일관되고 종합적으로 계시되고 있는데도 그 유익을 놓치고 있다."3

세계관이란 무엇인가?

최근 들어, 기독교 공동체에서 세계관이라는 용어가 점점 더 자주 사용되고 있다. 지난 시간 동안 세계관에 관한 수많은 책이 출간되었다. 그러한 책으로는, 찰스 콜슨(Charles Colson)과 낸시 피어시(Nancy Pearcey)의 『그리스도인, 이제 어떻게 살 것인가?』(*How Now Shall We Live?*), 낸시 피어시의 『완전한 진리』(*Total Truth*), 조지 바나(George Barna)의 『예수처럼 생각하라』(*Think Like Jesus*), 로날드 내쉬(Ronald Nash)의 『세계관 갈등』(*Worldview in Conflict*), 제임스 사이어(James W. Sire)의 『코끼리 이름 짓기』(*Naming the Elephant*), 데이비드 버넷(David Burnett)의 『세계관의 충돌』(*Clash of Worlds*) 등이 있다. 기독교 서점을 거닐 때 제목에 세계관이라는 단어가 들어가지 않은 책을 마주치지 않고 지나치기가 힘들 정도다. 그러나 기독교인 대부분이 이 용어를 정의하는 데 어려움을 겪는다. 아마도 세계관을 정의하는 가장 좋은 방법은 세계관이 어떤 역할을 하는지 살펴보는 것일 것이다.

우리의 안경

프란시스 쉐퍼(Francis Schaeffer)에 따르면, 세계관은 "[한 사람이] 세상을 보는 방법"[4]이다. 다시 말해, 세계관은 안경과 같다. 처음으로 선글라스나 다른 사람의 안경을 써봤던 기억을 떠올려보라. 즉시 세상의 색이 변하거나 세상이 커지거나 작아졌을 것이다. 세계관은 바로 안경과 같은 역할을 한다.

2001년 9월 11일, 미국인들은 테러 소식을 듣자 공포에 떨었다. 그러나 팔레스타인 이슬람교도들은 거리에서 춤을 추며 어린이들에게 사탕을 나눠주었다. 누가 이 장면을 잊을 수 있겠는가? 이것은 세계관의 영향을 보여주는 대표적인 예다. 내 눈으로는 비극을 보았지만, 다른 이들은 승리를 보았다.

신학생이었을 때 같은 현상을 목격한 적이 있다. 내가 사우스웨스턴 침례신학교에 다닐 때 O. J. 심슨 사건(흑인이자 유명 미식축구 선수 심슨이 전처를 포함해 백인 두 명을 살해한 용의자로 지목된 사건, 무죄로 판명 났지만 당시 사회적으로 큰 파장을 불러일으켰음—편집자 주)이 터졌다. 사람들은 공개적으로 많은 말을 하지 않았지만, 판결이 나자 행동으로 많은 것을 이야기했다. 나는 백인 학생들과 교수들이 혐오감과 불신에 고개를 젓는 동안, 흑인 학생들은 기뻐하던 모습을 정확히 기억하고 있다.

많은 사람이 판결을 들으려고 모인 라운지를 빠져나오는데, 백인이고 30대 중반인 내 친구 목사가 "무슨 일이야?"라고 물었다. 그는 그 장소에 모인 두 그룹 사이의 뚜렷한 대조를 보며 믿을 수 없어 했다. 모두 같은 신학교의 학생이었고, 같은 예수를 따르는 사람들이었다. 같은 성경을 읽었지만 세계관은 서로 달랐다. 마치 두 그룹의 사람들이 같은 사진을 완전히 다른 렌즈로 보고 있는 것 같았다.

우리의 전제

제임스 사이어는 다음과 같이 말하면서 이 개념을 확장한다. "우리의 기본적인 전제, 즉 우리 사고의 가장 기초적인 것으로 더는 단순해질 수 없는 것이 우리의 세계관을 구성한다"5라고 말했다. 대부분 사람의 세계관은 비판적 분석이 아닌 전제에 기초한다. 우리는 문화적 전제의 가치를 평가하며 어린 시절을 보내지 않는다. 단순히 상황을 보고 그에 순응할 뿐이다.

나는 런던 공항에서 노새처럼 가방을 들고 남편의 뒤를 쫓는 여성을 보았다. 그 여성은 아주 작았는데 머리부터 발끝까지 짐으로 가려져 있었다. 그녀는 두 아이를 데리고 몇 개의 여행 가방을 들고 있었다. 나는 속으로 '남편은 도대체 뭐 하는 사람이야!'라고 외쳤다. 이는 내 기사도 정신에 반하는 일이어서 더욱 불쾌했다. 나는 길을 걸을 때 항상 여성의 바깥쪽으로 걷고, 여성에게 문을 열어주며, 여성이 앉을 때까지 기다리는 등 여성을 대우하는 다양한 교육을 받은 사람이다.

그러나 그 남자가 자신의 문화적 렌즈로 나를 본다면, 아마도 내 아내(그리고 공항에서 마주친 다른 서양인의 아내들)가 나와 동등하게 함께 걷는 것을 보면 몹시 불경하다고 생각했을 것이다. 그리고 내가 자녀에게 좋은 예를 보여주지 못한다고 생각했을 것이다. 우리에게는 모두 전제가 있다. 다른 사람이 기이하게 여기는 일을 우리는 당연하다고 여길 수도 있다.

우리의 큰 그림

찰스 콜슨과 낸시 피어시는 이 문제를 더욱 정교하게 지적했다. 그들의 저서 『그리스도인, 이제 어떻게 살 것인가?』에서 세계관을 "세상에 대한 우리 믿음의 총합, 즉 우리의 일상적인 결정과 행동을 견인하는 큰 그림"[6]이라고 정의한다. 콜슨과 피어시가 내린 정의의 핵심은 마지막 줄에 있다. 우리의 세계관은 "우리가 일상에서 하는 결정과 행동을 견인한다." 당신과 나도 우리가 믿는 바에 따라 행동한다.

우리의 자녀도 궁극적으로 자신들이 믿는 대로 행동할 것이다. 만약 우리가 자녀에게 성경적인 세계관을 가르치지 않으면, 그들은 우리 감독하에 있을 동안에는 우리 규칙을 따르고, 독립하면 자신들의 세계관에 따라 결정을 내리기 시작할 것이다. 이런 시나리오가 펼쳐지는 일을 얼마나 자주 보았는지 모른다. '좋은 기독교 가정'에서 자란 젊은 남녀가 대학에 가서 정신을 잃어버리는 일 말이다! 도대체 무슨 일이 벌어진 걸까? 사실 매우 간단하다. 속박에서 벗어나, 자기 세계관대로 살게 된 것이다.

대부분의 아버지처럼 나도 아이들을 위해 그네를 조립하는 고된 작업을 했었다. 세부 사항을 지루하게 말하진 않겠다. 하지만 그 일을 하면서 제품에 설명서가 포함되어야 하는 이유를 깨닫는 소중한 경험을 했다. 이 정도만 말해도 충분히 이해했으리라고 생각한다.

우리의 세계관은 그네 조립 설명서와 유사한 기능을 한다. 우리 삶의 각 결정은 그네 세트의 부품처럼 보인다. 그 자체로는 사소하거나 의미 없어 보일 수 있다. 그러나 우리가 설명서(큰 그림)를 보면 이 보잘것없어 보이는 조각이 어떤 곳에 맞아 들어가는지 알 수 있다. 당신의 세계관은 삶 속의 여러 생각, 행위, 행동 양식, 의견 그리고 결정의 적절한 위치를 결정하는 지침서다.

자녀에게 왜 성경적 세계관이 필요한가

2005년에 나는 미국 전역에서 콘퍼런스를 개최했다. 이 콘퍼런스는 내 첫 번째 책인 『영원히 사랑받는 진리』(The Ever-Loving Truth)를 기반으로 삼았다. 명백한 세계관 콘퍼런스는 아니었지만, 이 주제를 다루었다. 플로리다주 펜서콜라에서 개최한 콘퍼런스가 끝나고, 나는 케이티(Katy)란 젊은 여성에게서 다음과 같은 이메일을 받았다. 그녀는 이런 말을 했다.

> 강의가 저에게 흥미로웠던 이유는 제가 집중해서 말씀을 들었기 때문만은 아니에요. 사실 '다원주의와 세속적 인본주의'에 빠져들고 있었는데, 그때 목사님의 책 『영원히 사랑받는 진리』를 읽게 되었어요. 영문학 시간에 『생쥐와 인간』(Of Mice and Men)이라는 책을 읽고 토론할 기회가 있었는데요(잘 모르실 수도 있는데, 이 책은 여행을 떠난 두 남자에 관한 이야기에요. 그중 한 명은 지적장애자로 자신도 모르게 문제에 빠져 계속 나쁜 일을 저질러요. 그 남자가 잡혀 고문당하고 죽게 될 위기에 처하자, 그의 친구가

뒤에서 머리를 쏴 그를 죽여요), 수업 시간에 이런 행동이 옳은지, 이것을 정말로 살인으로 봐야 할지 토론했어요. 저는 바로 이건 올바른 일은 아니지만, 어쩌면 괜찮은 일일 수도 있겠다는 평소의 생각을 말하려고 했어요. 그런데 갑자기 깨달았어요. 그래 맞아! 목사님이 책에서 말씀하신 내용이 떠올랐죠. 토론하는 동안 아무도 살인을 살인이라고 인정하지 않았어요. 성경은 살인하지 말라고 명백히 말씀하셨는데요! 하지만 사람들은 남자는 자비로운 선택을 했고, 그것은 상대방을 위해서였으며, 어쩔 수 없는 상황이었다…와 같은 이유를 댔어요. 저는 토론 내내 끈질기게 이것이 부정할 수 없는 살인이라고 계속 이야기했지만, '절대 진리'라는 단어를 한 번 꺼내자마자 그 후 완전히 무시당했어요. 합리적이지 않다는 이유로 지적인 대화에서 배제당했고요. 사실 저도 다른 사람들의 의견에 거의 동의할 뻔했어요! 분명히 저는 참된 기독교 세계관을 완전히 확립한 건 아니지만, 계속 노력하고 배우고 있어요.

당신의 자녀가 케이티의 수업을 들었다면 어땠을까? 아니 당신이라면 어떻게 했을까? 당신이나 당신의 자녀는 윤리적 결정의 기초가 되는 성경적, 신학적, 철학적 토대를 알고 싶어 하는 사람과 지적인 대화를 나눌 수 있는가? "너희 속에 있는 소망에 관한 이유를 묻는 자에게는 대답할"(벧전 3:15) 수 있는가? 성경 공부 자료를 찾고 인터넷 검색하며 생각을 정리한 뒤, 자신의 주장을 발표하라는 것이 아니다. 내 말은, 대답할 준비가 되어 있느냐는 것이다. '당신의 마음속에' 대답할 말이 있는가?

당신의 대답이 '아니오'라면 당신은 혼자가 아니다. 더욱이 당신의 자녀가 아직 그 수준에 도달하지 못했다고 해도, 그들도 혼자가 아니다. 나는 지역 대학에서 성경적 세계관 수업을 가르치는데, 성경적 세계관을 가진 학생을 찾는 것이 얼마나 어려운지 항상 놀란다. 아무것도 모르는 18세 소년을 말하는 것이 아니다. 내가 가르치는 대학은 나이가 많고 다양한 사역을 준비하는 학생들을 위한 곳이다. 나는 성경적으로 사고하지 않는 목사, 주일학교 책임자, 청년 사역자 그리고 교회 지도자(대부분 30대 후반)를 주기적으로 만난다. 더 슬픈 소식은 그들 중 많은 사람이 처음에는 성경적 세계관에 회의적이며 저항적이라는 사실이다.

청소년과 종교에 관한 국립 연구소에서 크리스천 스미스는 "확실한 대답을 가진 십대는 거의 없다"는 사실을 발견했다. 그는 계속해서 "대부분의 청소년은 하나님, 신앙, 종교, 영적 생활에 관한 문제에 관해 자신의 의견을 표현할 수 없었다"7라고 말한다. 그들이 다른 문제에 대해서도 자기 의견을 명확하게 표현할 능력이 없는 것이 아니냐는 질문에, 스미스는 다음과 같이 쓰고 있다.

> 우리는 십대들이 종교적 문제에 대해 제대로 표현하지 못한다고 해서 그들의 사고 능력과 의사 표현 능력이 부족하다고 믿지 않는다. 우리가 면접한 많은 청소년은 마약 남용, 성병의 위험같이 계속 교육받고 토론해온 삶의 중요한 문제들에 관해서는 꽤 능숙하게 대화할 수 있었다. 다만 면접관으로서 우리가 얻은 인상은 많은 십대가 자기 신앙을 표현하지 못하는 이유가 신앙에 관한 효과적인 교육을 받지

못했거나 그것에 대해 대화를 나눌 기회를 충분히 얻지 못했기 때문이라는 것이었다.[8]

안타깝게도, 이는 놀라운 일이 아니다. 연구원인 조지 바나는 미국에서 자신을 '거듭난 그리스도인'이라고 말하는 사람 중 10퍼센트 미만만이 성경적 세계관을 가졌다는 사실을 발견했다. 더욱이 그는 미국 목회자의 절반(51퍼센트)만 성경적 세계관을 갖추었다는 사실을 발견했다. 바나는 자신의 연구 결과를 애도하면서 다음과 같이 썼다.

> 가장 중요한 점은 자신에게 없는 것을 다른 사람에게 줄 수는 없다는 것이다. 성경적 세계관을 갖춘 기독교인의 비율이 낮다는 것은 주요 종교 교사와 리더의 절반이 성경적 세계관을 갖추고 있지 못하다는 사실을 직접적으로 반영한다. 일부 교단에서는 목회자 대다수가 성경적 세계관을 가지고 있지 않으며, 이는 해당 교회에 참석하는 사람들의 신학적 견해와 도덕적 선택과 관련된 데이터에서 명백히 나타난다.[9]

이러한 통계가 변하지 않는 한, 다음 세대는 어려움에 처하게 될 것이다. 성경적 세계관을 갖추지 못한 사람들로 가득 찬 교회는 사실상 교회가 아니다.

세계관의 기본 요소

세계관을 구성하는 요소에 대한 의견은 다양하다. 그러나 우리의 목적을 위해 가장 기본적인 다섯 가지 요소, 즉 하나님, 인간, 진리, 지식, 윤리 영역으로 논의를 제한할 것이다. 우리 아이들에게 이 다섯 가지 기본 영역을 성경적으로 생각하는 방법을 가르치면, 그들의 삶에 성경적 사고를 위한 기초를 마련하는 데 큰 도움이 될 것이다.

이러한 개념을 맥락에 맞게 다루기 위해 우리는 현대 문화에서 계속되는 세속적 인본주의와 기독교 유신론 사이의 갈등을 살펴보겠다. 현재 우리 문화에서 가장 인기 있는 세계관은 (이미 아는 것처럼) 세속적 인본주의다. 실제로 우리 사회의 많은 기독교인은 기독교 유신론보다 세속적 인본주의의 요소에 더 쉽게 동의하는 것 같다.

우리가 이 여정을 함께하면서 알게 된 것은 세속적 인본주의의 구조적 요소와 핵심 구성 요소가 현재의 문화적 갈등을 상당 부분 설명한다는 것이다. 아마도 당신은 "진화론과 지적 설계(지적 존재가 생명을 창조했다는 주장)를 같이 가르치는 일에 대해 왜 그렇게 많은 논쟁이 있는가?" 또는 "부분 분만 낙태(임신 후기에 분만의 형태로 이루어지는 낙태) 금지법에 누가 반대할 수 있는가?"와 같은 질문을 들어본 적이 있을 것이다. 더 좋은 질문으로는, "결혼 수정안(결혼을 남성과 여성의 관계로 정의하여 동성 결혼을 금지하는 법안)이 압도적으로 통과된 선거에서 왜 18-24세의 대다수는 이 법안에 반대했는가?"가 있다. 이러한 모든 것은 우리가 세속적 인본주의 세계관의 요소들을 이해할 때 명확하게 초점을 맞출 수 있다.

	세속적 인본주의	기독교 유신론
하나님에 대한 관점	무신론	유신론
인간에 대한 관점	진화론	특별한 창조론
진리에 대한 관점	상대적	절대적
지식에 대한 관점	과학주의, 물질주의, 자연주의	과학적, 일반, 특별 계시
윤리에 대한 관점	문화적	절대적

당신은 하나님에 대해 무엇을 믿는가?

우리가 대답해야 할 첫 번째 질문은 '하나님의 본성은 무엇인가?'이다. 세속적 인본주의는 무신론의 입장을 취하지만, 기독교 유신론은 이름에서 알 수 있듯이 유신론 또는 하나님 중심의 관점에서 비롯된다. 즉, 세속적 인본주의(우리 문화의 지배적인 세계관)는 신이 없다고 주장하지만, 기독교 유신론은 세상을 창조했고, 다스리며, 상호 작용하는 인격적인 하나님을 믿는다.

미국인 대다수(어떤 사람은 90퍼센트에 달한다고 함)가 하나님을 믿는다고 주장한다는 사실이 자주 언급된다. 따라서 세속적 인본주의와 같은 무신론적인 세계관이 미국에서 우세하다고 주장할 수 없는 것처럼 보인다. 많은 세속적 인본주의자는 어떤 형태로든 하나님을 믿는다고 주장하지만, 이러한 그들의 믿음은 대개 거짓말이다. 어떤 사람들은 우주에 '더 높은 포스(힘)'나 '인도하는 포스(힘)'가 존재한다고 주장하지만, 그들이 성경의 하나님을 믿는다고 보기는 어렵다. 존 쉘비 스퐁(John Shelby Spong)은 그의 책 『새 시대를 위한 새 기독교』(A New Christianity for a New World)에서 현대 과학계에 대한 우리의 이해 때문에 기독교인들에게 하나님에 대한 새로운 '비유신론적' 견해를 개발할 필요가 생겼다고 주장한다. 즉, 공개적으로 세속적 인본주의자임을 드러낸 스퐁은 하나님에 대한 유신론적 견해가 자신의 세계관과 맞지 않는다는 사실을 인정한 셈이다. 그러나 성공회 신부로서 그는 노골적인 무신론도 자기 세계관과는 맞지 않는다는 점을 인정했다. 물론 문제는 소위 하나님에 대한 '비유신론적' 견해가 성경의 하나님과 전혀 유사하지 않다는 것이다.

성경의 하나님은 인격적이시다. 성경의 하나님은 힘이나 개념이 아니라 인격이다. 성경의 하나님은 이성적이고 관계적이며 의사소통을 할 수 있고 감정적이시다. 성경의 하나님은 선지자를 통해 말씀하신다. 그리고 자기 백성을 부르신다. 하나님은 잃어버린 죄인들을 구원하시고, 회개하지 않는 자를 심판하신다.

성경의 하나님은 주권자시다. 그분은 우리의 머리카락 하나, 풀잎 하나, 날아다니는 모든 참새, 떨어지는 가을 나뭇잎 하나를 다 아신다. 성경의 하나님은 졸지도 주무시지도 않는다. 그분은 절대 방심하거나 놀라지 않으신다. 또 성경의 하나님은 처음과 끝을 알고 계신다. 그분은 우리가 태어나기 전부터 우리의 모든 날을 알고 계셨다.

성경의 하나님은 거룩하시다. 그분은 죄를 지으실 수 없으며, 진리와 의의 근원이 되신다. 그분 안에는 어둠이 조금도 없다. 하나님의 성품은 선하시다. 그분은 실수하지 않으시며, 잘못을 저지르지도 않으신다.

성경의 하나님은 세상의 창조주시다. "태초에 하나님이 천지를 창조하시니라." 성경은 첫 번째 책, 첫 번째 장, 첫 번째 줄의 문장에서 중심 주제 중 하나를 선포한다. 이것은 간단하고 사소한 것처럼 보일 수 있지만, 실제로는 성경적 세계관의 핵심이다. 만약 하나님이 세상을 창조하신 것이 진실이라면, 세속적 인본주의는 애초부터 가능성이 없다. 또 하나님이 세상을 창조하셨다면, 하나님이 인간을 창조하신 것이다. 그뿐 아니라 하나님이 세상을 창조하셨다면, 우리의 진리, 지식, 도덕에 대한 관점은 이 단 하나의 사실에 따라 형성되어야 한다. 성경적 세계관은 이 단순한 개념에 따라 흥망성쇠가 결정된다.

당신은 인간에 대해 무엇을 믿는가?

세계관이 해답을 제시해야만 하는 두 번째 주요 질문은 '인간의 본성은 무엇인가?'이다. 세속적 인본주의는 인간을 무작위적인 진화 과정의 최종 결과물로 보지만, 기독교 유신론은 인간을 하나님의 특별한 창조물로 본다. 이것은 현재의 진화 논쟁에서 분명하게 드러난다.

그러나 이것은 우리가 지적 설계를 가르칠지 결정하는 일보다 훨씬 더 중요한 문제다. 또 이러한 세계관 요소는 낙태 논쟁의 핵심이기도 하다. 만일 인간이 단지 단세포에서 진화한 조직체로서 무가치하고 존엄성 없는 존재라면, 인간은 그저 우연한 우주적 사고로 만들어졌기 때문에, 인간 공동체도 그 사람에게 가치를 부여할 수 없게 되는 것이다.

이것이 어떻게 낙태에 대한 급진적인 견해로 이어지는지는 어렵지 않게 이해할 수 있다. 프린스턴 대학의 저명한 생명윤리학자 피터 싱어(Peter Singer)는 '인격'이 생기기 전에는 낙태가 합법이라고 주장한다. 이 사실을 충격적으로 만드는 것은 싱어의 인격에 대한 정의가 낙태 문제를 임신 2기나 3기가 아니라 출생 후 2년까지 끌고 가기 때문이다. 그렇다. 싱어의 정의에 따르면, 나의 13개월 된 아들은(다른 사람 도움 없이는 의사소통을 할 수도 없고 자기 삶을 유지할 수도 없다는 사실 때문에) 아직 인격에 도달하지 않았으며, 지금 그의 목숨을 앗아가는 것은 태아 낙태와 다를 바가 없다.

충격적이긴 하지만 한 가지 질문을 던지고 싶다. 13개월 된 내 아들과 6개월 된 태아의 차이점은 무엇인가? 정답은 위치다. 자궁 안에서 아기를 죽이는 것이 용납된다면 자궁 밖에서도 동일한 행위가 용납된다. 피터 싱어는 소름 끼치는 사람이 아니라, 그저 일관성 있는 입장을 취하고 있을 뿐이다. 그와 낙태를 지지하는 많은 기독교인 사이의 유일한 차이점은 인간에 대한 그의 견해가 일관적이라는 것이다. 인간의 본성에 대한 성경적 관점을 잠깐 살펴보면 이 사실이 더 분명해진다.

<u>성경은 인간이 하나님의 형상대로 창조되었다고 가르친다.</u> 창세기 1장 26절에서 성경은 삼위일체인 하나님의 말씀을

기록한다. "우리의 형상을 따라 우리의 모양대로 우리가 사람을 만들고." 그리고 계속해서 하나님은 "그들로 바다의 물고기와 하늘의 새와 가축과 온 땅과 땅에 기는 모든 것을 다스리게 하자"라고 하신다. 그리하여 인간은 창조의 정점으로 만들어졌다. 이 진리에는 몇 가지 중요한 의미가 있는데, 그중 가장 중요한 것은 모든 사람의 존엄성과 가치다.

<u>하나님의 형상을 닮은 인간은 고유한 존엄성과 가치를 지니고 있다.</u> 당신과 내가 다른 사람의 눈을 들여다볼 때, 우리는 하나님의 형상을 지닌 사람을 바라보고 있는 것이다. 인종, 피부색, 신념, 사회 경제적 지위, 심지어 악행에 관계없이 모든 남자, 여자, 소년, 소녀는 하나님의 형상으로 창조되었기에 고유한 가치를 지니고 있다. 세속적 인본주의로는 이런 주장을 할 수 없다. 인간이 단지 우주적 우연의 결과일 뿐이라면 인간 생명에는 고유한 존엄성이나 가치가 없다. 사실, 이러한 진화론적 사고는 나치 독일의 히틀러 정권에서 잔혹 행위를 하는 근거가 되었다. 만약 어떤 인종이 다른 인종보다 더 많이 진화했다면, 더 진화한 인종이 덜 진화한 인종을 지배하거나 소멸해야 할 책임이 있다는 것이다. 세속적 인본주의자는 대부분 이러한 생각을 혐오하겠지만, 내 질문은 무슨 근거로 이런 생각을 하느냐는 것이다.

<u>아담 안에서 인간은 죄에 빠졌다.</u> 어떤 사람들은 인간이 기본적으로 선하다고 주장한다. 나는 그런 사람들에게 자녀가 없을 것으로 확신한다. 그렇지 않다면 그들은 진지한 표정으로 그런 말을 할 수 없을 것이다. 오해하지 않았으면 좋겠다. 나는

내 자녀를 사랑한다. 그러나 나는 너무 순해 빠지지도 않았다. 다른 모든 아이와 마찬가지로 우리 아이들도 태어나면서부터 죄인이었다. 성경을 보면, 이 문제에 논의의 여지는 없다.

> 내가 죄악 중에서 출생하였음이여 어머니가 죄 중에서 나를 잉태하였나이다(시 51:5).

> 기록된바 의인은 없나니 하나도 없으며 깨닫는 자도 없고 하나님을 찾는 자도 없고 다 치우쳐 함께 무익하게 되고 선을 행하는 자는 없나니 하나도 없도다(롬 3:10-12).

> 모든 사람이 죄를 범하였으매 하나님의 영광에 이르지 못하더니 (롬 3:23).

<u>그리스도의 대속적인 역사와 별개로, 인간은 여전히 죄 가운데 있다.</u> 아마도 이 단순한 진리만큼 성경적 세계관을 다른 세계관과 구별하는 것은 없을 것이다. 그 어디에서도 인간의 죄 문제에 대한 해답을 찾을 수 없다. 다른 종교와 세계관에서는 의로워지기 위해 종교적 경험을 해야 하며, 그런 다음 나쁜 일보다 더 많은 선행을 하려고 노력한 후 최선의 결과를 바랄 뿐이다. 그러나 성경은 명확한 해답을 제공하고 있다.

> 죄의 삯은 사망이요 하나님의 은사는 그리스도 예수 우리 주 안에 있는 영생이니라(롬 6:23).

그리스도께서도 단번에 죄를 위하여 죽으사 의인으로서 불의한 자를 대신하셨으니 이는 우리를 하나님 앞으로 인도하려 하심이라 육체로는 죽임을 당하시고 영으로는 살리심을 받으셨으니(벧전 3:18).

그가 우리를 흑암의 권세에서 건져내사 그의 사랑의 아들의 나라로 옮기셨으니 그 아들 안에서 우리가 속량 곧 죄 사함을 얻었도다 그는 보이지 아니하는 하나님의 형상이시요 모든 피조물보다 먼저 나신 이시니(골 1:13-15).

하나님은 한 분이시요 또 하나님과 사람 사이에 중보자도 한 분이시니 곧 사람이신 그리스도 예수라 그가 모든 사람을 위하여 자기를 대속물로 주셨으니 기약이 이르러 주신 증거니라(딤전 2:5-6).

당신은 진리를 무엇이라고 생각하는가?

우리가 대답해야 할 세 번째 중요한 질문은 진리의 본질이 무엇인가이다. 세속적 인본주의는 진리가 상대적이라고 믿는다. 즉, 나에게 진리인 것이 반드시 다른 사람에게도 진리인 것은 아니다. 기독교 유신론은 진리를 객관적이고 절대적인 것으로 본다. 나와 함께 가르치는 폴 쇼클리(Paul Shockley)는 내가 아는 한 가장 훌륭하게 진리를 정의했다. 그는 진리를 다음과 같이 정의한다.

현실에 부합하는 것, 모든 것의 본질을 규정할 수 있으며, 절대 쇠퇴하거나 감소하거나 변하거나 소멸할 수 없는 것, 명제적 진술로 표현될 수 있어야 하며, 모든 진리의 저자인 성경의 하나님에게서 기원한 것이다.

이 정의에 언급된 각 구성 요소는 한 장을 모두 할애하여 설명해야 할 정도로 중요하다. 그러나 이 정의는 우리의 목적에 적합하게 세속적 인본주의의 진리관과 기독교 유신론 사이의 차이를 발견할 수 있는 충분한 기본 정보를 제공하고 있다.

유감스럽게도 이것은 우리가 분명히 전투에서 패배하고 있는 영역 중 하나다. 느헤미야 연구소(바나 그룹과 비슷한 연구소)에 따르면, 크리스천 십대 약 85퍼센트가 절대 진리의 존재를 믿지 않는다는 사실을 발견했다. 자신을 그리스도의 제자라고 밝히는 이 젊은이들은 진리가 상황에 따라 달라지고 상대적이라고 믿는다. 이것이 바로 우리 아이들에게 제대로 된 세계관 훈련을 해야 할 중요한 이유다. 나는 여러 차례 이 문제에 대해 고민하는 크리스천 고등학생, 대학생과 대화를 나누었다. 나는 부모 대부분이 오늘날의 철학적 분위기 속에서 절대적인 진리의 개념을 붙든다는 것이 얼마나 어려운지 전혀 모르고 있다고 생각한다.

당신은 지식에 대해 무엇을 믿는가?

우리의 세계관이 대답해야 할 네 번째 주요 질문은 '우리가 알고 있는 것을 어떻게 알 수 있는가?'이다. 세속적 인본주의(와 그 구성 요소인 자연주의 유물론)는 자연이 닫힌 체계라는 가정을 기반으로 하고 있으며, 따라서 모든 지식은 이성과 과학적 방법으로 이 닫힌 체계에 대한 연구에서 파생된다. 반면에 기독교 유신론은 하나님이 세상과 그 안에 있는 모든 것을 창조하셨다고 주장하며, 따라서 우리의 지식 추구는 이성과 계시를 균형 있게 고려해야 한다고 본다.

이것은 기독교 유신론이 반과학적이라는 의미가 아니다. 오히려 기독교 유신론에서 과학이 탄생했다. 갈릴레오와 코페르니쿠스와 같은 과학자들은 지적이며 체계적인 창조주를 믿었으며, 그가 만든 피조물도 체계적으로 연구해야 한다고 믿었다. 도리어 자연주의(무에서 세상이 생겨났다고 주장하는 입장)가 진정한 과학에 반하는 것이다. 세상에 목적이나 설계가 없다면 과학은 어떤 가치가 있을까? 만약 절대적인 것이 없다면 우리는 어떻게 과학적 발견을 신뢰할 수 있을까?

우리는 피조물에 드러난 하나님의 계시를 통해 진리를 깨닫는다. 이것을 '일반 계시'라고 한다. 하나님은 창조의 질서를 통해 인간에게 말씀하셨다. 이러한 진리를 아름답게 표현한 구절들이 성경에 가득하다.

> 하늘이 하나님의 영광을 선포하고 궁창이 그의 손으로 하신 일을 나타내는도다(시 19:1).

> 하늘이 그의 공의를 선포하리니 하나님 그는 심판장이심이로다 (시 50:6).

> 하나님의 진노가 불의로 진리를 막는 사람들의 모든 경건하지 않음과

불의에 대하여 하늘로부터 나타나나니 이는 하나님을 알 만한 것이 그들 속에 보임이라 하나님께서 이를 그들에게 보이셨느니라 창세로부터 그의 보이지 아니하는 것들 곧 그의 영원하신 능력과 신성이 그가 만드신 만물에 분명히 보여 알려졌나니 그러므로 그들이 핑계하지 못할지니라(롬 1:18-20).

기독교 유신론은 지식과 계시를 분리하지 않는다. 하나님은 참된 과학적 연구를 통해 우리가 그분에 대해 이해할 수 있도록 세상을 창조하셨다는 것을 깨닫는 것이 중요하다.

오늘날 가장 비극적인 일은 기독교 공동체가 기초 자연 과학 분야를 방치한 것이다. 우리 아이들에게 성경이 말하는 창조를 가르치고 성경적 세계관을 전하면 생물학, 지질학, 천문학, 화학, 물리학에 대한 새로운 흥미를 불어넣을 수 있을 것이다. 세속적 인본주의자들은 그들 세계관의 일관성 부족으로 명백하게 불리한 입장에 처해 있다. 기독교 유신론자들은 세상과 세상을 창조하신 하나님에 대한 더 나은 이해를 추구하기 위해 다시 한번 과학적 탐구의 선두에 서야 한다.

<u>우리는 하나님 말씀에 나타난 하나님의 계시를 통해 진리를 알게 된다.</u> 이것이 '특별 계시'다. 하나님은 우리에게 우주와 그 모든 영광을 주셨지만, 그것은 성경에 나타난 그분의 자기 계시와는 비교할 수 없다. 하나님은 말씀으로 인간과 직접적으로 소통하셨다. "먼저 알 것은 성경의 모든 예언은 사사로이 풀 것이 아니니 예언은 언제든지 사람의 뜻으로 낸 것이 아니요 오직 성령의 감동하심을 받은 사람들이 하나님께 받아 말한

것임이라"(벧후 1:20-21).

당신은 윤리에 대해 무엇을 믿는가?

우리의 세계관이 대답해야 할 마지막 질문은 옳고 그름을 어떻게 결정하는지다. 세속적 인본주의는 윤리를 문화적이며 협상할 수 있는 것으로 간주한다. 즉, 21세기 미국에서 윤리적인 것이 20세기 독일이나 1세기 고대 로마에서도 반드시 윤리적인 것은 아니라는 것이다. 따라서 많은 역사 교수는 히틀러, 무솔리니, 폴 포트, 네로가 행한 일을 비윤리적이라고 부르기를 꺼린다. 그 통치자들은 그저 그 시대와 상황의 윤리에 따라 행동했을 뿐이다. 그러나 기독교 유신론은 윤리를 시대를 초월하며 절대적인 것으로 간주한다.

하나님이 무엇이 옳고 그른지를 결정하신다. 인본주의는 인간을 출발점으로 하여 거기서 시작한다. 따라서 윤리에 대한 인본주의적 관점은 무엇이 나에게 맞는가가 시작점이 된다. 이는 실용주의(이론과 원칙보다는 결과가 적절한 행동을 결정한다는 견해)와 공리주의(최대 다수의 최대 행복이 행동의 미덕의 기준이 되어야 한다는 견해)로 이어졌다.[10] 슬프게도 이러한 철학은 현대 정치, 법률, 마케팅, 교육 분야와 마찬가지로 교회 성장 운동 전반에 널리 퍼져 있다.

하나님의 말씀은 우리에게 윤리에 관해 명확한 지침을 제시한다. "모든 성경은 하나님의 감동으로 된 것으로 교훈과 책망과 바르게 함과 의로 교육하기에 유익하니 이는 하나님의 사람으로 온전하게 하며 모든 선한 일을 행할 능력을 갖추게 하려 함이라"(딤후 3:16-17). 하나님 말씀은 그분이 우리를 부르신 선한 일(윤리)을 행할 수 있도록 우리를 준비시킬 만하다. 베드로는 이러한 생각을 확장하여 다음과 같이 말했다.

> 그의 신기한 능력으로 생명과 경건에 속한 모든 것을 우리에게 주셨으니 이는 자기의 영광과 덕으로써 우리를 부르신 이를 앎으로 말미암음이라 이로써 그 보배롭고 지극히 큰 약속을 우리에게 주사 이 약속으로 말미암아 너희가 정욕 때문에 세상에서 썩어질 것을 피하여 신성한 성품에 참여하는 자가 되게 하려 하셨느니라(벧후 1:3-4).

베드로가 "앎"(the true knowledge)과 "그 보배롭고 지극히 큰 약속을"을 언급한 것에 유의하라. 이것은 하나님의 계시를 말한 것이다. 우리는 말씀을 통해 하나님을 안다. 우리는 하나님의 말씀으로 그분의 약속에 접근할 수 있다. 즉, 하나님은 우리가 윤리적으로 살아가는 데 필요한 모든 정보를 우리에게 주셨고, 그것은 하나님의 말씀에 담긴 참된 지식과 하나님의 약속에서 시작된다.

<u>윤리는 시대와 문화를 초월한다.</u> 진리는 경계나 국경이 없다. 성경적 윤리 원칙은 보편적으로 적용될 수 있다. 파키스탄에서 간음하는 것이 그릇된 일이라면 호주에서도 그것은 그릇된 일이다. 고대 이스라엘에서 간음하는 것이 나쁜 일이었다면, 현대 미국에서도 나쁜 일이다. 지역의 법률, 관습, 형벌은 다를 수 있지만, 제7계명에 명시되어 있는 하나님의 원칙에는 경계가 없다.

가족 구성원이 모두 동일한 가치에 헌신하지 않으면 가족은 제대로 기능할 수 없다. 무엇을 택할지 선택하는 것은 '우리에게 가장 잘 맞을지'를 염두에 두고 집단 협상을 하는 것과 같다. 그러나 이것이 하나님이 창조하신 가정을 위한 그분의 계획에 기도하는 마음으로 순종하는 것을 대체할 수는 없다.

율법주의를 조심하라

때때로 우리는 성경적 세계관을 율법주의로 대체하는 함정에 빠지곤 한다. 예를 들어, 우리는 자녀가 무엇을 입고 보고 듣는지 재빨리 엄격한 규칙을 설정하지만, 그러한 결정을 내리는 데 도움이 되는 사고방식을 개발하는 데 시간을 투자하지 않는다. 오해하지 말라. 나는 부모가 불경건한 영향에서 자녀를 부지런히 보호해야 한다고 진심으로 믿는다. 또한 한계를 정하고 규칙을 확립해야 한다고도 믿는다. 그러나 단지 한계와 규칙, 그 자체로는 충분하지 않다.

아이들에게 한계와 규칙만 준다면, 내가 곁에 있는 동안 아이들은 내가 말하는 대로 할 것이다. 하지만 그들이 집을 떠나면 내 규칙이 아닌 그들의 세계관에 따라 살게 될 것이다. 따라서 나는 규칙을 만드는 것만큼 그들의 생각을 형성하고 조성하는 데 많은 시간을 쏟아야 한다고 생각한다. 율법주의는 성경적 사고 대신 성경 외의 표준을 설정한다.

영화 〈패션 오브 크라이스트〉(The Passion of the Christ)가 개

봉했을 때 나는 친구와 가족에게 이 영화를 보라고 권유하기 위해 여러 차례 전화했다. 아내와 나는 개봉 직후에 그 영화를 보고 완전히 감동했다. 그리고 목사인 친구에게 가볍게 전화를 걸었다. 그는 내가 여러 번 설교한 적이 있는 교회의 사역자였다. 나는 교회 사무실로 전화를 걸어 그에게 그 영화를 보았는지 물었다. 그는 그렇다고 대답했다!

영화에 관해 몇 마디를 건넨 뒤 내가 정말 묻고 싶었던 질문을 던졌다. "정말 담임목사님이 교인들에게 이 청소년 관람 불가 영화를 보라고 허락했어?" 그는 거의 통제할 수 없는 웃음을 터뜨리며 몇 년 전 내가 그의 교회에서 설교했던 일을 떠올렸다. 그는 겨우 숨을 고르면서 "완전 잊어버리고 있었네"라고 답했다.

뭐가 그렇게 웃겼을까? 설교 중에 나는 율법주의의 문제를 다루었다. 나는 현대 율법주의의 예로 청소년 관람 불가 영화에 대한 문제를 제기했다. "어떤 사람은 〈타이타닉〉을 일곱 번이나 보며 케이트 윈슬릿의 벌거벗은 가슴을 보고도 얼굴을 붉히지 않지만, 〈쉰들러 리스트〉는 청소년 관람 불가니까 보기를 거부할 겁니다!"

나는 계속해서 〈타이타닉〉이 할리우드의 15세 이상 관람가(PG-13) 등급을 받은 것과는 무관하게 부적절하다고 주장했고, 〈쉰들러 리스트〉는 비록 끔찍한 역사적 사건을 정확하고 사실적으로 묘사하지만, 우리의 관심을 받을 만한 가치가 있다고 주장했다. 내 요점은 영화 등급 시스템이 우리의 생각을 멈추게 만들어, 우리가 보는 것에 대한 책임을 회피하도록 허용할 수 있다는 것이다. 나는 영화의 내용을 검토하고, 우리가 보는 것에 대해 교육받으며, 책임감 있는 결정을 내리는 대신 종종 어떤 영화를 감상할 것인지에 대한 율법주의의 함정에 빠지기 쉽다고 주장했다. 이러한 율법주의적 태도는 불경건한 영화를 시청하는 일에 변명을 만들어낼 수 있으며, 역사적 사실을 진실 그대로 표현하여 우리 삶을 풍요롭게 할 수 있는 영화를 시청하는 것을 때때로 방해한다.

담임목사님은 이 말을 불편해했다. 그는 며칠 후 나를 사무실로 불러 사과하라고 요청했다. 내가 왜 사과해야 하는지 설명해달라고 했더니, 그는 단순히 몇몇 교인이 내가 한 말 때문에 기분이 상하여 이메일이나 전화를 걸어 왔다고만 말했다. 나는 그에게 내 설교에서 잘못된 부분이 있었는지 물었다. 그는 '아니'라고 답했다. 사실 내 메시지를 두 번이나 다시 들어봤지만, 비성경적인 발언은 발견하지 못했다고 했다. 그런데도 그는 기분이 상한 사람들에게 사과해야 한다고 했다. 물론 나는 거절했다.

2년 후, 나에게 사과하라고 요청했던 그 목사가 동일한 교회 신자들에게 청소년 관람 불가 영화를 추천하고 있었다! 물론, 그는 이 영화가 그저 그리스도의 폭력적인 죽음을 정확하게 묘사할 뿐, 그 내용은 구원의 가치가 있다고 주장할 것이다. 그러나 그것은 그가 이야기한 청소년 관람 불가에 관한 규칙을 어겼다는 사실을 바꾸지는 않는다. 그가 그 규칙을 믿었다면, 영화 〈패션 오브 크라이스트〉도 보지 못하게 해야 했다.

이것은 율법주의의 문제를 잘 보여주는 전형적인 사례다.

우리가 성경이 아닌 문화적 규범을 기반으로 융통성 없는 규칙을 만들기 시작하면 항상 문제에 봉착하게 된다. 바지를 입는 여성을 허용하지 않는 교회에 다녀본 적이 있는가? 나이트나 클럽에 가는 것을 허용하지 않는 교회에 다녀본 적이 있는가? 나는 다녀본 경험이 있다. 그리고 그들이 자기 입장을 정당화하려고 사용한 구절이 실제로 그들의 입장과 모순된다는 것을 내가 증명했을 때 했던 말은 단지 "음, 그게 우리가 믿는 방식이에요"이었다. 주여, 도와주소서!

성경의 기준을 따라 살아가는 것은 매우 중요하다. 그러나 우리가 율법주의의 희생양이 되지 않도록 이러한 기준을 지속적으로 검토하는 일도 중요하다. 그리고 만약 우리가 성경적이지 않은 확신을 세웠다면, 그것을 시인해야 한다. "이것은 하나님이 우리 모두에게 요구하시는 기준이 아니라 나 자신이 고수하는 개인적인 신념이다"라고 말할 수 있어야 한다.

다음번 가족 식사 시간에 이 책 124페이지의 표를 보며, 종이와 펜을 꺼내고 자녀에게 하나님, 진리, 지식, 인간, 윤리에 관해 어떤 생각을 하는지 물어보고, 그것에 대한 답을 어디서 찾는지 물어보라. 그들이 기대고 있는 권위가 무엇인지 추적해보라. 책, 장, 절을 물어보라.

어느 정도 자신감 있게 성경적 관점에서 이러한 질문에 대답할 수 있다면 당신(그리고 당신의 자녀)은 진정으로 축복받은 사람이다. 사실, 이 주제에 관한 책을 읽기만 하는 것이 아니라 직접 자기 생각을 정리해볼 필요가 있다. 그런데 당신의 가정이 보통의 기독교 가정이라면, 이 활동을 하며 충격을 받을 것이다. 그래도 낙심하지 말라. 당신은 그동안 기독교 공동체에서 무시한 혹독한 현실을 인식하는 것뿐이다. 우리 아이들은 후기 기독교 문화에 대한 세속적 인본주의의 공격에 대항할 능력을 갖추고 있지 않다.

자녀의 세계관을 평가했다면, 이제 당신은 자녀를 성경적으로 사고할 수 있도록 준비시키는 과정에 잘 들어선 것이다. 자동차를 수리할 때 무엇이 문제인지 아는 게 문제 해결의 반은 해낸 셈인 것처럼 말이다. 자녀가 인간을 이해하는 데 어려움을 겪는다면, 성경을 펼쳐 이 주제에 관련된 주요 구절을 찾아 가르치면 된다. 도움이 필요하면 성경적 세계관을 다루는 여러 사이트를 방문해도 좋다[여기 공부를 시작하는 데 도움이 되는 몇 가지 사이트가 있다. nehemiahinstitute.com, reformed.org, americanvision.org(영문 사이트), 한국어로 출간된 『세상으로 달려가는 아이 신앙 위에 세우려는 엄마』(디모데 역간)도 추천한다].

좀 더 종합적인 측면에서, 당신은 다섯 가지 영역을 먼저 이해하여, 이를 5주(또는 다섯 달)간 진행하는 교육의 개요로 삼을 수 있다. 지금 자녀가 어떤 상황에 있든지, 세계관 카테고리에 대한 단단한 이해를 제공하는 데 중점을 두라. 그 과정을 통해 얼마나 많은 일상생활의 영역을 다룰 수 있는지 놀랄 것이다.

실천하기

1. 124페이지에 나온 표를 복사하고 빈칸을 추가하라. 자녀와 한자리에 앉아 다섯 가지 주요 세계관 카테고리에 대한 그의 견해를 물어보고, 빈칸에 적게 하라. 그리고 자녀의 관점을 세속적 인본주의와 기독교 유신론의 내용과 비교해보라.

2. 기독교 유신론과 세속적 인본주의의 차이점을 논의하고 가족들의 답은 어느 쪽으로 기울었는지 토의해보라.

3. 두 세계관이 현대 사회의 문제나 이슈와 어떤 관련이 있는지 활발히 토론해보라.

5장.
가정에서 말씀을 가르치라

"네 자녀에게 [이 말씀을] 부지런히 가르치며"(신 6:7).

모세는 가정을 하나님의 진리를 대대로 전수하는 주요 전달 체계로 보았다. 성경에는 부모가 '훈련받은 전문가'들에게 자녀 교육의 책임을 완전히 양도하라는 가르침이 어디에도 없다. 이 말은 부모가 외부의 모든 도움을 거부해야 한다는 의미가 아니다. 만약 내가 그렇게 믿었다면, 이 책을 쓰지 않았을 것이다. 그러나 아이들에게 성경을 가르치는 책임을 다른 사람에게 떠넘기지 않도록 주의해야 하는 것은 사실이다.

현재 상황

우리가 보았듯이, 청소년과 종교에 대한 크리스천 스미스의 연구는 중요한 정보를 제공하는 동시에 우리 자신을 돌아보고 반성하게 한다. 안타깝게도, 그의 연구가 명백히 보여주듯이, 우리는 자녀를 "주의 교훈과 훈계"(엡 6:4)로 양육하는 일을 제대로 수행하지 못하고 있다. 우리가 시간을 사용하는 방식에 약간의 문제가 있다.

> 미국 청소년들의 신앙과 실천은 시간과 관심 및 에너지를 두고 치열한 경쟁이 벌어지는 사회와 제도적인 환경에서 이뤄진다. 그들의 삶에서 신앙에 대한 관심과 가치는 보통 학교, 숙제, 텔레비전, 기타 미디어, 스포츠, 연애, 아르바이트 등과 경쟁한다.[1]

너무나 많은 가정이 성경 공부를 뒷전으로 밀어냈다. 사실 성경 공부를 할 만한 여유가 없는 경우가 더 많다.

크리스천 스미스가 지적한 대로 "종교를 가진 미국 청소년 대다수가 종교적 행위를 거의 하지 않는 것으로 나타난다."[2] 이러한 현상은 기도와 말씀 연구에서 특히 두드러진다. 그는 이렇게 대답한다.

> 규칙적인 성경 읽기와 개인 기도 같은 기본적인 습관은 청소년이 더 깊고 강하게 신앙에 뿌리를 내리는 것과 분명히 연관되어 있는 것으로 판단된다. 다시 말해서, 청소년의 신앙을 형성하기 위해 규칙적이고 의도적인 종교적 실천을 중요하게 여기지 않으면 청소년 교육과 사역에서 충분한 성과를 거두기 어려울 것이다.[3]

스미스가 제시하는 중요한 요점을 놓쳐서는 안 된다. "청소년 교육과 사역에서 충분한 성과를 거두기 어려울 것이다." 스미스의 말이 절대적으로 옳다. 우리가 자녀에게 필요한 기본적인 도구도 제공하지 않으면서 '전문가들'이 알아서 해줄 것이라고 기대해서는 안 된다.

그리고 또 다른 중요한 점이 있다. "성경 읽기와 같은 기본적인 습관"이 자녀의 신앙 형성에 영향을 미친다는 것이다. 그렇다. 많은 것이 필요한 것이 아니다. 부모가 집에서 성경을 읽고 가르치는 것으로 영향을 미칠 수 있다. 더 중요한 것은 하나님이 이 위대한 임무를(청소년 사역자나 주일학교 교사가 아닌) 부모에게 위임하셨다는 것이다.

우리 부부가 처음부터 이 사실을 이해했다면 좋았겠지만, 그러지 못했다. 가족과 매일 성경을 읽는 시간의 중요성을 깨닫기까지 몇 년이 걸렸다. 그때로 돌아갈 수 있다면 얼마나 좋을까. 하지만 하나님이 지금 우리가 있는 곳에서 우리를 만나주셔서 잃어버린 시간을 보충하게 해주시는 큰 축복을 받았다는 것만으로도 감사할 뿐이다.

하나님이 자녀를 우리 가정에 보내셨다

내 딸 재스민(Jasmin)을 집으로 데려온 날을 절대 잊지 못할 것이다. 그때 나는 대학교 3학년이었다. 결혼, 대학, 축구 사이에서 겨우겨우 균형을 잡고 있는 와중에 하나님이 아기까지 주셨다. 재스민이 태어날 당시 브리짓과 결혼한 지 겨우 10개월이 지난 시점이었다. 나는 겁이 났다!

난산의 고통 속에 있는 브리짓의 이마를 닦아주며 격려하던 내 모습이 지금도 생생히 기억난다. 우리는 그때 정말 어리둥절했다. 당시 나는 겨우 21세에 불과했다. 밤이 깊어지자 진실의 순간이 찾아왔다. 의사는 브리짓을 향해 "머리가 보여요. 한 번 더 힘주세요"라고 말했다. 나는 즉시 브리짓 곁을 떠나 그 놀라운 순간을 더 잘 보기 위해 주변을 서성거렸다. 나는 하나님이 또 다른 생명을 세상에 내어주시려는 바로 그 순간을 지켜볼 수 있었다.

재스민이 등장하던 순간 내 마음속에 명확하게 떠오른 두 가지 생각을 기억한다. 첫 번째는 '아이를 씻겨주면 좋겠어'였다. 그리고 나서 '내가 이 아이의 아빠라니, 믿기지 않아'라는 생각이 뒤따랐다. 이 아이가 바로 내 딸이었다. 갑자기 무릎에 힘이 빠졌다.

아이를 집으로 데려갈 시간이 되자 나는 이 상황이 믿기지 않았다. 나는 가만히 서서 간호사가 이 아름답고 무력한 생명체를 내 품에 안겨주는 것을 바라만 보았다. 간호사는 퇴원 때 의무적으로 제공하는 휠체어에 브리짓을 태워 병원 밖으로 이동시킨 후, 차에 타는 것을 도왔다. 아내는 내가 잔뜩 긴장한 채로 딸아이를 카시트에 태우고 안전벨트를 채우는 동안 격려의 말도 몇 마디 해주었다. 나는 새로 산 1989년식 지오 메트로(Geo Metro)의 운전석에 앉아 '이 아이를 정말 우리에게 맡겨두고 가다니 믿을 수 없어!'라고 생각했다.

차를 출발시키며, 나는 초조하게 주변을 둘러보았다. 누군가가 병원에서 뛰어나와 "멈춰요! 이 사람들이 아기를 데리고 도망가고 있어요!"라고 외치길 기다렸다. 하지만 그런 일은 벌어지지 않았다. 시동을 걸고 기어를 넣은 다음, 우리 셋이 함께 평생의 모험을 떠나게 될 아파트를 향해 차를 몰았다. 나는 이제 누군가의 아빠였다! 그 생각은 나를 압도하는 동시에 흥분시켰다. 나와 아내가 이 작은 소녀를 위해 해야 할 일을 생각해보았다. 우리는 이 아이를 먹이고 입히고 교육하고 보호해야 했다. 아이는 "주의 교훈과 훈계"(엡 6:4) 안에서 자라야 했고, 이 의무는 나와 아내에게 주어진 것이었다. 이 작은 소녀는 우리가 책임져야 할 존재였다.

그렇다고 해서 아이를 가르치고 보호하고 양육하는 사람이 우리뿐인 것은 아니다. 오히려 우리는 자녀를 양육하는 과정에서 수많은 조력자와 함께했다. 우여곡절을 함께 겪으신 조부모님, 이모와 삼촌들 그리고 가족과도 같은 친한 친구들에게 깊이 감사드린다. 그러나 결국에는 나와 아내가 우리에게 맡겨주신 이 아이에 대해 궁극적인 책임을 져야 한다.

우리에게 맡겨진 책임

당신의 상사가 사무실에 들어와 "축하하네. 방금 승진했다네"라고 말하는 모습을 상상해보자. 만약 당신이 그 자리를 맡을 능력이 충분하지 않다고 느끼거나 업무적인 준비가 부족한 경우라면 어떻게 반응할까? "감사합니다만, 저는 그 일을 맡을 만한 능력이 되지 않습니다"라고 대답할까? 아니면 "감사합니다. 최선을 다하겠습니다"라고 대답할까? 대부분의 경우, 우리는 도전을 환영하고 그에 부응하기 위해 노력할 것이다.

하나님이 부모에게 자녀를 주시며 하신 말씀이 이와 같다. "축하한다. 방금 부모로 승진했구나." 즉, 하나님이 부모에게 요구하시는 모든 것이 우리가 받은 새로운 직업 설명서의 일부인 것이다. 이제 우리는 둘 중의 하나를 선택할 수 있다. "감사합니다만 하나님, 잠시 헷갈리셨나 봐요. 저는 아이를 말씀으로 교육할 자신이 없어요"라고 대답할 수도 있다. 아니면 "감사합니다 하나님. 당신이 이 아이를 주셨다면, 주의 교훈과 훈계로 키우는 데 필요한 모든 것을 주실 것이라 믿어요"라고 대답할 수도 있다.

나의 반응이 후자였다면 좋았겠지만, 사실은 두려움에 휩싸여 있었다. 나는 결혼한 지 10개월밖에 되지 않은 스물한 살의 대학교 3학년 학생이었다. 교수님 중 한 분께, "어떻게 해야 하죠?"라고 묻자 그분은 나를 지긋이 쳐다보며 이렇게 대답해 주었다. "수천 년 동안 아버지들이 해왔던 일을 하면 된다네." 그때 문득 이런 생각이 들었다. 교수님이 대학에서 강의하시는 동안 아버지가 된 사람은 내가 처음이 아니었다. 그러니 나는 이 일을 감당할 수 있었다. 어떻게 해야 할지는 모르겠지만, 하나님의 도우심으로 이 일을 해낼 수 있다는 사실을 깨달았다.

지난 15년 동안 교수님이 해주신 격려의 말씀이 마음에서 떠나지 않았다. 나는 여전히 남편과 아버지로서 감당해야 할 역할을 수행하려 노력하고 있지만, 나에게 맡겨진 임무를 완수하는 데 필요한 모든 것을 하나님이 주셨다고 확신한다.

가르치는 것이 최고의 스승이다

홈스쿨링을 하는 부모로서, 우리 부부는 고등학생 자녀 두 명을 홈스쿨링 하는 방법에 대한 질문을 종종 받는다. 많은 사람이 초등학교 3학년 이후로는 집에서 자녀를 가르칠 수 없다고 믿고 있다! "아이들이 고등학생이 되면, 제가 감당할 수가 없어요"라는 말을 얼마나 많이 들었는지 셀 수가 없다.

나와 아내가 이런 말을 들을 때마다 하는 대답은 "한 걸음만 앞서가시면 돼요"이다. 나는 이 말에 담긴 단순하면서도 심오한 진리를 깨달은 사람들의 표정을 보는 것이 즐겁다. 아이들을 가르치기 위해 우리가 정말로 해야 할 일은 그들보다 한 걸음 앞서 있는 것이다. 물론 이 말은 우리가 끊임없이 배우는 상태에 있어야 한다는 뜻이지만, 불가능한 일은 아니다. 성경을 가르치는 것도 마찬가지다.

많은 부모가 자녀에게 성경을 가르칠 만큼 충분한 지식이 없다고 생각한다. 하지만 이는 전혀 사실이 아니다. 성경을 읽을 수 있다면, 자녀에게 하나님 말씀을 가르칠 수 있다. 단지 아이보다 한 걸음만 앞서가면 된다. 두려워할 필요가 없다. 하나님은 부모에게 하나님 말씀을 가르칠 수 있는 모든 것을 이미 주셨다. 신학교에서 교육받은 신학자가 아니더라도 성경을 읽고 그 의미에 대해 이야기할 수 있다. 게다가, 하나님이 우리가 감당할 수 없다고 생각하셨다면, 애초에 책임도 맡기지 않으셨을 것이다. 점점 잊혀가는 종교개혁의 교리 중 하나는 성경의 명료성(또는 이해 가능성)에 대한 교리다. 하나님은 우리가 이해할 수 있는 형태로 성경을 주셨다. 우리는 성경의 기본적인 가르침을 이해하기 위해 암호를 풀거나 수수께끼를 해결할 필요가 없다.

성경을 가르치는 가정의 역할

우리가 보통 생각하는 것과는 달리, 자녀에게 성경을 가르치는 일차적인 책임은 교회가 아닌 가정에 있다. 전문성의 시대에 발맞춰 우리는 부모가 져야 할 대부분의 책임을 외부에 맡기는 경향이 있다. 조니가 스포츠 분야에서 성공하기를 바라며 전문가를 고용해 개인 레슨을 받는다. 수지가 좋은 대학에 가길 바라며 아이의 대학 입학 성적을 높여줄 특별한 과외 선생님을 고용한다. 아이들이 건전한 시민이자 기독교인이 되길 바라며 어린이 사역자나 청소년부 목회자를 선택한다.

자녀가 성공하길 바라는 것은 잘못된 일이 아니다(성경의 기준에 부합하는 성공이라면 말이다). 필요할 때 도움을 청하는 것에도 문제가 없다. 하지만 우리는 도움을 청하는 것을 넘어서 책임 자체를 회피하고 있다. 불행히도 이러한 책임 회피는 영적인 문제에 있어서는 너무나 흔해져서, 존 번연(John Bunyan)의 말은 생소하게 들린다.

> 아버지는 가족의 영적 상태에 대해 매우 성실하고 주의 깊게 생각해야
> 한다. 그는 이미 시작된 믿음을 강화하고, 아직 믿음이 자라지 않은
> 곳에서는 믿음의 씨앗을 심기 위해 최선을 다해야 한다. 따라서 그는
> 하나님의 말씀에서 나온 내용을 가족 각자에게 적합하게 전달하려고
> 성실히 노력해야 한다. 하나님의 말씀 앞에서 이렇게 실천하는
> 아버지의 권위를 의심하는 사람은 없어야 한다.[4]

우리 집 큰아이와 작은아이는 둘 다 클래식 피아노를 배운다. 아이들은 매우 전문적인 선생님에게 수업을 받고 있다. 그 선생님은 아이들에게 매일 연습하고, 매주 레슨을 받으며, 피아노 협회에서 평가를 받고, 매년 적어도 한 번은 연주회와 경연 대회에 참가하며, 매년 국가 이론 시험을 통과해야 한다고 강조한다.

각각의 요구 사항이 다 까다롭지만, 그중에서도 아이들이 가장 어렵게 느끼는 것은 바로 국가 이론 시험이다. 그런데 큰아이가 최근 전환점을 맞이했다. 아이는 음악 이론을 열심히 공부했던 것이 최근에 연주 실력이 늘게 된 촉매제였다는 것을 깨달았다. 악보의 음표는 연주할 내용을 나타내지만, 연주해야 하는 이유는 이론에 있다는 것을 알게 된 것이다. 이제 아이는 연주만이 아니라 작곡도 할 준비가 되었다.

아이에게 성경적 세계관을 심어주는 것이 가족 중심 신앙의 이유라면, 아이를 성경적으로 교육하는 것은 그 내용에 해

당한다. 세계관은 우리의 생각하는 방식을 형성하지만, 성경을 배우고 암기하는 것은 우리가 무엇을 생각하는지를 결정한다. 예를 들어, 성경적 세계관을 가진 아이는 하나님의 형상대로 창조된 인간으로서 부모의 고유한 존엄성을 이해할 수 있지만, 성경으로 교육받은 아이는 부모를 창조하신 하나님이 "네 부모를 공경하라"라고 말씀하신다는 것도 알고 있다. 이것은 양자택일의 제안이 아니라 둘 다 하라는 명령이다. 우리는 아이에게 성경적 세계관을 심어주고 하나님의 말씀을 가르쳐야 한다. 사실, 하나님의 말씀이 없이는 성경적 세계관도 없다.

이 책의 4장과 5장의 순서를 바꾸는 것이 더 나을 것 같다고 생각하는 사람도 있을 것이다. 특히 아이의 영적 이해력 발달을 염두에 둔다면 이 생각은 타당해 보인다. 그러나 부모의 입장에서 이는 매우 다르다. 부모로서 큰 그림을 먼저 그려야 세부 사항을 알맞게 채울 수 있기 때문이다. 이전 장에서 언급한 기초와 프레임의 비유를 계속 사용하자면(성경적 사랑이 기초이고 성경적 세계관이 프레임에 해당한다), 성경적 교육은 가정의 세부 사항이 될 것이다.

힐러리 클린턴이 주도했던 '마을이 필요해'(It Takes a Village)라는 캠페인이 화제가 된 적이 있다.[5] 이 구호는 유명한 아프리카 속담에서 빌려온 것이다. "한 아이를 키우려면 마을 전체가 필요하다"라는 속담이다. 하지만 힐러리 클린턴의 버전은 "큰 정부 프로그램과 관료가 필요하다"에 더 가까워 보인다. 미국의 전 상원의원인 릭 샌토럼(Rick Santorum)은 "가정이 필요해"(It Takes a Family)라는 글을 통해 도전적인 메시지를 전했다.

그러나 힐러리 클린턴이 제시한 모델이 여전히 깊이 뿌리내리고 있는 상황이다. 우리는 육아를 전문가에게 맡기는 것이 최선이라고 믿게 되었다. 불행히도 이러한 사고방식은 대중문화뿐만 아니라 교회에도 영향을 미쳤다.

몇 세대 전까지만 해도 아버지가 가정에서 가족을 대표하여 기도하고, 성경을 읽고 가르치며, 가정 예배를 이끄는 것이 영적인 책임을 다하는 것으로 여겨졌다. 하지만 오늘날에는 부모가 최고의 돌봄 교사들을 갖춘 유아실과 최신의 청소년 사역을 하는 교회를 찾는 것으로 책임이 이전되었다. 실제로 교회 성장 분야에서는 주차장(parking)과 설교(preaching)와 유치원(preschool)에 집중하라는 '3P 원칙'이 있다고 알려져 있다. 과거 세대가 부모의 임무를 완벽하게 수행했다고 말하려는 것이 아니다. 정말 그렇게 했다면 우리는 지금처럼 난관에 봉착하지 않았을 것이다. 그러나 오늘날 추세는 교육에 대한 부모의 책임이 줄어들고, 부모가 교육에 관여할 것이라는 기대 수준이 상당히 낮아진 것으로 보인다.

가정 교육

어릴 적에 어머니는 (나를 포함해서) 공공장소에서 잘못 행동하는 아이들에게 종종 "저 아이는 가정 교육이 필요하구나"라고 말씀하셨다. 실제로 다른 사람의 집을 방문할 때면 행동을 잘하라는 의미를 담은 상냥한 얼굴로 나를 바라보시며 "가정 교육을 받은 아이답게 행동하렴"이라고 말씀하시곤 했다.

어머니는 가정 교육이 정확히 무엇인지는 설명해주지 않으셨지만, 나는 항상 좋은 것이라고 생각했다. 가정 교육이 내 행동 방식과 관련이 있다는 것을 알고 있었다. 나중에는 가정 교육이 어머니가 나에게 심어주시려는 가치관을 내면화하는 것과 직결된다는 것을 알게 되었다. 다시 말해, 어머니는 나를 문명화되고 사려 깊으며 예의 바르게 행동할 수 있는 사람으로 만들고자 노력하신 것이다. 그것이 가정 교육의 핵심이다.

가정 교육의 기초

그 이후 가정 교육의 매뉴얼이 있다는 것을 알게 되었다. 그것은 성경이라 불린다. 하나님은 우리에게 생명과 경건에 필요한 모든 것을 주셨다(딤후 3:16-17, 벧후 1:3). 그리고 여기에는 자녀를 훈련하고 가르치는 것도 포함된다. 잠언을 읽어본 사람은 성경이 어린이를 교육하는 데 유용한 정보로 가득 차 있음을 알 것이다. 하나님은 이 문제에 있어서 우리를 어두운 데에 내버려두지 않으셨다. 그분은 우리가 자녀를 양육하는 방법을 알기 원하신다. 하지만 어떻게 하면 우리 혼자 힘으로는 이해하기 어려운 이 방대하고 때로는 위협적인 책을 자녀에게 가르칠 수 있을까?

성경 읽기

많은 사람이 성경이 너무 복잡하거나 우리 삶과 관련성이 없다고 불평한다. 하지만 그들에게 성경을 얼마나 읽어봤느냐고 물어보면, 대부분은 뒤로 물러서기 시작한다. 성경 몇 절을 (게다가 맥락도 고려하지 않은 채) 읽고 나서 성경이 복잡하거나 관련성이 없다고 뭉뚱그려 결론 내리는 것은 정말 놀라운 일이다. 마치 누군가가 "다른 단어로 표현된 장미"라는 셰익스피어의 대사를 읽고 『로미오와 줄리엣』이 비극적 드라마의 좋은 예시가 아니며, 셰익스피어가 좋은 작가가 아니라고 결론 내리는 것과 비슷하다. 성경이 우리 삶에 어떤 역할을 하는지를 알려주는 말씀을 살펴보라.

성경은 우리 지혜의 원천이다:
의인의 입은 지혜로우며 그의 혀는 정의를 말하며 그의 마음에는 하나님의 법이 있으니 그의 걸음은 실족함이 없으리로다(시 37:30-31).

성경은 우리 의로움의 원천이다:
내가 주께 범죄하지 아니하려 하여 주의 말씀을 내 마음에 두었나이다(시 119:11).

성경은 우리 방향의 원천이다:
주의 말씀은 내 발에 등이요 내 길에 빛이니이다(시 119:105).

성경은 우리 소망의 원천이다:
무엇이든지 전에 기록된 바는 우리의 교훈을 위하여 기록된 것이니 우리로 하여금 인내로 또는 성경의 위로로 소망을 가지게 함이니라 (롬 15:4).

우리가 자녀에게 바라는 것은 그들이 시편 40편 8절과 같은 고백을 하는 것이다. "나의 하나님이여 내가 주의 뜻 행하기를 즐기오니 주의 법이 나의 심중에 있나이다 하였나이다." 그러나 우리가 집에서 성경을 읽지 않는다면 이런 일은 일어나지 않는다. 자녀에게 하나님의 말씀을 심으려면, 그들을 하나님의 말씀으로 인도해야 한다. 이러한 변화는 마치 삼투압처럼 자동으로 일어나는 것이 아니다.

우리 집에서는 매일 밤 성경을 읽는다. 아침에는 가정 예배와 교리문답 시간이 있지만, 저녁에는 훨씬 간단하게 진행된다. 우리는 그저 일정에 따라 창세기부터 차례로 읽어나간다. 이를 돕기 위한 다양한 도구가 많다. 사실, 매일 분량을 나눠 1년 동안 성경 일독을 할 수 있게 고안된 프로그램도 있다. 또 어떤 부분을 읽어야 하는지 매일 알려주는 여러 웹사이트도 있다. 어떤 방법을 사용하든 상관없이 중요한 것은 성경을 읽는 것이다. 심지어 1년 안에 끝내지 않아도 괜찮다. 원한다면 2년 동안 천천히 진행해도 상관없다. 중요한 것은 성경을 읽는 것이다.

"성경을 읽는 것이 왜 그렇게 중요할까?"라는 의문이 든다면 이는 당연한 것이다. 몇 가지 이유가 있다. 첫째, 성경은 하나님의 말씀이기 때문이다. 바울은 디모데후서 3장 16절에 이렇게 썼다. "모든 성경은 하나님의 감동으로 된 것으로 교훈과 책망과 바르게 함과 의로 교육하기에 유익하니." 성경은 단지 좋은 책이 아니라 하나님의 말씀이다. 성경은 다른 모든 책을 평가하는 기준이다.

둘째, 성경은 우리가 경건하게 섬기는 삶을 살도록 준비하게 해주시는 하나님의 중요한 도구다. 바울은 디모데후서 3장 17절에서 계속해서 말한다. "이는 하나님의 사람으로 온전하게 하며 모든 선한 일을 행할 능력을 갖추게 하려 함이라." 베드로도 베드로후서 1장 3절에서 이 개념을 되풀이한다. "그의 신기한 능력으로 생명과 경건에 속한 모든 것을 우리에게 주셨으니 이는 자기의 영광과 덕으로써 우리를 부르신 이를 앎으로 말미암음이라."

셋째, 성경은 하나님이 우리를 그리스도의 형상으로 변화시키는 매개체다. 베드로후서 1장 4절은 우리에게 이렇게 말한다. "이로써 그 보배롭고 지극히 큰 약속을 우리에게 주사 이 약속으로 말미암아 너희가 정욕 때문에 세상에서 썩어질 것을 피하여 신성한 성품에 참여하는 자가 되게 하려 하셨느니라." 베드로는 "앎"(true knowledge, 3절)과 "보배롭고 지극히 큰 약속"(4절)을 언급한다. 베드로가 말하는 계시를 성경을 통해 알 수 있다는 것은 의심의 여지가 없다. 나는 예수님처럼 되고 싶다. 더 중요한 것은, 나는 예수님을 닮은 아들과 딸을 키우고 싶다. 하나님은 성경을 통해 그 일을 이루실 것이다. 성경을 읽을 때 우리는 주님의 참된 지식을 알게 될 것이다. 성경을 읽으며 우리는 주님의 "보배롭고 지극히 큰 약속"을 알게 될 것이다. 하나님은 성경을 통해 우리의 삶을 변화시키실 것이다.

넷째, 성경은 변화의 주체다. 히브리서 4장 12절은 "하나님의 말씀은 살아 있고 활력이 있어 좌우에 날선 어떤 검보다도 예리하여 혼과 영과 및 관절과 골수를 찔러 쪼개기까지 하며 또 마음의 생각과 뜻을 판단하나니"라고 말씀한다. 우리가 아들의 마음을 바꿀 수 없겠지만, 하나님의 말씀은 그렇게 할 수 있다. 우리가 어떤 노력을 한다고 해도 성경이 할 수 있는 방식으로 우울한 십대 딸에게 다가갈 수는 없다.

> 성경과 교리문답을 읽고 암송하는 것은 아이의 영적, 지적 발달에 놀라운 영향을 미친다. 우리 가족이 중요하게 생각하는 것은 우리가 시간을 보내는 방식에서 드러난다. 따라서 가정 예배를 규칙적으로 드리는 것은 부모가 예수 그리스도를 삶의 중심으로 삼는다는 것을 자녀에게 보여주는 것이다. 이러한 실천은 다가올 수천 세대에게 귀중한 유산을 남길 것이다.[6]

하나님의 말씀은 삶을 변화시킨다! 이 말을 그냥 듣기만 하지 말고, 가족과 성경 읽기를 시작하여 직접 확인해보라.

질문과 대답

우리 가족은 최근 아침 묵상 시간에 R. C. 스프로울(R. C. Sproul)의 저서 『기독교의 핵심진리 102가지』(*Essential Truths of the Christian Faith*, 생명의말씀사 역간)를 읽었다. 이 책은 기독교 신앙의 중요한 교리를 102가지로 나누어 설명한다. 매일 한 주제씩 읽는 데 5-10분이면 충분했다. 하지만 우리가 읽은 진리에 대해 토론하는 데 30분 이상을 사용했다.

나는 이 아침 토론을 너무나 소중하게 여긴다. 나는 가족과 함께 아침 식탁에 둘러앉아 기독교 신앙의 훌륭한 교리와 그것이 우리 삶에 끼치는 영향에 대해 토론하는 것이 정말 좋다. 사실, 아이들도 나와 아내만큼이나 그 시간을 즐기고 있다는 것을 발견했다. 이제 우리는 스타 미드(Starr Meade)의 책 『365일 웨스트민스터 소교리문답』(*Training Hearts and Teaching Minds*, 부흥과개혁사 역간)을 함께 읽고 있다. 이 책은 웨스트민스터 소교리문답을 기초로 하는 매일 묵상집으로, 이 책에 실린 질문의 종류와 그 수준은 매우 놀랍다.

얼마 전, 아내가 우리 가족이 함께 의논해야 할 문제를 꺼냈다. 아이들은 앉아서 경청하며 자신들의 의견을 덧붙이기도 했다. 토론이 끝나고 아내와 내가 일과를 시작하기 위해 자리에서 일어나려 하자, 열한 살 난 아들이 끼어들었다. "오늘은 책 안 읽어요?" 트레이가 식탁 옆 창가에 놓여 있던 익숙한 책을 집어 들자 재스민이 덧붙였다. "그러네, 오늘 묵상을 잊어버렸네." 아내는 나에게 미소를 지으며 말했다. "그러게요, 여보. 아침 묵상 없이 식탁을 떠날 뻔했다니, 믿을 수가 없네요."

사실, 내 아이들은 복잡한 신학적 진리에 도전하고 싶어 안달이 난 꼬마 신학자들이 아니었다. 그냥 몇 가지 궁금증을 가진 어린이일 뿐이었다. 부모로서 우리는 답을 제공할 수 있는 방법을 찾았다. 모든 아이는 신학적인 궁금증을 마음에 품고 있다. 어떤 아이든 "누가 하나님을 만드셨나요?"나 "예수님이 하나님이면 어떻게 하나님의 아들일 수 있나요?"와 같은 질문을 할 것이다. 이런 것은 신학적인 질문이다. 부모로서 우리가 할 수 있는 가장 좋은 일 중 하나는 그런 질문을 하고 답을 찾을 수 있는 기회를 주는 것이다. 하지만 어떻게 그런 환경을 만들 수 있을까?

첫째, 자녀가 성경적인 질문을 하도록 허락하라. 우리 아이들은 호기심이 많다. 이러한 탐구적인 성향 덕분에 우리 아이들은 가르치기가 쉬운 편이다. 하지만 그것이 축복으로 여겨지지 않았던 적도 있다. 솔직히 말해서, "아빠, 왜요?"라는 질문을 계속해서 받는 것은 어려운 일이다. 결국 우리는 모두 "그냥 그런 거야"라고 말하는 법을 배우게 된다.

하지만 자녀가 성경의 진리를 배우기 원한다면, 성경적인 질문을 할 수 있도록 허락해야 한다. 이는 말로는 허용한다고 하면서 태도로는 다르게 행동하지 않아야 한다는 뜻이다. 자녀의 이야기를 듣고 이해하고자 하는 진심 어린 의지와 열망을 보여야 한다. 아이가 성경적인 질문을 할 때 부모가 한숨을 쉬며 "얘야, 지금 바쁘니까 귀찮게 하지 마"라는 신호를 보내는 일은 없어야 한다.

둘째, 자녀의 궁금증을 인정하라. 신학적인 질문을 하는 호기심 많은 아이에게 우리가 할 수 있는 최고의 말 중 하나는 "정말 좋은 질문이야"일 것이다. 더 나은 방법은 "나도 그게 궁금했던 적이 있었어"라고 말하는 것이다. 이러한 말들은 아이에게 질문을 해도 괜찮다는 것을 알려줄 뿐만 아니라 기독교 신앙의 진실성을 확증한다. 생각해보라. 누군가에게 그의 신앙에 관해 계속 물었지만, 그 사람이 당신의 질문을 인정하거나 대답하려 하지 않는다면 어떻게 될까? 결국 당신은 그 사람이 자신의 신앙에 대해 잘 알지 못한다고 생각하거나, 그 사람의 신앙에는 알아야 할 것이 별로 없다고 생각하게 될 것이다. 아이들도 마찬가지다.

사실 당신이 현재 이 책을 읽고 있는 이유는 당신이 던진 정당한 질문에 충분히 관심을 가져준 사람이 없었거나, 그 질문에 답할 만큼 기독교 신앙을 충분히 이해한 사람이 없었기 때문인지도 모른다. 어쩌면 당신은 기독교를 '맹목적인 믿음'으로 받아들여야 한다고 생각하며 자라다가 나중에서야 더 깊은 이해가 필요하다는 사실을 깨달았을 수도 있다. 아니면 부모님이 선의로 가르쳐준 것들이 사실이 아니었던 경우도 있었을 것이다. 이런 일들이 흔하지만, 성경적이지는 않다.

성경은 누가복음 서문에서 신앙을 교육하는 사람이 지녀야 할 아름다운 태도를 보여준다.

> 우리 가운데서 일어난 일들에 대하여 차례대로 이야기를 엮어내려고 손을 댄 사람이 많이 있었습니다. 그들은 이것을 처음부터 말씀의 목격자요 전파자가 된 이들이 우리에게 전하여 준 대로 엮어냈습니다. 그런데 존귀하신 데오빌로님, 나도 모든 것을 시초부터 정확하게 조사하여 보았으므로, 각하께 그것을 순서대로 써 드리는 것이 좋겠다고 생각하였습니다. 이리하여 각하께서 이미 배우신 일들이 확실한 사실임을 아시게 되기를 바라는 바입니다(눅 1:1-4, 새번역,

밑줄 강조).

누가가 선택한 단어와 문구에 주목하라. "엮어내려고", "목격자", "정확하게", "조사하여", "순서대로", "확실한 사실". 성경은 동화나 전설이 아니다. 성경은 확실하고, 검증할 수 있으며, 역사적으로 신뢰할 수 있는 진리다! 우리의 신앙이 질문에 대답할 수 있다는 것을 자녀에게 알려주어야 한다.

셋째, 자녀가 궁금해하는 성경적인 질문에 답하는 것이다. 질문을 인정하는 것도 중요하지만, 질문에 대답하는 것이 더욱 중요하다. 성경적인 질문을 하라는 격려를 받고, 그 질문이 타당한 것이라고 인정받았지만, 답을 듣지 못한다면, 아이는 성경에 답이 없거나, 부모가 답을 모른다고 생각할 수 있다. 어느 경우든 아이의 삶에서 매우 중요한 권위가 훼손될 것이다.

내가 믿음의 여정 이야기를 너무나 자주 했기 때문에, 나와 가까운 사람들은 그 이야기를 거의 외우다시피 한다. 이 이야기는 여러 가지 이유로 나에게 중요하다. 중요한 점 중 하나는 내가 길을 잃었다가 발견했다는 사실이다. 하지만 내 이야기에서 가장 중요한 부분은 나에게 그리스도의 복음을 전해준 스티브라는 젊은 청년이 내가 품은 모든 질문에 답해주려고 3주 동안 시간을 내주었다는 것이다.

때로 그는 대답을 제대로 못 하기도 했다. 그러나 더 기억에 남는 것은 그가 답을 잘 모른다는 사실을 여러 번 인정한 것이다. 하지만 그는 거기서 멈추지 않았다. 항상 "하지만 제가 찾아보겠습니다"라고 말한 뒤, 결국 내 질문에 대한 답을 찾아왔다. 이 과정은 내가 그리스도인으로 살아가는 데 큰 영향을 준 두 가지 사실을 가르쳐주었다.

하나, 그리스도인이라고 해서 모든 답을 알고 있는 것은 아니라는 사실이다. 그리스도와 동행하면 할수록, 대답보다는 의문을 더 많이 품게 되는 것 같다. 바울도 이러한 사실을 언급하며, 다음과 같이 말한다. "우리가 지금은 거울로 보는 것같이 희미하나 그때에는 얼굴과 얼굴을 대하여 볼 것이요 지금은 내가 부분적으로 아나 그때에는 주께서 나를 아신 것같이 내가 온전히 알리라"(고전 13:12).

둘, 나는 기독교가 어떤 철저한 검증에도 허점이 없다는 것을 배웠다. 스티브는 나에게 질문을 그만하라고 설득하지 않았다. 또 내가 믿음을 가지려면 다른 생각에 대해 마음을 닫아야 한다고 주장하지도 않았다. 대신 그는 답을 찾아주었다. 물론 몇 가지 질문은 답하기 어려운 것도 있었다(예를 들면, '하나님은 왜 그렇게 하셨는가?'와 같은 질문이다). 그러나 그 질문들은 하나님의 무한하심과 인간의 유한함으로 대답이 불가능하다.

넷째, 자녀에게 자신의 질문에 대한 답을 스스로 찾아보도록 가르치라. 내 딸은 열네 살 때부터 작문 선생님에게 배웠다. 재스민은 작가로서 재능을 보였고, 중학교 1학년 때 이미 고등학교 1학년과 2학년의 영어 수업을 이수했다. 선생님은 성경적 세계관, 비판적 사고, 창의적 글쓰기 그리고 연구 방법론을 포함한 작문 과정을 개발했는데, 그 조화가 완벽했다. 재스민은 매주 선생님과 만났고, 아내와 나는 매일 재스민과 함께 필요한 내용을 공부했다.

이 수업에서 받은 큰 축복 중 하나는 나와 딸아이가 도서관을 공유하기 시작했다는 것이다. 어느 날, 딸이 결연한 표정으로 내 연구실에 들어와 비교 종교학에 관한 책을 찾으며 이렇게 말했다. "아빠, 난 아빠의 연구실이 너무 좋아요." 그것은 우리 두 사람이 함께한 너무나 멋진 순간 중 하나였다. 딸아이의 질문은 "아빠, 이 성경 구절은 무슨 의미예요?"에서 "아빠, 모르몬 신학에 대한 정보를 어디서 찾을 수 있을까요?"로 변했다. 이제 아이는 자신만의 답을 찾기 시작한 것이다!

딸의 독립은 달콤함과 쓰라림이 공존하는 순간이었다. 부모로서 많은 목표를 달성한 것에 기뻤지만, 병원에서 집으로 데려왔던 어린 소녀가 백미러를 통해 점점 작아지는 모습을 보는 것은 슬프기도 했다. 하지만 내 목표는 자녀를 그리스도의 사명을 위해 전 세계에 중요한 영향력을 미칠 화살(또는 핵미사일)로 보내는 것이기에, 아이는 결국 나를 떠나 스스로 주님을 알아야 하고, 나 없이도 주님의 마음을 따라 생각할 수 있어야 한다.

책, 책, 책

성경을 가르치는 데 도움이 될 만한 책을 모으라. 나와 아내는 우리가 읽어주는 내용을 아이들이 이해하기도 전부터 책을 읽어주었다. 우리는 알록달록한 골판지 책을 들고 아이 앞에 앉아서, 아이가 눈을 크게 뜨고 예쁜 색깔을 응시하며 옹알

거리는 것을 지켜보았다. 마침내 아이는 말을 하게 되고, 읽기를 배우면서, 엄마나 아빠가 가장 좋아하는 책을 읽어줄 때까지 기다릴 수 없게 되었다. 그렇다면, 유아용 입문 책 중 일부를 성경의 진리를 가르치는 도구로 활용하면 어떨까?

나는 『초록색 계란과 햄』(*Green Eggs and Ham*)이라는 그림책을 그 누구보다 좋아한다. 하지만 주님이 우리에게 맡겨주신 감수성이 예민한 아이들에게 전달해야 할 더 많은 것이 있다. 부모가 자녀에게 성경을 가르치는 데 도움이 되는 수백 권의 책이 있다.

아이가 성경을 이해하는 데 도움이 되는 책을 모으라. 가족이 함께 성경 읽기를 하다 보면, 질문이 나올 수밖에 없다. 그 질문들에 답을 줄 수 있는 책들을 준비해두라. 예를 들어, 성경의 중요한 단어를 찾기 위해 좋은 성경 사전을 구비하라. 또 성경 백과사전도 필요하다. 백과사전은 성경의 중요한 용어, 이름, 개념을 더 넓게 이해할 수 있도록 돕는다. 색인을 가지고 있는 것도 좋다. 색인은 주요 단어를 찾아 성경 구절을 찾는 데 도움이 되는 유용한 도구다. 예를 들어 성경 어디에서 거룩함에 대해 말하는지 알고 싶으면, 색인에서 해당 단어를 찾는다. 그러면, 그 핵심 단어가 포함된 모든 구절을 알 수 있다. 또 다른 유용한 도구에는 성경 지도가 있다. 성경에서 특정 장소에 대한 내용을 읽을 때, 성경 지도는 그 장소가 정확히 어디인지를 보여준다. 마지막으로 좋은 주석서도 필요하다. 이 외에도 다른 책과 도구가 더 있지만, 여기서부터 시작하면 된다.

아이가 성경적으로 사고할 수 있도록 도와주는 책을 모으라. 우리

맏아이가 어릴 때, 아내가 『도와줘. 나도 착해지고 싶어』(*Help Me Be Good*)라는 책 시리즈를 발견했다. 각각의 책은 진실을 말하거나, 친구와 공유하거나, 부모에게 순종하는 것과 같은 구체적인 행동을 다루고 있다. 이 책들은 친숙한 캐릭터들이 각각 어려운 상황을 겪으며 교훈을 얻는 에피소드로 구성되어 있다. 책이 끝날 때쯤에는 메시지가 명확해지고, 우리는 아이들과 방금 읽은 행동의 이점에 대해 이야기를 나눴다.

이런 책들은 외부 요인이 성경적인 신앙과 도덕을 약화시키는 시점에서 더욱 중요하다. 우리가 자녀에게 어떻게 행동해야 하는지를 가르치지 않으면, 바트 심슨(미국 텔레비전 애니메이션 시리즈 〈심슨 가족〉의 주인공—편집자 주)이 그 역할을 할 것이다. 텔레비전을 끄고 자녀에게 책을 건네주라. 이것은 우리가 힘들게 배운 교훈이다. 우리 아이들은 내가 고백하고 싶지 않을 만큼 텔레비전을 많이 시청했다. 그러다가 우리는 영국으로 이주했다. 영국의 텔레비전 프로그램이 그다지 좋지 않아 케이블 TV를 설치했기 때문에 밤에 정규 방송을 보지 않았다. 그러다가 우리는 아예 텔레비전을 보지 않게 되었다. 가끔 비디오를 빌려 보기도 했지만, 대부분의 시간에 우리는 독서하는 가족이 되었다. 아이들의 삶에 어떤 변화가 생겼는지 말로 다 할 수 없을 정도다. 이제 우리 아이들의 텔레비전 시청은 주말에만 네 시간으로 제한되었다. 그리고 특별한 일이 없으면 그 시간을 모두 사용하지도 않는다.

아이를 교회와 교회사에 연결해줄 수 있는 책을 모으라. 아내가 우리 아이들에게 준 큰 선물 중 하나는 기독교 전기를 소개해

주고 이에 대한 애정을 불어넣어 준 것이다. 우리 아이들은 오래전에 살았던, 그리스도를 충실히 따르며 세상에 자신의 흔적을 남긴 실존 인물에 대해 읽는 것을 좋아한다. 재스민은 약 1년 전에 폭스 출판사에서 출간된 순교자들에 관한 책을 발견했고, 그 책에 푹 빠져 지냈다. 재스민은 그리스도를 위해 삶을 바친 사람들에 관해 끊임없이 이야기하며, 그들의 이야기가 자신에게 큰 격려가 되었다고 말했다.

믿음의 남성들에 관한 책을 찾아 아들들에게 영감을 주고, 딸들이 공감할 수 있는 믿음의 여성들에 관한 책을 찾아보라. 아들과 딸이 목표로 삼을 만한 대상을 갖는 것은 중요하다. 평범한 삶을 살면서도 하나님의 손에 붙들려 특별한 일을 이룬 사람들은 참으로 영감을 주는 존재들이다.

가정 교육에는 헌신과 시간과 노력이 필요하다

나의 좋은 친구인 매트(Matt)와 리사 불린(Lisa Bullen)에게는 다섯 아이가 있다. 그 아이들은 절대 완벽하지는 않지만, 내가 만나본 아이들 중 가장 공손하고 사려 깊으며 독립적이고 행동이 바르다. 사실 불린 가족은 우리 교회의 전설과도 같은 존재다. 새로운 멤버들은 항상 불린 가족의 행동과 성품에 대해 언급한다.

불린 부부는 우리 집에서 주최한 성경 공부에 참석했다. 신혼부부부터 결혼한 지 30년이 넘은 부부까지 총 여덟 가족이 참여해 8주 동안 결혼에 대해 공부했다. 토론을 하다 보니 주제가 경건한 자녀를 키우는 것으로 바뀌었다. 매트 불린이 몸을 기대며 말했다. "제가 무엇에 지쳤는지 아세요? 사람들이 우리 다섯 아이를 보면서 '이렇게 착한 아이가 다섯이나 되다니 정말 행운이에요'라고 말하는 게 지겨워요." 매트의 요점은 간단하다. 경건한 자녀를 키우는 것은 운이 아니라 노력의 문제라는 것이다.

모든 아이는 "죄악 중에서 출생하였음이여…죄 중에서 잉태[된다]"(시 51:5). 잠언 22장 15절은 이렇게 말한다. "아이의 마음에는 미련한 것이 얽혔으나 징계하는 채찍이 이를 멀리 쫓아내리라." 이 구절은 착한 아이를 얻을 만큼 '운이 좋지 않은' 부모의 자녀에게만 해당하는 것이 아니라 모든 아이에게 해당한다. 결국 부끄러움대신 칭찬받는 아이를 키우는 사람은 운이 좋은 부모가 아니라 부지런한 부모라는 의미다.

불린 가족을 다른 가족과 구분 짓는 요소는 무엇일까? 이 질문의 답은 간단하다. 그들은 시간을 들였다. 아이들이 기어 다닐 수 있을 때부터 일찍 순종을 가르쳤다. 지혜와 어리석음에 관한 성경의 가르침을 아이들이 완전히 이해하기 전부터 가르쳤다. 아이들이 태어나기도 전부터 가정 예배를 드리고 경건한 자녀를 키우기 위해 하나님과 온전히 협력하며 아이들을 지속적으로 주시했다.

경건한 자녀를 키우는 데 마법 같은 해결책이란 없다. 그러나 상세한 로드맵은 있다. 성경은 일을 바르게 수행하기 위해 필요한 모든 것을 제공한다. 지금 당장 성경을 가르치는 데 헌신하라. 주님께 용기와 확신과 인내를 달라고 기도하라. 일주일에 하루라도 시간을 낼 수 있다면 시작하라. 필요하다면 매일 저녁 식사를 하면서 성경을 읽기로 결심하라. 또한 자녀들이 잠드는 시간에 성경을 읽는 것도 고려할 수 있다. 어떻게 하든 집에서 성경을 읽으라.

실천하기

1. 가족과 함께 다음 한 주간 동안 읽을 성경 속 책 한 권을 고르라(예를 들어, 요한복음이나 시편). 매일 시간을 정해 본문을 소리 내어 읽으라.

2. 가족 모두 자신이 읽을 성경을 구입하여 준비해둔다.

3. 성경을 읽는 습관이 자리 잡혔다면, 가족이 함께 나눌 수 있는 묵상집이나 분량이 많지 않은 성경 공부 교재를 찾아보라.

6장.
가정에서 말씀대로 행하라

"집에 앉았을 때에든지 길을 갈 때에든지 누워 있을 때에든지 일어날 때에든지 이 말씀을 강론할 것이며"(신 6:7).

모세는 여러 세대에 걸친 신실함이 매일, 온종일 진행되는 과정임을 분명히 밝히고 있다. 우리는 언제나 자녀를 가르쳐야 한다. 항상 하나님의 계명을 따라 가르쳐야 한다. 간단하게 들리지만, 심오한 것이다. 만약 이것이 사실이라면, 우리가 자녀를 훈육하고 훈련하는 데 사용하는 방법과 방식은 성경을 따라야 한다. 우리가 문화적이고 세속적인 인본주의적 방법을 따르면서 성경적인 결과를 기대할 수는 없다.

내가 이 문제를 제기하면 그리스도인 부모들은 종종 "성경에 아이를 키우는 구체적인 지침이 진짜 있나요?"라고 묻는다. 이 질문에 두 가지 답변이 있다. 첫째, 성경의 본질 자체가 이 질문에 긍정적인 답이 된다. 앞서 살펴보았듯이, "모든 성경은 하나님의 감동으로 된 것으로 교훈과 책망과 바르게 함과 의로 교육하기에 유익하니 이는 하나님의 사람으로 온전하게 하며 모든 선한 일을 행할 능력을 갖추게 하려 함"(딤후 3:16-17)이다. 자녀를 제자로 삼고 훈육하고 훈련하는 것은 분명히 성경이 믿는 자들을 준비시키는 선한 일 중 하나다.

이 질문에 대한 두 번째 대답은 자녀 양육에 대해 직간접적으로 다루는 수많은 성경 구절에 근거한다. 예를 들어, 잠언은 무엇을 해야 할지 고민하는 부모를 위한 보물 창고다. 또한 성경에는 경건한 부모의 모범적 양육과 그렇지 않은 사람들의 예가 많다. 두 사례 모두 효과적인 자녀 양육에 대한 통찰력을 제공한다. 이 책의 기초가 되는 신명기는 말할 것도 없다.

신명기 6장 7절에서 모세는 하나님의 백성에게 "집에 앉았을 때에든지 길을 갈 때에든지 누워 있을 때에든지 일어날 때에든지" 자녀들과 함께 성경의 교훈을 실천하라고 명령한다. 즉, 성경의 진리를 한쪽에 두고 양육을 다른 한쪽에 두어 삶을 이분화해서는 안 된다. 우리는 삶의 모든 측면에 성경의 진리를 적용하라고 부름받았다. 특히 그것이 여러 세대의 신실함과 자녀들의 제자도와 관련되어 있는 경우에는 더욱 그렇다.

바울, 오래된 진리에 대한 새로운 시각

최근에 나는 신명기가 신약성경에서 차지하는 중요한 역할을 깨닫고 매우 놀랐다. 예수님과 사도들이 인용한 성경 구절을 잠시 살펴보면 신명기가 매우 중요한 책이었다는 결론을 피할 수 없다. 이를 보여주는 한 가지 사례는 에베소서 6장이다. 여기에서 바울은 신명기 5장을 참고하여 그리스도인 부모들에게 아이를 키우는 데 관련된 지침을 준다. 그의 가르침은 성경이 부모에게 구체적인 양육 지침을 제공한다는 나의 주장을 증명하는 좋은 예다.

> 자녀들아 주 안에서 너희 부모에게 순종하라 이것이 옳으니라 네 아버지와 어머니를 공경하라 이것은 약속이 있는 첫 계명이니 이로써 네가 잘되고 땅에서 장수하리라 또 아비들아 너희 자녀를 노엽게 하지 말고 오직 주의 교훈과 훈계로 양육하라(1-4절).

이 구절에서 우리는 자녀를 준비시키는 세 단계를 추론할 수 있다. 1단계는 훈육과 훈련 단계다. 2단계는 내가 교리문답 단계라고 부르는 단계다. 마지막으로 3단계에서 제자훈련을 시작한다.

훈육과 훈련

바울은 권위와 복종에 관한 논의를 펼치며 이렇게 말한다. 그는 에베소서 5장 15-18절에서 세 가지 대조를 제시하는데, 술 취함과 성령 충만함을 대조하면서 절정에 다다른다. 19-21절에는 성령 충만한 삶의 세 가지 조건이 제시된다. 세 번째 조건은 "그리스도를 경외함으로 피차 복종하라"(21절)는 것이다. 이후에는 이 복종을 실천하는 세 가지 맥락을 제시한다. 먼저 아내가 남편에게 복종하는 것에 대해 다룬다(5:22-33). 다음으로 자녀가 부모에게 복종하는 것에 대해 언급한다(6:1-4). 마지막으로는 종과 주인에게 주의를 돌린다(6:5-9).

이 본문은 자녀가 부모의 권위에 순종하는 정도가 그들의 성령 충만을 나타낸다고 말한다. 다시 말해, 순종이 영적인 문제라는 것이다. 따라서 자녀에게 순종하는 법을 가르치는 것은 선택 사항이 아니라 성경의 명령이다. 이 명령은 우리가 성경 말씀을 일상에 적용할 수 있는 실용적인 무기를 제공한다. 실질적으로 우리는 자녀들이 말한 대로, 들은 즉시, 공경하는 태도로 순종하도록 가르치고, 그렇게 행하기를 기대하는 데 전념해야 한다.

말한 대로 순종하게 하라

우리는 모두 경험해본 적이 있을 것이다. 담임목사님과 사모님 앞에서 세 살짜리 아이에게 무언가를 시키자, 아이가 혀를 내밀고 "싫어"라고 외치며 반대 방향으로 도망간다. 이런 경우 사람들은 "저 나이의 아이들은 다루기가 정말 어려워요"라고 말하며 우리의 당혹감을 덜어주려 할 것이다. 아니면 "우리 아이도 그랬어요"라고 말할지도 모른다. 모두가 미소를 짓는 동안 당신은 아이 뒤를 쫓아가지만, 아무도 이에 대해 다시 언급하지 않는다. 결국 모두가 아이의 이런 행동을 기꺼이 받아들이거나 적어도 이런 모습을 수용해준다는 것을 알게 된다.

이 시나리오의 유일한 문제는 이것이 하나님의 말씀에 제시된 원칙을 명백히 위반한다는 것이다. 아이들이 권위에 불순종하는 태도를 갖는 것은 옳지 않다. 더욱이, 우리가 어릴 때 이를 다루지 않는다면, 아이들은 아무도 그들 곁에 있고 싶어 하지 않는 불순종하고, 무례하며, 불쾌한 십대로 성장할 것이다. 더 중요한 것은 그들이 성령 충만한 삶에 반하는 행동 패턴을 확립하게 된다는 것이다. 기억하라. 성령으로 충만한 젊은이들은 부모에게 순종하려는 태도를 지닌다.

성경적 자녀 양육에 대한 단계별 지침을 제공하는 것은 이 책의 범위를 벗어나지만, 우리는 자녀의 이러한 행동을 볼 때마다 교정해야 한다는 사실을 배워야 한다. 만약 우리가 계속해서 어린아이가 공개적으로 반항하며 도망가도록 내버려두면, 아이는 공개적으로 반항하는 십대로 성장할 것이다. 우리 부부는 큰딸을 키우며 이러한 사실을 어렵게 배웠다. 우리는 큰딸을 일관성 없이 대했고, 그 결과 상황이 더 어려워졌다. 아이가 열 살이 되었을 때 우리는 다시 처음으로 돌아가서 아이를 완전히 다시 교육해야 했다. 우리는 더 나은 방법이 있다는 것을 몰랐다. 아무도 성경이 가르쳐주는 이 명령의 중요성을 우리에게 알려주지 않았다.

들은 즉시 순종하게 하라

배우기 훨씬 더 어려운 교훈은 '즉시 순종하는 것의 원리'다. 마트에서 아이가 집어서는 안 될 시리얼 상자를 내려놓을 때까지 셋까지 세면서 기다렸던 기억이 난다. 아이가 상자를 다시 갖다 놓자, 지켜보던 주인 아주머니가 나를 칭찬하며 이렇게 말했다. "감동받았어요. 나는 아빠가 이길 줄 몰랐어요." 나는 아빠로서 자부심을 느꼈다. 내가 순종보다 못한 것에 안주하고 있다는 것을 알기 전까지는 말이다.

어느 날 친구가 아주 간단한 질문을 했다. "아이는 부모의 말에 언제 순종해야 할까?" 내가 셋을 세며 아이가 순종하길 기다리는 것을 지켜보다가 던진 질문이었다. "내가 말할 때." 나는 대답했다. 친구는 숫자를 다 세기 전에 순종한 아이를 쳐다보며 나의 고정 관념을 뒤흔든 질문을 했다. "그럼 왜 숫자를 세고 있어?" 마치 벽돌에 맞은 것 같았다. 나는 아이에게 순종을 미루는 것을 가르치고 있었다. 마치, "아가, 아빠가 셋까지 셀 만큼 심각한 경우에만 아빠에게 순종하면 된단다"라고 말하고 있는 것이었다. 그건 내가 원하는 것이 아니었다. 더 중요한 것은 그것이 하나님이 추구하시는 것도 아니라는 사실이다. 하나님 아버지는 우리에게 명령하실 때 셋을 세지 않으신다. 하나님이 셋을 세실 때까지 불순종하는 것이 죄가 아니라, 하나님께 불순종하는 모든 것이 죄다. 그리고 순종을 미루는 것은 불순종이다.

이해하기 어려운 원칙일 수도 있다. 왜냐하면 우리는 종종 우리가 마땅히 받아야 할 죄의 형벌, 궁극적으로 그리스도가 십자가에서 받으신 형벌(또는 하나님과 분리되어 지옥에서 영원히 받게 될 형벌)을 간과하기 때문이다. 그러나 하나님이 아나니아와 삽비라에게 하신 것처럼(행 5장) 우리를 즉시 벌하시든, 그냥 방치하시는 것처럼 보이든, 모든 죄에 합당한 대가가 따르게 된다는 것은 확실하다(롬 3:21-26). 그렇기 때문에 모든 명령에 즉각 순종해야 한다는 것을 자녀에게 가르치는 것이 중요하다. 아이들이 나이가 들면서 부모의 명령에 대해 함께 이야기를 나누는 것은 허용할 수 있지만, 그 토론에는 순종의 행위가 따라야 하며, 그들이 부모의 견해를 납득할 것인지를 결정하는 것이 되어서는 안 된다.

또한 고함을 치는 것도 동일한 메시지를 전하는 것이라는 사실을 깨닫게 되었다. 내가 아이들에게 소리를 지를 때, 아이들은 그 즉시가 아니라, 그것이 충분히 중요하다고 생각될 때(또는 내가 화가 나 있을 때)만 순종하면 된다는 것을 배우는 것이었다. 게다가 아내는 나만큼 몸집이 크고 무섭지도 않고, 목소리도 굵지 않기 때문에 가정에서 아내의 권위가 훼손되고 있었다. 그 결과 내 말이(집 안을 휘몰아칠 때만) 순종을 이끌어내는 기준이 되었다.

우리는 자녀가 부모의 말에 조건부로 순종하는 것을 원하지 않는다. 우리는 아이들이 즉각 순종하기를 원한다. 우리가 같은 말을 되풀이하지 않고, 소리치지 않으며, 문제를 일으킨 아이의 이름을 하나하나 부르지 않고, 명확하고 차분한 어조로 말하면서 각각의 불순종 행위에 대해 일관된 벌칙을 주는 법을 배우고 나서야 우리 가정은 변화되었다. 우리 아이들이 완벽하진 않지만, 그들은 순종이 무엇인지 이해하고, 명령받은 대로 순종하지 않을 경우 그에 따른 결과가 생긴다는 사실을 잘 알고 있다.

공경하는 태도로 순종하게 하라

바울이 이 구절에서 전하는 마지막 자녀 훈련의 원칙은 2절에 나온다. "네 아버지와 어머니를 공경하라." 그러므로 자녀를 부모가 말한 대로, 말한 즉시 공손한 태도로 따르도록 훈련해야 한다. 이것은 매우 중요한 사실이다. 만일 십대 자녀에게 무언가를 시킬 때, 아이가 하긴 하지만, 화가 나서 숨을 크게 내쉬며, 입술을 깨물고, 문을 쾅 닫는다면, 그 아이는 하나님이 요구하시는 최선을 놓치고 있는 것이므로 바로잡아야 한다.

처음 그리스도인이 되었을 때, 나는 모든 그리스도인이 헌신적이고, 열정적으로 진리를 전하며, 물 위를 걷는 것처럼 비범한 믿음의 추종자들이라고 생각했다. 나는 또한 그리스도인 작가가 쓰고 기독교 출판사가 펴낸 것은 무엇이든 신뢰할 수 있다고 믿었다. 하지만 곧 내가 틀렸다는 사실을 깨달았다.

우리 문화에서 대다수 그리스도인의 삶은 다른 사람들과 크게 다르지 않다. 우리의 삶과 믿지 않는 사람들의 삶 사이에는 별 차이가 없다. 우리는 같은 옷을 입고, 같은 영화를 보고, 같은 책을 읽고, 아이들을 같은 학교에 보내고, 다른 사람들처럼 이혼 소송에 서명한다. 게다가 모든 기독교 서점에는 "이 책의 견해가 반드시 우리 주 예수 그리스도의 견해를 반영하는 것은 아닙니다"라고 적힌 표지가 있어야 할 정도다. 기독교 서적을 읽지 말라고 하는 것이 아니라, 분별력을 가지고 읽으라는 것이다.

솔직히 말해서, 그리스도인 대부분은 하나님의 말씀을 삶의 기본 태도로 삼지 않는다. 상류로 헤엄치는 것보다 흐르는 물에 떠다니는 것이 훨씬 쉽다. 그리고 얼마 지나지 않아 평범한 것이 정상적인 것으로 여겨지고, 우리의 열정(어떤 사람들은 광신적이라고 말할지도 모를)은 식는다.

그러나 우리가 다음 세대에까지 전수될 신실함을 경험하길 원한다면, 우리는 문화의 속박에서 벗어나 그리스도 안에서만 찾을 수 있는 충만함 속에서 살아가야 한다. 우리는 가정에서 말씀대로 사는 사람들이 되어야 한다. 유감스럽게도 이는 말처럼 쉽지 않다. 사실, 기독교 지도자들조차도 세상과 연결된 이 유대를 끊는 데 어려움을 겪는 경우가 많다.

그 결과, '기독교' 시장은 위험한 조언으로 가득 차게 되었다. 기독교 서점에서 읽을거리(또는 볼거리)를 찾아다닐 때 세심한 주의를 기울일 수밖에 없다. 때로는 선의의 전문가들이 성경에 부합하지 않는 조언을 하기도 한다. 두 가지 예시가 떠오른다.

'기독교' 심리학과 훈육의 딜레마

그리스도인들이 성경적인 시각보다는 문화적인 시각을 채택하는 분야 중 하나는 훈육과 자녀 교육이다. 아이들에게 적절한 행동을 가르치는 데 성경의 원칙을 적용하지 못하도록, 누군가가 많은 미국 그리스도인의 사고를 성공적으로 변형시켰다는 느낌이 들 정도다. 불행하게도 이 결함은 일반 대중에게만 국한되는 것이 아니다. 교육 수준이 높고 성경을 믿는 그리스도인 '전문가'들조차도 이러한 맹점에 빠지는 경우가 있다.

최근에 기독교 심리학자인 존 로즈먼드(John Rosemond)의 라디오 인터뷰를 듣고 깊은 인상을 받았다. 너무 감동적이어서 나는 즉시 인터뷰 CD와 그의 책을 주문했다. 서문을 읽으면서 나는 깊이 공감했다. 저자는 다음과 같이 적고 있다.

> 나는 내 전문 분야에서 이단자다. 자녀 양육과 가정생활에 대한 나의 견해는 '심리학적으로 올바르지 않다'는 평가를 받았다. 그들은 배를 뒤집고, 사과 수레를 뒤흔들며, 종종 신랄하게 반응한다. 그것은 내가 1950년대 이후 주류 심리학이 주장한 육아 이념을 공공연히 경멸했기 때문이다.[1]

로즈먼드는 자신의 책과 라디오 인터뷰에서 성경을 세계 최고의 양육서로 간주한다고 설명했다. 심리학자가 인정한 참으로 유쾌한 말이다! 그는 계속해서 민주적 양육, 무과실 이혼, 페미니즘, 정치적 올바름부터 동성애 권리, 성교육 교과 과정 그리고 정신 건강 전문가에 대해 다루면서 모든 문제의 근원에 손을 댔다. 그리고 이 모든 것이 서문에 나와 있었다! 나는 즉시 그가 내가 선호하는 유형의 사람이라는 것을 알 수 있었다.

불행히도, 내 흥분은 오래가지 않았다. 책을 읽다가 중간쯤부터 어려움에 부딪히기 시작했다. 로즈먼드의 '존중받는 아이' 장에서 그는 아이들을 논리적으로 설득해야 한다는 대중적인 생각을 다루며, '이유를 설명하되 설득하지 말라'는 제목에서 '아이들에게 최종 결정권을 주라'는 제목으로 전환했다. 이 부분에서 로즈먼드는 아이가 최종 결정을 하고 싶어 할 때 부모가 어떻게 해야 하는지를 설명한다.

> 내가 "아이들이 최종 결정을 하게 해주세요"라고 말하면 깜짝 놀란 부모들이 "농담이죠, 그렇죠?"라고 반문한다. 아니다. 나는 지금 정말 진지하다. 자신이 최종 결정을 하고 싶어 하는 자녀가 있는가? 그러면 어떤가? 하나님의 모든 자녀는 결정을 내리고 싶어 한다. 당신도, 나도, 우리 아이들도 그렇다. 그것이 인간의 본성이다.[2]

그런 다음 그와 당시 16세였던 딸 사이에 있었던 일에 대해 이야기하며 자신의 입장을 뒷받침한다. 로즈먼드는 딸에게 저녁 식사 파티를 위해 집 청소를 부탁했지만, 거절당했다. 그는 어떻게 대응했을까? "나는 청소기를 돌리고, 화장실을 청소했다. 나는 에이미에게 아무 말도 하지 않았다. 6일 동안 말이다."[3] 로즈먼드는 그다음 주 금요일에 "집에 일찍 돌아와서 에이미와 가장 친한 친구 앤지가 외출 준비를 하고 있는 것"을 발견할 때까지 이 문제를 언급하지 않았다.[4] 그 순간 그는 지난주 딸의 반항에 대해 처벌할 시간이 되었다고 판단했다. 그는 딸에게 외출을 허락하지 않겠다고 말했다. 그는 그 결정이 지난주 에이미의 행동 때문이라고 설명했다. 로즈먼드는 에이미의 반응을 이렇게 기록한다.

딸아이는 분노했다. 그 아이가 한 말을 적을 수 없다. 가정의 가치에 관한 책에 어울리지 않아서가 아니라, 허튼소리였기 때문이다. 아주 시끄러운 허튼소리였다. 아이의 장황한 말에 나는 "미안하다"라고 말하고는 방을 나가려 했다. 아이는 내 뒤에 대고 소리쳤다. "어차피 난 나갈 거야. 그리고 아빠는 나를 막을 수 없어!"[5]

계속해서 그는 아래와 같이 적었다.

아이는 격노했다. 분노했다. 아이는 내가 따라올지 속마음을 떠보기 위해 현관문을 열고 차도로 나갔다. 나는 따라가지 않았다. 아이와 앤지는 잠시 이야기를 나눴고, 앤지는 차를 몰고 떠났다. 아이는 잠시 계단에 앉아 있다가 들어와 자기 방으로 돌아갔다. 그날 밤 아이는 외출하지 않았다.[6]

이 글을 읽으며 사도 바울이 적은 에베소서 6장 말씀이 생각났다. "아비들아 너희 자녀를 노엽게 하지 말고." 성경이 부모에게 금하는 대표적인 예를 로즈먼드의 글에서 발견하게 된 것이다. 다시 한번 강조하지 않을 수 없는 사실은 그가 좋은 저자라는 것이다. 로즈먼드는 양육에 대한 성경적 접근 방식을 훌륭하게 설명한다. 나는 그가 다만 이 부분을 놓친 것이라고 생각한다.

또 다른 일화에서 로즈먼드는 오하이오주 데이턴 출신의 한 싱글 맘의 경험을 기록한다. 그는 그녀가 "상식의 신에게 영감을 받았다"라고 표현했다. 그녀는 딸에게 최종 결정권을 주는 법을 배웠다고 한다.

딸아이는 무례하게 소리를 지른 다음, 아무 반응도 없으면 더 무례한 말로 대응했다. 그러고 나서 아이는 삐죽거렸다. 하지만 나는 아이를 혼자 내버려두면 결국 엄마가 시키는 대로 행동하게 된다는 지침을 따랐다. 물론 아이는 자신이 원하는 대로 자유롭게 행동할 수 없다는 사실이 여전히 마음에 들지는 않지만, 아이에게 최종 결정권을 준 이후로 우리는 한 번도 논쟁을 벌이지 않았다. 그게 벌써 3년 전이다![7]

그래서 문제가 무엇이라는 걸까? 이러한 양육 철학은 분명히 효과가 있지 않은가? 로즈먼드의 딸은 교훈을 얻었고, 이 싱글 맘은 3년 동안 딸과 말다툼을 한 적이 없다. 무엇이 문제인 것일까? 내가 말해주겠다. 아니 성경이 말씀하도록 하겠다.

너는 네 하나님 여호와께서 명령한 대로 네 부모를 공경하라 그리하면 네 하나님 여호와가 네게 준 땅에서 네 생명이 길고 복을 누리리라 (신 5:16).

자녀들아 주 안에서 너희 부모에게 순종하라 이것이 옳으니라 네 아버지와 어머니를 공경하라 이것은 약속이 있는 첫 계명이니 이로써 네가 잘되고 땅에서 장수하리라(엡 6:1-3).

자녀들아 모든 일에 부모에게 순종하라 이는 주 안에서 기쁘게 하는 것이니라(골 3:20).

이 접근 방식의 문제점은 다섯 번째 계명을 무시한다는 것(따라서 위반하는 것)이다. 자녀가 부모의 말을 따르는 것만으로는 충분하지 않다. 자녀는 부모를 존경해야 한다. 자녀가 부모에게 소리를 지르거나, 발을 구르거나, 문을 쾅 닫거나, 집 밖으로 나가는 것은 옳지 않다. 하나님은 이 문제에 관해 말씀하신다. 그리고 부모는 온전히 순종하기 위해 노력해야 한다.

로즈먼드는 딸에게 대응하기 전 수일 동안 침묵함으로써 "아비들아 너희 자녀를 노엽게 하지 말라"(엡 6:4, 골 3:21)와 "분을 내어도 죄를 짓지 말며 해가 지도록 분을 품지 말고"(엡 4:26)와 같은 원칙을 무시했다. 로즈먼드의 딸이 침묵하는 것에서 알 수 있듯이 그는 딸에게도 똑같이 하도록 가르쳤다. 간단히 말해, 이것은 성경적인 훈육 방식이 아니다. 이것은 이 책의 주제와 거리가 먼 사소한 이야기가 아니다. 성경이 가르치는 자녀의 역할에 관한 핵심을 말하는 것이다.

로즈먼드는 자신의 접근 방식이 어떤 철학적 토대에서 나왔는지를 이렇게 말한다.

> 내가 어리석게도 '누가 최종 결정을 내리는가?'라는 게임에 참여했을 때는, 나 자신에 대한 통제력을 잃었고, 부모의 권위를 포기했으며, 아무것도 얻지 못했다. 자녀의 존경을 받기 원한다면 권위를 지켜라. 그것이 전부다. 자녀가 최종 결정을 내리게 하고 그 대가로 당신이 원하는 것 이상을 얻어라.[8]

나는 부모가 자녀를 훈육할 때 통제력을 잃는 것은 잘못이라는 데 동의한다. 나는 또한 그렇게 하는 것이 부모의 권위를 훼손한다는 데 동의한다. 그러나 나는 로즈먼드가 여기서 문제를 잘못 다루고 있으며, 그 결과가 두렵다고 생각한다. 그는 자신의 성질을 다스리고 부모의 권위를 올바르게 회복하는 대신, 자신의 아이들이 다섯 번째 계명을 범하도록 허용하는 쪽을 선택했다. 그래서 자신의 권위를 세우기 위해 하나님의 권위를 훼손하는 위험을 무릅썼다.

다시 말하지만, 나는 로즈먼드의 책을 좋아했다. 사실, 위에서 언급한 부분을 읽기 전에는 친한 친구들에게 그 책을 추천하기까지 했다. 그 후로도 이 문제가 그의 책 전체를 쓸모없게 만들지 않는다고 생각했기에 주의하면서 계속 이 책을 추천했다. 이 책은 좌파나 환경보호주의자, 혹은 평화주의자인 부모를 위한 책이 아니다. 저자는 기독교 공동체에서 존경받는 대변인이다. 그는 자신의 직업이 공격당하는 비판에 처하는 것도 개의치 않으며, 관용 없이 엄격하게 성경의 원칙을 따르는 심리학자. 하지만 나는 이 문제에 대해서만은 동의할 수가 없다. 우리가 가정에서 말씀대로 살고자 한다면 성경을 출발점으로만 삼아서는 안 된다. 성경은 우리의 법이자 지침이고 모델이며 근원이 되어야 한다. 우리는 모든 측면에서 성경의 가르침에 순종해야 한다. 그리고 부모가 자녀를 징계하는 방식도 여기에 포함된다.

다섯째 계명과 자녀 훈련

자녀 훈련과 제자도에 관한 바울의 가르침을 이해하는 열쇠 중 하나는 그가 에베소서 6장에서 언급한 계명을 이해하는 것이다.

다섯째 계명의 위치

십계명은 신명기 5장에 기록되어 있다. 그리고 십계명은 두 부분으로 나뉜다. 첫 네 계명은 몇몇 신학자가 수직 계명이라고 부르는 것이다. "나 외에는 다른 신들을 네게 두지 말지니라." "너는 자기를 위하여 새긴 우상을 만들지 말라." "네 하나님 여호와의 이름을 망령되이 일컫지 말라." "안식일을 지켜 거룩하게 하라." 이 네 계명은 우리와 하나님 사이의 관계를 다루고 있다.

그다음 여섯 계명은 수평적 관계에 관한 것으로, 살인, 간음, 도둑질, 거짓 증거, 욕망에 관련된 문제를 다룬다. 그러나 이 수평 계명 중 첫 번째가 다섯째 계명이다. "네 부모를 공경하라." 살인, 간음, 도둑질을 금하기 전에 하나님은 부모를 공경하라고 말씀하신다. 이 계명의 위치만 보더라도 주님의 큰 계획에서 가정이 얼마나 중요한지를 알 수 있다.

다섯째 계명의 약속

다섯째 계명은 위치뿐만 아니라 약속 면에서도 중요한 의미를 지닌다. 첫 네 계명에는 약속이 따르지 않는다. 그러나 하나님은 다섯째 계명을 주시면서 수직적인 계명들에는 없었던 한 단계를 추가하셨다. 하나님은 이것을 지키라고 말씀하시며 처음으로 "그리하면 네 하나님 여호와가 네게 준 땅에서 네 생명이 길고 복을 누리리라"고 말씀하신다.

물론 모든 계명에는 내재된 약속이 있다. 우리가 우상 숭배나 간음을 멀리할 때 하나님은 분명히 우리를 축복하신다. 더욱이, 모든 경건에는 수반되는 고유한 축복이 있다. 그러나 부모를 공경함에 있어서는 약속이 추정되는 것이 아니라 명시되어 있다. 이 진리를 자녀에게 강조하라. 부모를 공경하는 사람을 위해 하나님이 예비하신 약속의 아름다움에 대해 자녀와 함께 감탄하라. 자녀가 부모를 공경하지 않는 것을 꾸짖으며, 그의 행동이 하나님의 약속에 합당한지 물어보라.

다섯째 계명의 목적

아마도 다섯째 계명의 가장 중요한 측면은 그 목적일 것이다. 나는 에베소서 6장 2-3절을 보면서 그 약속이 우리 아이 개개인을 위한 것이라고 생각했다. 나는 "재스민, 네가 나를 공경한다면 너는 땅에서 잘되고 장수하는 삶을 살게 될 거야"라고 말한다. 아니면 나는 그것을 부정적인 의미로 사용할 수도 있다. "트레이, 성경은 네가 나를 공경하면 네가 장수할 거라고 말하고 있어. 그러니까 내 말에 따르지 않으면 내가 너를 훈육하겠다는 뜻이야." 우리는 얼마나 자주 이런 관점에서 이 말씀을 보고 있는가?

자녀를 훈육하는 데 가정의 역할을 이해하는 핵심은 다섯째 계명의 목적을 아는 것이다. 이 계명은 자녀 개인을 위해서만이 아니라 공동체를 위해 주어진 것이다. 다섯째 계명은 다양한 세대에 걸쳐 신실함의 개념을 정립하는 토대가 된다. 하나님은 가정을 자녀 교육의 주체로 지정하여 세대를 초월한 믿음의 공동체가 충실하게 계속되도록 설계하셨다. 다시 말해, 하나님은 다섯째 계명을 통해 부모에게 "내가 너희에게 주려는 이 이방 땅에서 나의 백성으로서 계속 존재하고 싶다면, 너희는 자녀를 훈련하고 제자로 삼으라"고 말씀하시는 것이다.

이것이 이 책의 핵심이다. 하나님은 청소년 그룹이나 어린이 사역이나 기독교 학교가 아니라, 가족을 자녀의 주요한 교육 주체로 설계하셨다. 부모로서 가장 중요한 역할은 아이들을 훈련하고 제자로 삼는 것이다. 이 사실은 아내와 내가 부모의 역할을 바라보는 방식을 완전히 바꿔놓았다. 우리가 아이들을 훌륭한 의사, 변호사, 운동선수, 음악가로 키우더라도 부모를 공경하고 하나님께 순종하도록 훈련하지 않으면 실패한 것이라는 사실을 그때 깨달았다. 따라서 우리는 일정과 우선순위를 포함한 모든 것을 재고해야 했다. 사실 이것이 우리가 홈스쿨링을 하게 된 핵심 진리 중 하나다. 우리가 아무런 희생 없이 이 기념비적인 임무를 완수할 수 있다는 것은 상상할 수 없는 일이다. 우리 아이들은 이 철학을 완전히 수용하고 뒷받침하는 교육을 받아야 한다.

교리문답 단계

에베소서 6장 4절에서 바울은 이 개념을 간단히 표현한다. 여기서 그는 그리스도인 부모의 역할과 책임이 무엇인지 명확하게 말한다. 그는 1절에서 자녀에 대한 가르침을 맥락에 맞게 풀어내고, 2절과 3절에서 계명과 연결한 다음, 4절에서 결론을 제시한다. 부모들이여, 당신의 임무는 자녀가 그리스도인답게 믿고 행동하도록 가르치는 것이다.

자녀 양육에서 말씀을 따라 사는 첫 번째 단계는 훈련과 훈육이다. 일단 이 기초를 갖춘다면 두 번째 단계인 교리문답으로 나아갈 수 있다. 나는 '교리문답'이라는 단어를 사용하는 것조차 주저스럽다. 솔직히 말해서, 오늘날 많은 그리스도인이 이 단어가 무엇을 의미하는지 모르거나 특정 기독교 분파와 관련이 있다고 생각하기 때문이다. 사실, 최근까지 나와 아내도 교리문답에 대해 정확히 이해하지 못했다. 우리는 교리문답에 대해 들어본 적이 없는 훌륭한 남침례교인이다. 교리문답은 간단히 말해, 질문과 답을 사용하여 기독교의 기본 교리를 가르치는 것이다.

교리문답의 목표는 성경 신학을 전수하는 것이다. 일련의 질문과 답변을 통해 아이는 무엇을 믿어야 하는지, 더 중요하게는 왜 믿어야 하는지를 천천히 배운다. 교리문답은 마법의 콩이나 만병통치약이 아니다. 부모는 여전히 아이들을 가르치기 위해 노력해야 한다. 그러나 교리문답은 이 과정을 쉽게 해주는 중요한 도구다. 더 중요한 것은 교리문답이 앞으로 이어질 제자훈련의 토대를 마련한다는 것이다. 교리문답이 없으면 우리의 제자도는 도덕적 교훈 목록으로 축소된다.

예를 들어, 내가 아들에게 혼전 성관계를 금하라고 가르치면서 이를 뒷받침할 성경적이고 신학적인 기초를 제공하지 않는다면 어떻게 될까? 불행히도 나는 이런 방식으로 배웠다. 나는 너무 어리고 누군가를 임신시킬 수 있기 때문에 여자와 성관계를 가지면 안 된다고 배웠다. 물론 이것이 의미하는 바는 내가 나이가 들고 적절한 예방 조치를 취한다면 그 행위를 정당화할 수 있다는 것이다. 따라서 나는 내가 나이가 더 들면 적절하게 예방해서 누구도 임신시키지 않을 것이라고 생각했다.

이러한 방식을 결혼의 신성함, 이성의 존엄성, 베드로전서 3장 7절에 언급된 "더 연약한" 배우자를 보호하는 역할, 성(性)이 주어진 성경의 목적 등 다양한 신학적 원리를 기반으로 한 교육과 비교하면 그 차이가 매우 크다. 예를 들어,『웨스트민스터 소요리문답』은 제7계명의 관점에서 성적 순결 문제를 다루고 있다.

Q: 제7계명은 무엇인가?
A: 제7계명은 "간음하지 말라"다.

Q: 제7계명에서 요구하는 것은 무엇인가?
A: 제7계명은 마음, 말, 행동에서 나와 이웃의 순결을 지킬 것을 요구한다.

Q: 제7계명에서 금지되는 것은 무엇인가?

A: 제7계명은 모든 부도덕한 생각, 말, 행동을 금지한다.

이는 '아무도 임신시키지 말라'와는 아주 다른 접근법이다. 이 말씀으로 무장한 아이들이 자신이 배운 원칙을 절대 위반하지 않을 것이라는 말은 아니지만, 그 행동이 정당하지 않다는 논리적 가정을 반대하려면 신중하고 주의 깊게 사고하여 반항하는 노력이 필요할 것이다.

교리문답은 따를 수 있는 길일 뿐이다. 우리 자녀는 자신이 무엇을 믿고 있으며, 왜 믿고 있는지를 잘 알지 못한다. 그들은 본래 죄에 빠진 인간이며, 죄로 향하는 본성을 지니고 있다. 게다가 문화가 그러한 죄를 옹호하고 정당화하며 부추기는 상황에서 살고 있기 때문에 그들이 부딪히는 딜레마를 이해하기는 어렵지 않다. 자녀에게 교리를 가르치지 않는 것은 문화에 항복하는 것과 다름없다. 오늘날은 옳은 것을 알아도 거룩함을 지키기 어려운 때다. 이미 어려운 상황을 더 어렵게 만들지 말자는 것이다.

최근, 큰아들 때문에 어찌할 바를 모르는 목사님과 대화를 나눈 적이 있다. 그 청년은 단정하고, 유쾌하며, 매너가 매우 좋은 사람이었다. 그러나 청년과 아버지 사이에는 분명한 긴장감이 있었다. 그 두 사람과 함께 앉았을 때 나는 이 목사님이 자기 아들에게 제자훈련을 하지 않았다는 것을 깨달았다. 그 청년은 교회 언어에는 능통했지만, 성경적 기독교에 대해서는 전혀 이해하지 못했다.

몇 가지 유용한 도구

『웨스트민스터 소요리문답』, 『하이델베르크 요리문답』, 『청교도 교리문답』(찰스 스펄전 편집) 등 훌륭한 교리 문답서를 이용하거나 간단한 웹 검색만으로도 수많은 정보를 얻을 수 있다. 우리 부부가 매우 유용하게 사용한 것 중 하나는 파운더스 출판사(www.founders.org에서 이용 가능)에서 펴낸 『진리와 은혜의 기억서』(*Truth and Grace Memory Book*)라는 자료다. 여기서 각 교리문답의 장단점을 논의하기에는 적절하지 않다. 다만 자녀에게 성경 신학을 가르칠 수 있는 좋은 도구를 찾으라고 간청하고 싶을 뿐이다. 나는 교리문답이 최선의 방법이라고 생각한다. 그러나 공식 교리문답을 사용하지 않기로 결정했더라도 자녀에게 교리 교육을 시켜야 한다. 즉, 부모의 신학에 맞는 것을 찾지 못할 경우 부모가 스스로 만들어야 한다는 뜻이다. 우리 아이들은 우리가 가르치든 안 가르치든 신학을 발전시키고 있다. 세계관에 관한 장에서 다룬 것처럼 모든 사람은 신, 인간, 진리, 지식 및 윤리의 본질에 대한 기본 전제를 지니고 있다. 자녀에게 교리 교육을 하지 않는다면, 학교, 텔레비전, 친구, 이웃, 운동 코치를 통해 끊임없이 쏟아지는 세속적 인본주의가 뿌리를 내리고 삶의 지침이 되기가 훨씬 더 쉬워질 것이다.

제자훈련 단계

자녀를 양육하면서 말씀대로 살아가는 세 번째 단계는 제자훈련이다. 우리는 훈육과 훈련 단계에서 그들의 마음을 건졌다. 그런 다음 교리 교육 단계에서 그들의 마음을 사로잡았다. 이제 제자훈련 단계에서는 손을 잡아야 한다. 이 단계에서 우리는 아이들에게 배운 것을 어떻게 활용해야 할지 가르친다.

제자훈련 단계는 앞의 두 단계에 따라 달라진다. 예를 들어 훈육과 훈련을 제대로 받지 않았다면, 무례하거나 불순종하는 십대로 자라게 될 것이며, 그런 상태에서는 제자훈련을 받을 수 없다. 더욱이 교리문답 단계를 제대로 훈련하지 못했다면 앞으로 나아갈 길이 없다. 제자훈련은 우리가 믿는 것을 적용하는 것이다. 만약 자녀가 우리가 무엇을 믿는지, 그리고 왜 그것을 믿는지를 모른다면, 그리스도인의 생활양식이 다른 생활양식보다 더 나은 이유를 이해하기 어려울 것이다.

냄비와 팬의 차이를 모르는 사람에게 치킨 마르살라(내가 좋아하는 요리 중 하나)를 요리하는 방법을 가르친다고 상상해 보라. 아니면 음악 이론을 가르치지 않고 바흐의 첼로 모음곡 3번 C장조 연주 방법을 어떻게 가르칠 수 있는가? 그런데 이것이 바로 우리가 자주 취하는 방법이다. 십대 아이에게 그리스도인처럼 믿는 법을 가르치기 전에 그리스도인처럼 행동하는 방법을 가르치려고 노력하는 것이다. 우리는 그들에게 교육과 지식을 추구하는 목적을 성경으로 가르치거나 이해시키지도 않고 대학을 선택하는 과정으로 인도한다. 우리는 그들에게 복음을 전하는 중요성에 대해 이야기하지만, 먼저 그들에게 구원론을 성경적으로 이해시키지 않는다.

제자훈련의 중요성

내가 그리스도인으로서 받은 가장 큰 축복 중 하나는 초신자 시절에 제자훈련을 받았다는 것이다. 나의 두 동료인 브렌트 냅튼(Brent Knapton)과 맥스 모스(Max Moss)는 한 학기 동안 나에게 그리스도인다운 삶의 기본을 가르쳐주었다. 또 다른 친구이자 팀 동료인 오티스 라틴(Otis Latin)은 대학 생활을 하는 동안 나에게 그의 부모님을 소개해주고, 그분들과 함께 시간을 보내도록 초대해줄 만큼 나를 사랑했다. 내가 처음으로 가정 예배에 관해 들은 것은 라틴의 가족에게서였다. 이러한 초기 경험들은 그리스도인으로서 나의 삶에 기초를 마련해주었으며, 많은 열매를 맺게 해주었다. 또한 나에게 성경적 제자훈련의 중요성을 깨닫게 해주었다.

유감스럽게도 누구나 나와 같은 경험을 하는 것은 아니다. 그리스도인 대부분은 제자훈련을 받은 적이 없다. 제자훈련을 받았다고 하는 사람들도 교회에서 수십 명과 함께 일련의 수업을 들은 경우가 많다. 나는 그리스도인다운 삶을 살아가는 방법을 보여주는 성숙한 그리스도인들과 많은 시간을 함께 보낸 사람을 거의 보지 못했다. 그래서 많은 사람이 자기 자녀에게 제자훈련을 한다는 생각을 하기 어려운 것이다.

교육, 잊고 있던 제자훈련의 열쇠

잘 알려지지 않은 신약 성경 구절을 통해 예수님은 교육과 제자훈련에 관한 매우 심오한 말씀을 하셨다. 누가복음은 예수님의 말씀을 이렇게 기록한다. "제자가 그 선생보다 높지 못

하나 무릇 온전하게 된 자는 그 선생과 같으리라"(6:40). 이것은 잠언 22장 6절, 곧 "마땅히 행할 길을 아이에게 가르치라 그리하면 늙어도 그것을 떠나지 아니하리라"의 신약 버전이다. 이는 그리스도인 부모들이 자녀를 제자로 양육할 때 답해야 할 가장 중요한 질문 하나를 던진다. 당신의 자녀는 '정식' 교육을 마친 후 누구를 닮게 될 것인가?

교육과 하나님을 아는 지식

당신이 "홈스쿨링을 하는 아빠가 자기가 하는 대로 따라 하라고 설득하려 해"라고 소리치며 도망가기 전에 몇 가지를 이야기하고 싶다. 첫째, 나는 모든 사람이 우리와 같은 방식으로 자녀를 교육해야 한다고 절대 제안하지 않는다. 둘째, 나는 이 문제를 그렇게 간단하게 만들고 싶지 않다. 나는 당신이 이 주제에 관해 성경에서 말씀하는 바가 무엇인지 생각해보고 고민하게 하고 싶다. 그렇기 때문에, 몇 가지 주요 성경 구절과 그 의미를 살펴보기로 하자.

잠언 1장 7절은 이 토론의 기초가 된다. 솔로몬은 "여호와를 경외하는 것이 지식의 근본이라"(욥 28:28, 시 111:10, 잠 9:10, 15:33, 전 12:13 참고)고 말한다. 다시 말해, 우리의 교육적 선택은 하나님이 교육 과정에서 무시될 수 없으며 무시되어서도 안 된다는 사실에 기초해야 한다. 하나님의 존재, 탁월성 그리고 주도적 위치를 부정하는 어떤 교육 체계도 이 성경의 원리를 위반하는 것이며, 제자훈련 과정에 기여하기는커녕 오히려 방해가 된다.

교육과 지상명령

하나님이 우리를 '빛'과 '소금'이 되어 세상을 복음화하도록 부르셨다는 사실을 근거로 홈스쿨링이나 기독교 학교에 반대하는 사람이 많다. 아이러니하게도 이것이 바로 우리가 홈스쿨링을 선택한 이유다. 예수님이 말씀하신 지상명령은 이러하다. "그러므로 너희는 가서 모든 민족을 제자로 삼아 아버지와 아들과 성령의 이름으로 세례를 베풀고 <u>내가 너희에게 분부한 모든 것을 가르쳐 지키게 하라</u>"(마 28:19-20, 밑줄 강조). 이것이 기독교 교육 없이 어떻게 가능한가? 만약 우리가 자녀를 주당 45-50시간씩 공립 학교에 보낸다면, 어떻게 효과적으로 '제자로 삼을' 수 있는가? 미국의 전문 조사 기관인 느헤미야 연구소, 청소년과 종교에 관한 국립 연구소 그리고 바나 리서치는 우리 자녀가 주님이 명령하신 모든 일을 따르기는커녕 이해조차 못하고 있다는 사실을 명확히 보여주었다.

더욱이 우리 자녀가 자신이 무엇을 믿는지, 왜 믿는지 모른다면 어떻게 그들이 다니는 학교를 복음화할 수 있겠는가? 또한 현재 드러나고 있는 모든 증거가 우리 자녀가 학교에서 전도하는 것이 아니라 전도당하고 있다는 사실을 보여준다. 그들이 오히려 온갖 교리의 풍조에 끌려가고 있는 것이다.

교육과 세계관 형성

교육 논쟁에서 가장 분명한 쟁점 중 하나는 세계관 형성에 대한 문제다. 느헤미야 연구소는 공립 학교에서 수업을 듣는 그리스도인 학생 중 실제로 성경적 세계관을 확고히 하는 경우는 흔치 않고, 오히려 그렇게 하는 것이 예외라는 점을 확고히 하는 매년 입증하고 있다.9 이것은 성경에 비추어보면 더욱 의미가 있다.

> 그러므로 형제들아 내가 하나님의 모든 자비하심으로 너희를 권하노니 너희 몸을 하나님이 기뻐하시는 거룩한 산 제물로 드리라 이는 너희가 드릴 영적 예배니라(롬 12:1).

> 누가 철학과 헛된 속임수로 너희를 사로잡을까 주의하라 이것은 사람의 전통과 세상의 초등학문을 따름이요 그리스도를 따름이 아니니라(골 2:8).

> 디모데야 망령되고 헛된 말과 거짓된 지식의 반론을 피함으로 네게 부탁한 것을 지키라 이것을 따르는 사람들이 있어 믿음에서 벗어났느니라 은혜가 너희와 함께 있을지어다(딤전 6:20-21).

그리스도인은 성경의 진리에 반하거나 그것을 훼손할 수 있는 세계관의 영향에 불필요하게 노출되는 것을 피해야 한다. 다시 말해, 우리가 하는 모든 교육적 선택은 이 성경의 원칙을 고려해야 한다.

교육과 도덕

일반적인 의견과는 달리 도덕적으로 중립적인 교육이란 존재하지 않는다. 모든 교육은 도덕을 가르치고 형성한다. 하나님, 인간, 진리, 지식, 윤리에 대한 우리의 견해를 교육 과정에서 분리하는 것은 불가능하다. 우리 자녀는 매일 책상 앞에 앉아 하나님을 알고, 사랑하고, 순종하도록 가르침을 받거나, 하나님의 고유한 역할을 대체하는 사람이나 사물을 사랑하고 그것에 순종하도록 가르침을 받는다.

당신의 자녀가 그러한 영향을 받지 않을 것이라고 생각한다면 다시 생각해보라. 성경은 도덕적이지 않거나 도덕과 관련이 없는 영향력과 연결되는 것이 얼마나 위험한지 분명히 경고한다.

속지 말라 악한 동무들은 선한 행실을 더럽히나니(고전 15:33).

너희는 믿지 않는 자와 멍에를 함께 메지 말라 의와 불법이 어찌 함께 하며 빛과 어둠이 어찌 사귀며 그리스도와 벨리알이 어찌 조화되며 믿는 자와 믿지 않는 자가 어찌 상관하며(고후 6:14-15).

복 있는 사람은 악인들의 꾀를 따르지 아니하며
죄인들의 길에 서지 아니하며 오만한 자들의 자리에 앉지 아니하고
오직 여호와의 율법을 즐거워하여 그의 율법을 주야로 묵상하는도다
그는 시냇가에 심은 나무가 철을 따라 열매를 맺으며
그 잎사귀가 마르지 아니함 같으니
그가 하는 모든 일이 다 형통하리로다(시 1:1-3).

시편 1편은 부도덕한 교육이 미치는 영향을 평가하는 측면

에서 성경 전체를 통틀어 가장 강렬한 구절이다. 우리는 자녀가 성경의 진리와 도덕을 부인하는 사람들과 함께 서거나, 앉거나, 걸어 다니게 두어서는 안 된다. 그 대신, 주의 법을 "주야로" 묵상하는 데 도움이 되는 상황에 그들을 두어야 한다.

교육과 책임

나는 모든 그리스도인이 집에서 자녀를 직접 교육함으로써 누리는 풍성한 보상을 경험하기를 바라지만, 그렇지 않을 수도 있다는 것을 잘 안다. 그러나 한 가지는 분명하게 말하고 싶다. 우리 자녀를 어디에서 어떻게 교육할지를 결정할 때 더는 성경의 진리를 무시하고 그냥 지나칠 수 없다. 성경은 이 문제에 대해 침묵하지 않는다. 자녀가 제자가 되도록 보완하고 장려하는 교육 환경에서 자녀를 키우기 위해 최선을 다하라. 자녀를 "주의 교훈과 훈계"(엡 6:4)로 교육하지 못하는 공립 학교의 영향을 피하기 위해 최선을 다하라.

나는 하나님이 공립 학교에서 가르치도록 부르신 교사들에게 박수를 보낸다. 그들은 최전선에 선 사람들이며 자기가 하는 일에 최선을 다해야 한다. 그러나 완전히 훈련된 제자를 적의 영토에 보내는 것과 신병을 적의 훈련소에 보내는 것에는 큰 차이가 있다. 만약 우리가 후자를 택한다면, 우리 자녀가 적의 군복을 입고 적의 깃발을 흔들며 우리 집 언덕으로 돌격해 와도 놀라지 말아야 한다.

최근 미국에서 가장 활발하게 활동하는 칼럼니스트 중 한 명인 캘 토마스(Cal Thomas)는 공립 학교에서 벌어지는 성생활과 마약 사용 문제를 다뤘다. 토마스는 우리 아이들을 구하기 위한 3단계 전략을 제시했다.

> 첫 번째 단계는 공립 학교에 만연한 이러한 행동과 사고방식에서 아이들을 벗어나게 하는 것이다. 두 번째 단계는 사치스러운 생활 방식을 줄여 부모가 덜 일하고 더 많은 시간을 자녀에게 투자하는 것이다. 부모 중 한 사람이 집에 머물면서 집을 안전한 피난처로 만드는 것이다. 세 번째 단계는 집에 텔레비전을 두지 않는 것이다. 텔레비전은 자녀가 믿고 받아들이기를 바라는 가치에 적대적 존재가 되었다. 또한 텔레비전은 도덕적 발달에 치명적이고, 아버지를 무례하게 대하도록 조장하며, 가족을 강력하고 긍정적인 사회적 구심체로 만들어주던 가치를 존중하지 않게 만든다(밑줄 강조)[10]

토마스는 계속해서 이렇게 말한다.

> 공립 학교와 성(性) 산업 및 엔터테인먼트 산업은 문제를 해결하려 하지 않을 것이다. 자녀를 올바르게 양육할 책임은 부모에게 있다. 국가와 다양한 이익 집단은 아이의 도덕성을 개발할 권리가 없다. 그러나 그들은 그 발달을 빠르게 훼손하고 있다(밑줄 강조).[11]

이 문제에 대해 이런 솔직한 말을 처음 듣는다면 익숙해져야 한다. 미래가 불 보듯 뻔하고, 침묵은 더는 선택 사항이 아니다. 미국 남침례 신학교의 총장인 앨버트 몰러는 "이제 책임감 있는 세례교인들은 공립 학교 탈출 전략을 세워야 할 때다"

라고 대담하게 선언했다. 신학교 총장과 칼럼니스트들은 그리스도인 부모들(그리고 본질적으로 책임감 있는 모든 부모)이 공립 학교에서 자녀를 빼내야 한다는 필요성에 대해 대담한 발언을 하고 있다. 놀라운 일이다!

양육비도 남기지 않고 떠난 남편으로 인해 직업을 두 개나 가지고 일하며 네 명의 자녀를 키우고 있는 싱글 맘을 위해 두 가지를 말하고 싶다. 첫째, 당신을 생각하면 마음이 아프다. 내가 충분한 여유가 있어서 싱글 맘 개개인을 돕고 자녀를 보호할 수 있다면 좋겠지만, 이는 불가능하다. 당신이 처한 어려운 상황에도 놀라지 않으시는 주권자 하나님께 그 임무를 맡겨야 한다.

둘째, 당신과 같은 상황에 처한 사람들에게 합리적인 가격의 대안 교육을 제공하겠다는 비전을 추구하다 결국 실패한 많은 기독교 공동체를 대신하여 용서를 구한다. 하루아침에 바꿀 수 있으면 좋겠지만, 나는 그렇게 할 수 없다. 하지만 나는 계속해서 나팔을 불어 잠든 거인을 깨울 것이다. 사람들이 우리 자녀를 굳이 머물 필요가 없는 세속적 인본주의 훈련소에 있도록 허용하고 있다는 사실을 깨닫고 그만둘 때까지 호소할 것이다.

사실, 나는 친한 친구인 브루스 쇼트(Bruce Shortt)와 함께 최근 남침례교 총회 연례 회의에서 결의안을 제안했다. 이 결의안은 부모들에게 공립 학교를 조사하고 급진적인 동성애를 조장하는 학교에서 그리스도인 자녀들을 빼내도록 촉구하는 것이었다. 이 결의안에서 우리는 실패한 학교에 갇힌 학생들을 위해 저렴한 대안 교육을 마련하자고 주장했다. 그런데 우리가 하는 말이 그들에게는 자녀를 잡아먹으라고 하는 극단적인 말처럼 들린 것 같았다!

협회의 최고 인사들은 우리를 비난했다! 우리가 전도에 대한 열정과 가난한 사람들에 대한 연민이 부족하고, 학교 교사들에게 고마워할 줄 모른다고 질책했다(결의안에서 이러한 문제를 하나하나 다루고 있었는데도 말이다). 이 문제가 사람들의 심기를 불편하게 하는 주제라는 사실을 알았다. 그러나 나는 조사 결과를 무시할 수 없고, 성경의 가르침을 외면할 수도 없다. 나는 그날이 오기를 간절히 기다린다. 크리스천 부모들이 자녀 교육에서 제자훈련의 중요성을 깨닫는 날을. 수학, 과학에서 17개 선진국 중 16위를 차지한 미국 공립 학교가 사실은 학교 폭력, 약물 남용, 학생과 교사 성 학대(가톨릭 교회가 경험한 것보다 훨씬 더 심각한 상황),[12] 동성애 선전, 성적 문란, 십대 임신, 기능적 문맹의 위험에 우리 아이들을 노출하고 있음을 깨닫기를. 오, 나는 그날이 오기를 간절히 기다린다. 언덕마다 기독교 학교의 깃발이 세워지고 더 나은 대안을 찾고 있던 부모들이 이렇게 고백하게 되기를 기도한다. "그리스도는 우리의 강한 반석, 우리 그 위에 서네. 다른 모든 땅은 가라앉는 모래이니."

실천하기

1. 이 장에 인용된 자녀 양육에 관한 모든 성경 구절을 여러 번 읽으라. 성경의 맥락과 배경을 잘 살펴보라. 그런 다음 당신이 고수하는 양육 철학이 성경의 가르침과 일치하는지 점검하라. 일치하지 않는다면 어떻게 변화되어야 할지 생각해보라.

2. 자녀와 함께 십계명을 암송하라. 각 계명이 우리 삶에 어떻게 적용되는지 물어보라. 그런 다음 다섯째 계명으로 돌아가서 매일 어떻게 순종할 수 있는지 그 방법을 서로 이야기해보라.

3. 배우자와 함께 자녀의 훈육과 제자훈련에 대해 당신이 기대하는 바를 적어보라. 각각 목록을 작성한 후 비교하고 대조한 뒤 종합해보라.

4. 3번 목록을 1번에서 수행한 작업과 비교해보라.

7장.
가정은 하나님의 영역이다

"또 네 집 문설주와 바깥문에 기록할지니라"(신 6:9).

내가 왜 어머니가 믿으시던 불교를 그토록 생생하게 기억하고 있는지 궁금한 적이 많았다. 내 주변에 그리스도인들이 있었던 기억도 나지만, 교회에 다니는 사람들이나 그리스도인이라고 자처하는 사람들의 행동은 어머니가 나에게 미친 것처럼 장기적인 영향을 주지는 못했다. 아마도 어머니가 예배드린 빈도와 근접성이 원인이 되었을 것이다. 하지만 나는 어머니의 행위가 내 마음 깊은 곳에 심어진 다른 이유가 더 있다는 것을 깨닫게 되었다.

그러다가 신명기 6장을 공부하기 시작했다. 9절의 원칙을 어떻게 적용해야 할지 이해하기 어려웠다. 이 구절은 6장 전체의 일반 원칙을 구체적으로 표현한 것이다. 그리고 하나님 백성의 집에는 믿지 않는 사람들의 집과 구별되는 가시적인 것이 있어야 한다는 사실을 깨달았다.

내가 기억하는 어머니

어머니가 언제 불교 신자가 되셨는지는 기억나지 않는다. 어머니가 그 방향으로 향하게 된 복잡한 경험에 대해서는 종종 이야기했지만, 갑자기 모든 것이 변해버린 그날에 대한 기억은 없다. 그러나 어머니가 믿으시던 종교의 구성 요소는 매우 선명하게 기억난다.

우리는 로스앤젤레스에 있는 아주 작은 아파트에서 살았다. 그 집에서 선명히 기억나는 두 가지 물리적인 특징은 우리 집 거실 벽을 모두 뒤덮을 듯한 어머니의 다양한 앨범 컬렉션과 식탁 근처에 있던 검은색 상자다.

그 상자 안에는 황금빛 불상과 기묘해 보이는 동양의 글씨가 쓰인 두루마리가 있었다. 어머니가 염불할 때마다 태우는 향을 피우는 공간도 있었다. (왜 그 자리에 과일을 두는지 이해할 수 없지만) 과일을 놓는 자리와 진주 같은 구슬 끈 그리고 작은 징이나 종이 있었다. 거의 30년 전의 일이지만, 마치 어제 본 것처럼 이 모든 것이 머릿속에 생생히 그려진다.

나는 어머니가 그 상자를 열어 그 앞에 무릎을 꿇고 매일 의식을 시작하시던 모습도 기억한다. 어머니는 절을 하고 향을 피우고 종을 울리며 진언을 외우기 시작하셨다. 어머니는 묵상을 하시며 손에 든 구슬을 서로 비비면서 읊는 말에 몰입하셨다. 마치 종소리와 구슬의 딸각거리는 소리 그리고 어머니가 몇 시간씩 같은 진언을 반복하시던 단조로운 목소리가 귓가에 울려 퍼지는 듯한 느낌이었다.

내가 회심하고 6개월 만에 어머니도 그리스도인이 되셨지만, 지금도 어머니의 종교적 표현이 생생하게 기억난다. 왜 그럴까? 어머니의 불교는 나의 오감 하나하나에 관여하고 자극하며 지속적으로 인상을 남겼다. 그 검은색 상자, 황금 불상과 두루마리 그리고 어머니가 무릎을 꿇고 절하시던 모습이 나의 시각을 사로잡았다. 종소리, 구슬 소리, 진언 소리가 내 청각을 사로잡았다. 향은 나의 후각을 자극했고, 구슬은 나의 촉각을 자극했으며, 불상 옆에 있던 과일은 나의 미각을 자극했다.

모세의 교훈이 약속의 땅에서 이스라엘의 자녀들에게 미친 영향력을 상상해보라. 아이들은 낯선 냄새, 맛, 질감, 소리가 있는 낯선 땅으로 이주했고, 어떻게든 자신들을 거룩하게 구별해야 했다. 그들은 어떻게 그렇게 했을까? 아이들은 대문 앞에 설 때마다 자신들의 신앙을 보여주는 상징을 보았다. 문설주도 그들이 구별되었음을 선포했다. 쓴 나물과 양고기 그리고 누룩을 넣지 않은 빵이 포함된 연례 절기를 지킴으로 그들은 지속적으로 역사적인 출애굽 사건으로 돌아갈 수 있었다. 더구나 그들을 둘러싼 나라들은 그 차이를 보고, 듣고, 맛보고, 만지고, 냄새를 맡았다. 이것이 바로 우리 집을 하나님의 영역으로 표시한다는 의미다.

세상도 알고 있는 진실

진료실에 들어가면 무엇이 보이는가? 벽에는 졸업장과 수상 내역이 보인다. 또 의사의 전문 분야를 대표하는 포스터도 보인다. 소아과 의사의 진료실에는 다양한 성장 단계의 아기 사진이 붙어 있다. 산부인과 의사의 진료실에는 태어나고 있는 아기의 신비로운 사진이 있을 것이다. 진료실은 들어가자마자 안도감과 안정감을 주기 위해 디자인된 이미지로 가득 차 있다. 의사를 만나기 전에 우리는 이 의사가 잘 훈련받고 자격증을 받았다는 사실과 이 의사의 전문 분야 및 활동 기간에 대해 알게 될 것이다. 이 모든 것은 표시가 잘 되어 있는 진료실에서 벌어지는 일이다.

거의 모든 산업에서 동일한 원칙이 적용된다. 어떤 사업장이든 최신 수상 내역, 이달의 직원 이름이 적힌 포스터, 회사의 모토, 적절한 분위기를 조성하는 음악 그리고 복장, 언어, 작업 공간을 유지하는 방식을 통해 회사 철학을 전달하도록 훈련된 직원들이 우리를 향해 다가온다. 심지어 '풍수지리'라고 불리는 아시아의 유행이 미국 전역을 휩쓸고 있다. 한 웹사이트에서는 다음과 같이 말한다.

> 풍수는 우리 주변에서 에너지가 어떻게 움직이는지와 건물과 인테리어의 스타일이 우리에게 미치는 미묘한 영향을 이해하는 것이다. 풍수는 개인적인 성공을 이루고 행운이 따르도록 하려고 자신에게 유익한 기(氣)를 활용한다.[1]

동양의 무신론적 신비주의자조차도 주변 환경의 영적인 중요성을 이해한다(비록 하나님 말씀의 진리와는 완전히 어긋나지만). 하물며 성경의 명령을 받은 하나님의 자녀라면 자신의 집을 하나님의 영역으로 표시하는 것이 당연한 일 아닐까?

시각 활용

나는 감사하게도 가족과 함께 여러 멋진 곳을 방문했다. 그런데 상위 10위권에 들어갈 만한 명소를 꼽으라면 파리의 루브르 박물관을 포함하고 싶다. 당시 우리는 영국에 살고 있었고 파리의 명소를 보기 위해 바다를 건너갔다. 여행 전체가 꽤 흥미로웠지만, 〈모나리자〉를 직접 마주한 순간은 말로 표현할 수 없을 만큼 즐거웠다. 우리가 거기 서 있다는 것을 믿을 수 없었다. 당시 여덟 살이었던 아들 트레이도 〈모나리자〉 그림이 멋지다고 했다. 그날은 우리 가족이 함께 보낸 가장 기억에 남는 하루였다.

그날 나를 놀라게 한 것은 성화(聖畫)의 수가 너무나 많다는 것이었다. 진지한 화가나 대가로 존경받기 원하는 사람들이 성경의 주제를 그림으로 그렸던 시기가 있었다는 것이 문득 떠올랐다. 우리는 성경이 지금까지 본 적 없는 생생하고 예술적인 모습으로 전시된 것을 보았다. 우리가 바라보는 곳마다 마리아, 예수, 혼인 잔치, 십자가 처형, 천사, 최후의 만찬 등이 그려진 작품이 있었다. 그곳에서 나는 기독교 예술이 인간의 영혼을 끌어올리고 사로잡을 수 있는 가능성의 무게를 느꼈다. 내가 보고 있는 것에 감정적으로나 영적으로 감동했다. 지금까지도 그 그림들의 상당수가 기억난다. 나는 그리스도인이 이러한 감동적인 작품으로 자신의 집을 가득 채우도록 노력해야 한다고 믿는다.

우리가 모두 거장의 작품을 구입하지는 못하겠지만, 괜찮은 그림이나 포스터, 또는 기독교적인 상징물을 갖출 만한 여유는 있을 것이다. 나와 어머니는 가난했지만, 어떻게든 부처상을 사서 집에 놓았었다. 자녀의 눈을 사로잡아 창조주를 경배하게 하고, 그들이 누구이며, 누구에게 속해 있는지를 상기시켜줄 아름다운 예술 작품을 가정에 배치할 방법을 찾아보라.

또한 기독교적 상징이나 메시지가 담긴 액자나 성경 구절이 적힌 장식품으로 상기시킬 수도 있다. 내 친구 중 하나는 주방 가장자리에 성경 구절을 적어 하나님의 임재를 항상 기억하려고 한다. 어떤 사람들은 유아 세례나 헌아식 때 입었던 옷을 액자에 담아 자녀를 주님의 교양과 훈계 안에서 키우기로 한 약속을 항상 기억하려 애쓴다. 가능성은 무궁무진하다. 상상력을 발휘해서 당신의 집을 꾸며보라.

청각 활용

얼마 전, 친정을 방문하기 위해 우리 가족은 댈러스로 여행을 떠났다. 아이들은 뒷자리에서 이야기를 나누고 간식을 먹으며, 장거리 자동차 여행에서 보통 하는 놀이를 즐겼다. 아내와 나는 앞자리에서 휴스턴과 댈러스 사이에 있는 익숙한 풍경을 즐기면서 4시간 동안 여러 주제로 대화를 나눴다. 그때 갑자기 귀에 익은 노래가 라디오에서 흘러나왔다. 그 노래는 매일 들을 수 없는 과거의 히트곡 중 하나였다. 어떤 노래였는지 기억나지 않지만, 그 노래는 우리가 연애하던 초기에 라디오에서 끊임없이 흘러나오던 곡이었다. 우리는 말없이 미소를 지으며 서로 손을 잡고, 잠시 과거로 시간을 거슬러 올라갔다.

음악은 놀라운 매체다. 몇 개의 음표만으로 다른 시간과 장소로 떠나게 한다. 소년 시절을 떠올리게 하는 노래, 연애하던 때를 회상하게 하는 노래, 그리고 중간고사를 준비하면서 밤새 공부하던 추억을 떠올리게 하는 노래도 있다. 또한 삶에서 영적으로 중요한 순간을 상기시키는 노래도 있다. 우리 자녀에게도 마찬가지일 것이다.

음악은 우리 가족에게 매우 중요하다. 식사나 게임을 할 때 우리는 음악을 켜놓곤 한다. 아이들이 공부하거나 아내와 내가 일할 때 온종일 음악을 틀기도 한다. 또 차로 이동하면서 찬양을 튼다. 마치 우리 삶의 사운드트랙을 만들어나가는 것 같다. 나는 우리 아이들이 이 찬양을 20년 후에 듣고 미소 지으며 자신이 자란 가정과 그곳에서 이루어진 영적 성장을 기억하길 바란다.

미각과 후각 활용

기독교 음식이라는 것은 존재하지 않는다. 미국 남부 지역 친구들은 반대할지도 모르지만(닭을 '복음의 새'라고 부르기도 하니까), 프라이드치킨은 '기독교적인' 요리가 아니다. 그렇다고 해서 우리 감각을 사용해 창조주를 경배하는 데 음식을 활용할 수 없다는 뜻은 아니다.

알리스테어 벡(Alistair Begg)은 내가 아주 좋아하는 설교자 중 한 명이다. 그의 풍부한 스코틀랜드 사투리가 좋은 건지, 아니면 성경 본문을 열정을 다해 주의 깊고 정확하게 다루는 모습이 인상적인지는 모르겠지만, 나는 그의 설교를 정말 좋아한다. 그가 한 목회자 콘퍼런스에서 전한 메시지를 생생하게 기억한다. 그는 예배에 대한 경건한 태도의 중요성을 설명하기 위해 어린 시절 집에서 보낸 토요일 밤의 이야기를 했다. 적어도 몇 가지 메뉴는 안식일을 방해하지 않기 위해 전날 밤에 미리 준비했기 때문에 그는 주일 저녁 식사에 대한 모든 부분을 선명하게 기억해서 거의 냄새가 느껴질 정도로 상세하게 묘사했다.

70대에 접어든 그는 여전히 어린 시절, 주일날의 냄새를 떠올린다고 했다. 부모님이 그에게 주신 축복의 선물이다. 정기적으로 특별한 주일 식사를 준비하는 작은 일조차도 우리 자녀가 하나님을 향한 어린 시절의 여정을 추억하는 데 큰 영향을 미칠 수 있다.

촉감 활용

어마어마한 사이즈의 가족 성경이 있는 집에 가본 적이 있는가? 두 손으로 열어야 하는 그런 종류의 성경 말이다. 어떤 사람들은 대대로 물려받은 그런 성경책을 가지고 있다. 나는 그 페이지를 넘기며 출생, 결혼, 세례, 사망 등의 기록을 볼 때마다 감탄한다. 이는 가족의 삶에 보이는 하나님의 섭리를 놀라울 정도로 상기시켜준다. 게다가, 가족 성경은 촉감을 활용하는 훌륭한 방법이다. 오래된 성경의 페이지는 다른 어떤 것에서도 느낄 수 없는 질감을 제공한다.

많은 가정에서 자녀에게 악기 연주를 필수로 교육한다. 불행히도 많은 사람이 악기 교육을 단순히 '자녀의 시야를 확장시키는' 수단이나 수학 등의 과목에서 점수를 높이는 방법으로만 간주한다. 하지만 악기 연주에는 그 이상의 의미가 있다. 자녀가 선택한 악기로 믿음의 노래를 배우는 것보다 촉감을 통해 하나님과 소통하는 더 좋은 방법이 있을까? 우리는 자녀의 음악 교육을 그들에게 제공하는 장점이나 교양을 키우는 도구로만 생각할 것이 아니라, 그들이 하나님과 소통할 수 있는 도구로서의 역할을 강조해야 한다.

솔직히 처음에는 나 역시 이해하지 못했다. 나는 그냥 우리 아이들이 피아노를 연주할 수 있으면 좋겠다고 생각했을 뿐이다. 음악을 읽고 음악 이론을 이해해서 나중에 그들이 추구하고 싶은 것을 결정하는 데 도움을 주고 싶었을 뿐이다. 하지만 아이들이 하나님께 더 가까이 나아가도록 돕는 도구로서의 개념은 전혀 이해하지 못했다. 그것은 나도 배우기 시작하면서부터 비로소 알게 된 것이다.

만약 자녀에게 음악을 교육할 생각이 있다면, 그렇게 하길 권한다. 하지만 더 중요한 것은 악기의 기술적인 측면만이 아니라 그리스도를 알고 따르며 시온의 노래에 헌신된 교사를 찾는 것이다. 이것은 부모와 자녀에게 놀라운 경험이 될 것이다. 하나님은 자녀들이 악기에 손을 얹고 "하나님께 기쁨으로 노래"(시 95:1-2, 현대인의 성경)할 때, 놀라운 방식으로 그 연주를 사용하셔서 자신을 알리실 수 있다.

미술, 음악, 음식이 웅장하고 의미 있는 방식으로 감각을 자극하지만, 이 모든 것을 훨씬 뛰어넘어 여러 감각을 동시에 자극하는 것이 하나 있다.

가정의 제단, 믿음의 다감각적 표현

우리 아이들의 마지막 피아노 연주회에서 재미있는 일이 있었다. 한 학부모가 나를 쳐다보며 말했다. "하이디 선생님이 가르치는 모든 학생이 연주회에 참여해야 한다고 생각해요." 다른 부모 몇 명이 동의한다는 뜻으로 고개를 끄덕이며 나를 쳐다보았다. 우리 아이들의 피아노 선생님이 체셔 고양이처럼 미소 지으며 다가와 내 팔을 잡았다. 그리고 몇몇 커플이 바짝 따라오는 가운데 나는 피아노를 향해 걸어가고 있었다. 나는 알게 되었다. 누군가가 비밀을 누설한 것이다. 내가 피아노를 배우고 있다는 사실은 더는 비밀이 아니었다.

내가 몇 곡을 치고 나자 모두가 박수를 치며 내 등을 두드려주었다. 한 여성이 웃으며 물었다. "피아노를 배우게 된 계기가 뭔가요?" 나는 "가족을 예배로 인도하고 싶어서요"라고 대답했다. 그러자 그녀의 미소는 더욱 커졌고, 거의 눈물을 흘릴 지경이었다. 내 아내는 이미 눈물을 흘리며 휴지를 가지러 가고 있었다.

아내가 나를 자랑스러워하고 있다는 것은 알고 있었지만, 그것이 그녀에게 얼마나 소중한 의미인지는 몰랐다. 나중에 아내는 매일 피아노를 치는 시간이 우리 가족에게 일으킨 변화를 가장 잘 묘사할 수 있는 표현이 바로 눈물이라고 말했다. 아내가 맞았다. 나는 우리의 경험을 글로 표현할 만큼 능숙한 작가가 아니다. 내가 말할 수 있는 건 우리 가족의 일상이 더는 이전과 같지 않다는 것뿐이다.

우리는 얼마 전에야 가정 예배 시간에 피아노를 추가했지만, 여러 해 동안 모여서 성경 공부, 기도, 찬송을 했다. 하지만 처음부터 이렇게 한 것은 아니다. 가족이 함께 예배하지 않았던 때가 있었다. 나는 아이들이 교회에서 필요한 모든 것을 얻으리라 생각했다. 그래서 주일학교 사역자를 청빙하는 것 아니겠는가? 그러다가 나는 가정 예배가 가족생활을 구성하는 필수 요소라는 사실을 이해하게 되었다. 아서 핑크(Arthur Pink, 1886-1952)가 쓴 다음의 글이 이를 더 잘 표현한다.

> 우리는 개인적으로 골방에서 기도하는 것만으로는 충분하지 않다.

우리는 가정에서도 하나님께 경의를 표해야 한다. 적어도 매일 아침과 저녁에 가족이 모두 모여 주님 앞에 무릎을 꿇고 부모와 자녀, 주인과 종이 함께 모여 그들의 죄를 고백하고 하나님의 은혜에 감사하며 그분의 도우심과 축복을 구해야 한다. 그 어떤 것도 이 의무를 방해해서는 안 된다. 가정의 다른 일들이 이 의무에 따라야 한다. 가장이 예배를 이끌어야 하지만, 그가 부재중이거나 심하게 아프거나 불신자라면 그의 아내가 그 자리를 대신한다. 어떠한 상황에서도 가정 예배를 생략해서는 안 된다. 우리 가족이 날마다 하나님의 축복을 누리고 싶다면, 매일 모여 찬양하고 기도해야 한다. "나를 존중히 여기는 자를 내가 존중히 여기"는 것이 그분의 약속이다.[2]

처음에는 아서 핑크의 권면이 다소 과장된 것처럼 보일 수 있다. 그러나 실제로 신명기 6장 7절과 같은 성구를 더 자세히 살펴보면, 그의 말이 전혀 과장이 아님을 알 수 있다. 모세는 하나님의 백성에게 "집에 앉았을 때에든지 길을 갈 때에든지 누워 있을 때에든지 일어날 때에든지" 하나님의 계명을 자녀에게 가르치라고 명령했다. 다시 말해, 가정 예배는 궁극적으로 온종일, 매일 드리는 것이다.

타라 리핀스키(Tara Lipinski)는 피겨 스케이팅에서 미국에 올림픽 금메달을 안겨준 휴스턴의 전설이다. 타라가 최고의 기량을 갖추려고 노력한 일화는 가히 전설적이다. 많은 피겨 스케이트 선수처럼, 그녀도 학교에 가기 전에 아이스링크에 가려고 매일 아침 동트기 전에 일어났다. 또한 저녁에도 몇 시간씩 연습했다. 타라가 메달을 획득했을 때의 나이는 열다섯 살이었다.

수백만 명에 이르는 어린 선수들의 가족은 소프트볼, 야구, 축구, 미식축구, 태권도 등을 연습하기 위해 도시 곳곳으로 아이들을 데리고 다닌다. 사실 이 정도의 헌신과 활동은 너무 흔해서 자녀들이 연습, 발표회, 경기에 참여하고 돌아오는 것을 위해 돈과 시간을 아끼지 않는 여성들에게 특별한 이름을 붙이기도 한다. 바로 '사커 맘'(soccer moms)이다.

그리스도인 가정이 주당 몇 시간씩 도시 전체를 오가며 자녀들의 피와 땀을 흘리고 수백 만원을 사용하는 생활 방식에 대해서는 아무런 문제로 여기지 않으면서, 매일 20분씩 가정 예배를 드리는 것에 대해서는 너무 무리한 요구라고 생각하는 이유는 무엇일까? 나는 우리가 길을 잃은 것 같아 두렵다. 기독교는 우리 문화에서 너무 소외되어, 그리스도께 충성하기로 다짐하는 사람들조차 시간과 헌신의 측면에서 보여줄 것이 거의 없다.

매일 지속적으로 가정 예배를 드리는 것은 우리 가족에게도 쉽지 않았다. 다른 가족처럼 우리도 할 일이 너무 많아 종종 시간을 놓치곤 했다. 그러나 말씀 안에 있는 시간이 다른 어떤 일보다 더 중요하고 지속적인 영향을 미칠 것이라고 결정한 후, 가정 예배를 우리 가족생활에서 불변의 목표로 삼기로 결정했다. 학교나 식사, 여가 시간 등은 옮길 수 있다. 그러나 우리는 아침에 일어나거나(또는 적어도 아침 식사 직후) 저녁에 잠자리에 들기 전에는 하나님의 말씀 앞에서 함께 시간을 보낼 것이다.

하루에 두 번씩 가정 예배를 드려야 한다는 말이 아니다.

그렇지 않다. 어떤 가족은 하루에 세 번, 어떤 가족은 한 달에 세 번 모이기도 한다. 중요한 것은 우리가 하나님의 보좌 앞에 다 함께 모이는 시간을 마련하는 것이다. 이것이 주는 유익은 무궁무진하다.

> 아버지가 가족을 예배로 인도하는 것은 자녀가 그리스도와 동행하는 경건하고 영적인 훈련을 하도록 자극하는 가장 좋은 방법이다. 아내와 자녀를 가르치려면 그는 스스로 성경을 연구해야 한다. 경건한 여성은 남편이 책임지고 가정 예배를 이끄는 모습에 격려와 힘을 받을 것이다. 이러한 실천은 가정에 화합과 사랑의 분위기를 조성하고 함께 어려움을 겪을 때 힘의 원천이 된다. 서로를 위해 기도할 때, 가족 사이의 사랑은 더 강해진다.[3]

모든 것은 간단한 질문으로 결정된다. 우리는 왜 여기 있는 것일까? 우리 가족은 아이들을 메이저 리그에 진출시키기 위해 존재하는 것일까? 그렇다면 야구는 우리 가족이라는 우주의 중심이 되고, 야구 신의 변덕과 소원에 모든 것이 굴복할 것이다. 우리 가족은 사교계 명사를 배출하기 위해 존재하는 것일까? 그렇다면 우리 가족은 과부하 상태인 십대들의 사교 일정과 바쁜 스케줄을 중심으로 움직여야 한다. 그러나 우리 가족이 하나님을 경외하고 영광스럽게 하며 자녀의 삶에 성경적 기초를 세워주려고 존재한다면, 우리의 가정 예배와 기도, 성경 공부를 우선순위에서 몰아내는 어떤 것도 용납해서는 안 된다.

아서 핑크의 말을 다시 한번 인용해보자.

어떤 옛 작가가 말했다. "기도 없는 가정은 지붕 없는 집과 같아서 모든 폭풍우에 노출되어 있다." 우리 가정이 누리는 모든 위로와 자비는 주님이 사랑과 긍휼로 베푸시는 것이다. 우리 가정이 할 수 있는 최선은 주님의 은혜를 감사함으로 받아들이는 것이다. 이 거룩한 의무를 이행하지 않는 어떤 변명도 헛되고 가치가 없다. 아침부터 저녁까지 온종일 열심히 일하느라 시간이 없어서 가정의 청지기 직분을 감당할 수 없다고 하나님께 답변한다면 무슨 소용이 있겠는가? 일상적인 의무가 긴급해질수록 우리는 더욱 영적인 도움을 구해야 한다. 또한 어떤 그리스도인도 자신에게 그럴 자격이 없다고 주장할 수 없다. 은사와 재능은 태만이 아니라 사용함으로써 개발되는 것이다.

나는 이 말에 깊은 깨달음을 얻었다. 나는 세상의 염려가 우리 가정에서 하나님의 일을 밀어내도록 내버려두었다. 가족의 일정에 따라 하나님께 드릴 시간을 결정한 적도 많았다. 내가 할 수 있는 일은 하나님의 자비에 의지하고 그분의 얼굴을 찾을 수 있는 또 다른 하루를 주신 것에 감사하는 것뿐이다.

이 말들은 대부분 우리에게 생소하게 들릴 것이다. 최소한 몇 년 전까지 나에게는 그랬었다. 나는 신학대학원을 졸업한 뒤 목사 안수를 받고 지역 교회에서 사역하면서 전국 여러 교회를 다니며 수천 명에게 설교하고 있었지만, 이 원칙을 이해하지 못했다! 우리 가족은 건강하고 행복하며 균형 잡힌(이라고 쓰지만 '버릇없는'이라고 읽는) 아이들을 키우기 위해 현대 가족이 해야 한다고 생각하는 모든 일을 하려고 지치도록 노력했다. 우리는 당신이 생각하는 것보다 더 많은 축구 연습, 피아노 연습, 연주회, 놀이동산 데이트, 교회 활동, 생일 파티, 외식 그리고 여러 모임에 참여했다. 하루에 한 번은 고사하고, 한 달에 한 번이라도 가정 예배를 드릴 수 있어서 다행이었다.

　이 상황에서 가장 안타까운 점은 우리 부부가 최고 수준의 그리스도인 부모 중 하나였다는 것이다. 우리는 아이들을 홈스쿨링하고 있었고, 커리큘럼에 성경을 포함했다. 적어도 우리는 정기적으로 교회에 다녔다. 우리 딸은 부적절하거나 도발적인 옷을 입지 않았고, 우리 아들은 술고래나 파티광이 아니었다. 그런데도 결론은 우리가 아이들의 삶에 지속적인 토대를 구축하지 못하고 있다는 것이었다. 우리는 아이들에게 기독교 신앙으로 살도록 가르치지 못하고 단지 즐기도록 가르쳤을 뿐이다. 우리는 아이들에게 교회는 좋은 나들이 수준일 뿐 그 이상은 아니라고 가르치고 있었다. 우리의 일요일과 수요일은 예수님의 것이라고 말하면서 우리 집은 그분의 것이 아니라는 메시지를 보여주고 있었다. 우리가 정기적으로 가정 예배를 드리기 시작하면서 상황이 바뀌기 시작했다.

　우리가 언제부터 매일 예배를 드리기 시작했는지는 정확히 말할 수 없지만, 그것이 우리를 영원히 바꾸어놓았다고는 말할 수 있다. 어느 날 아들이 가정 예배를 손꼽아 기다리며 성경책을 모으러 뛰어다니는 모습을 보면서 '우리가 어떻게 이것을 놓칠 수 있었을까?'라고 생각했던 기억이 생생하다. 이제는 주님을 예배하기 위해 모이지 않으면 무언가 부족한 느낌을 받는다.

어디서부터 시작해야 할까? 가정 예배의 7단계

1단계: 가정 예배는 확신의 마음으로 시작해야 한다

가정 예배가 우리 가족에게 필요한 것이며, 자녀를 "주의 교양과 훈계"(엡 6:4)로 양육할 책임이 있는 부모로서 우리에게 요구되는 것임을 확신해야 한다. 만약 이 진리를 확신하지 못한다면, 따르지 못할 것이다. 이 장을 읽으면서 지나친 열심 혹은 광적인 신앙을 말하고 있다고 느낀다면 당신은 가정 예배를 실행할 수 없을 것이다. 그러나 이제까지 읽은 내용에 동의할 수 있고, 그것이 성경의 가르침과 일치된다고 생각한다면, 당신은 올바른 방향으로 가고 있는 것이다.

우리 가족은 과거에도 가정 예배를 시행해보았지만, 오래 지속하지 못했다. 찬양, 기도, 성경 읽기를 위해 모였지만, 일관성이 없었다. 며칠 동안 잘 드리다가 어느 날을 놓치고, 또 다른 날도 놓치다가 결국에는 다시 처음으로 돌아갔다. 가정 예배의 중요성에 대한 글을 읽고 정기적으로 가정 예배를 잘 드리고 있는 여러 가족과 교류하기 시작하면서부터 우리는 마침내 전환점을 맞이했다.

2단계: 가정 예배는 가장의 주도로 시작된다

아내들이여, 남편이 이 책을 읽지 않았다면 절대로 남편에게 강요해서는 안 된다. 급히 남편에게 달려가 매일 가정 예배를 이끌라고 요구하는 것은 절대로 피해야 하는 일이다. 무엇보다도, 그것은 분명히 베드로전서 3장 1-2절의 원칙에 위배된다.

> 아내들아 이와 같이 자기 남편에게 순종하라 이는 혹 말씀을 순종하지 않는 자라도 말로 말미암지 않고 그 아내의 행실로 말미암아 구원을 받게 하려 함이니 너희의 두려워하며 정결한 행실을 봄이라.

하나님이 주시는 복을 받고 싶다면, 하나님의 방식대로 해야 한다. 더구나 남편에게 앞장서라고 강요하는 것은 첫 번째 원칙(강요나 죄책감이 아니라 확신에서 비롯되어야 함)에 위배된다. 남편에게 이 장을 읽도록 권하고, 하나님이 이 책을 그의 삶에서 사용하시기를 기도하며 주님의 역사를 기다리라. 하지만 싱글 맘이라면 당신이 가장이니 힘을 내라!

그렇다고 엄마가 가정 예배를 절대 인도해서는 안 된다는 말이 아니다. 오히려 꼭 그래야 할 때도 있다. 나는 한 달에 8-10일 정도 출장을 가는데, 그때는 아내가 가정 예배를 인도한다. 그러나 나는 가장이기에 가정 예배는 보통 나의 책임이다. 그리고 가장이 가정 예배에 헌신한다면, 아내와 자녀도 따를 가능성이 높다.

3단계: 가정 예배는 반드시 계획해야 한다

가정 예배를 계획하지 않으면 건너뛰기가 쉽다. 우리 집은 매일 아침 식사 후와 잠자리에 들기 전에 가정 예배를 드린다. 그래서 하루를 더 일찍 시작하거나 더 늦게 시작해도 시간 때문에 가정 예배를 빼먹지 않는다. 이렇게 하면 가정 예배가 습관이 될 것이다. 물론 기계적인 연습을 원하는 것은 아니다. 다만 정기적인 실천이 되어야 한다.

이것은 특히 가정 예배를 시행하기 시작할 때 중요하다. 습관을 들이는 데는 30일이 걸린다고 한다. 가정 예배가 습관이 되도록 다음 30일 동안 엄격하게 일정을 지켜보라. 시작했으면 끝을 보는 것이 매우 중요하다. 시간을 일정하게 계획하는 것은 패턴을 확립하는 데 많은 도움이 된다.

4단계: 가정 예배는 단순해야 한다

가정 예배는 큰 행사일 필요가 없다. 파워포인트 슬라이드나 예배 순서를 세울 필요도 없다. 그저 모여서 하나님의 말씀을 읽을 다짐만 하면 된다. 아침에 우리는 피아노 주위에서 찬양을 몇 곡 부른 후, 묵상집(보통 교리문답)을 읽는다. 저녁에는 성경을 읽는다. 우리는 전날 멈춘 부분부터 시작해서 1년에 한 번 성경을 통독할 수 있는 속도로 읽는다. 예배를 간단하게 유지하라. 도널드 휘트니(Donald Whitney)는 "가정 예배에는 성경 읽기, 기도, 찬송 세 가지 요소가 있다"[4]라고 말한다.

단순함을 유지하는 것의 장점 중 하나는 약간의 재미를 더하는 데 많은 시간이 걸리지 않는다는 것이다. 가끔씩 새로운 요소를 추가해서 활기를 불어넣으라. 때로는 더 단순하게 하기 위해 어떤 요소를 제거하라. 이에 대해 너무 깊이 생각하지 말라.

5단계: 가정 예배는 자연스러워야 한다

가정 예배는 우리가 최선을 다해 조지 비벌리 시어(George Beverly Shea, 찬송가 102장, "주 예수보다 더 귀한 것은 없네"의 작사·작곡가)나 달린 첵(Darlene Zschech, 호주 힐송 교회의 워십 인도자 —이상 편집자 주)을 흉내 내는 시간이 아니다. 그냥 우리 자신이 되면 된다. 기억하라. 하나님이 우리 자녀를 우리와 함께 보내셨다. 그러니 우리가 그들을 인도하는 사람이 되길 원하시는 것이다. 하나님이 조지 비벌리 시어가 가정 예배에서 우리 자녀를 인도하기 원하셨다면, 자녀들은 시어의 가족으로 태어났을 것이다. 우리는 우리 가족이 즐겨 부를 찬양을 선택하면 된다. 우리 상황에 맞는 학습 자료를 선택하면 된다.

아이들은 진정성이 결여된 것을 감지할 수 있다. 부모가 가식적으로 행동하면 이를 알아차린다. 그들은 매일 부모와 함께 생활하기 때문에 우리가 성품과 어울리지 않는 행동을 하면 그것이 아픈 엄지손가락처럼 눈에 띈다. 게다가, 우리가 조심하지 않으면 자녀들에게 하나님 앞에서 그들 자신이 되지 말라고 가르치게 된다. 그냥 자연스럽게 행동하라.

6단계: 가정 예배는 의무적이어야 한다

가족 중 누구도 가정 예배를 소홀히 해서는 안 된다. 냉소적인 십대가 가정 예배를 자신의 '쿨'(cool)함의 기준에 맞지 않는다고 생각한다면, 그것은 불필요한 생각이라고 알려주어야 한다. 처음에는 어려울 수 있지만, 가족 모두에게 가정 예배가 의무임을 알려주는 것이 부모와 자녀 모두에게 유익하다. 만약 십대 자녀가 가정 예배에 참여하기를 원하지 않으면 반항이라는 문제가 발생했다는 신호이며, 이는 별도로 다뤄야 한다. 가정 예배는 선택 사항이 아니다.

나는 이 상황을 가볍게 다루려는 것이 아니다. 청소년에게 어려울 수 있다는 것을 이해한다. 또한 단순히 규칙을 정하기만 하면 아이의 반항심이 사라질 것이라고 제안하는 것도 아니다. 당신도 잘 알고 있을 것이다. 사실 반항의 문제는 성경에 비추어 단호한 방식으로 대처해야 한다. 여기서 내 요점은 반항이 별개의 문제라는 것이다. 예를 들어 대수학을 힘들어하면서 이에 대해 반항하는 아이를 생각해보자. 단순히 대수학을 피하는 것이 답이라고 생각하지 않을 것이다. 우리는 아이의 반항심을 다루면서도 계속해서 대수학을 가르칠 것이다. 가정 예배도 마찬가지다. 가정 예배는 대수학 못지않게 중요하다. 사실 가정 예배가 더 중요하다. 가정 예배를 의무로 삼아 꾸준히 실천해야 한다.

7단계: 가정 예배는 가족이 모두 참여해야 한다

가정 예배가 재능 있는 한 명의 공연을 다른 가족이 지켜보기만 하는 시간이 되지 않도록 조심하라. 자녀들이 함께 노래를 부르고, 찬양을 선택하며, 성경을 읽고, 문제에 대해 토론하고, 기도에 참여하도록 초대하라. 자녀들이 얼마나 자발적으로 가정 예배에 참여하고, 그 과정에서 아이들이 얼마나 많이

(그리고 빨리) 성장하는지 놀랄 것이다. 모두가 참여하는 가정 예배는 저항하는 청소년의 마음에도 감동을 주는 힘이 있다. 가족 모두를 가정 예배의 과정에 참여시키라.

어떤 변화가 일어나는가? 7가지 축복

가정 예배는 하나님을 영화롭게 한다

하나님은 자기 백성이 그분의 이름을 찬양할 때 영광을 받으신다. 가정 예배는 일주일에 한 번이 아니라 매일 하나님을 찬양할 수 있는 기회를 제공하며, 우리 가족은 물론 교회 식구들과도 함께 예배할 수 있는 시간이 된다. 또한 이 과정에서 우리 가족이 모두 참여하는 특별한 기회가 된다. 아내와 나는 손님이 하룻밤을 지내고 가는 것을 매우 좋아한다. 우리 가족과 친구들이 함께 예배를 드리는 것은 특별한 경험이다. 나는 이 과정에서 하나님이 영광을 받으신다고 믿는다.

재미있게도, 손님이 오면 우리 아이들은 가정 예배에 더 진지하게 임하는 것 같다. 나는 아이들이 손님을 통해 우리의 이 일상적인 시간이 얼마나 특별한 일인지, 그리고 안타깝지만 얼마나 드문 일인지를 상기시켜준다고 생각한다. 아이들은 다른 사람들과 이 특별한 가족 행사를 공유할 기회가 있다는 것을 갑자기 깨달은 것이다. 무엇보다 중요한 것은 우리의 이 시간이 다른 가족에게 가정 예배와 가정에서 하나님께 영광을 돌리는 비전을 제시할 수 있는 기회라는 것이다.

가정 예배는 가족을 하나님께 더 가까이 이끈다

하나님의 구원 약속은 가족 전체를 포함하기 때문에 중요하다(요 4:53, 행 11:14, 16:31). 물론 가정 예배가 가족 모두의 구원을 보장하는 것은 아니지만, 절대로 해가 되지 않는다. 하나님은 구원의 목적과 수단을 모두 정하셨고, 우리는 자녀가 하나님을 믿도록 인도하기 위해 최선을 다해야 한다. 나는 구원이 시작부터 끝까지 하나님이 은혜로 행하시는 주권적이고 단일한 사역이라고 확신한다. 또한 구원을 이루는 성경적인 수단을 사용하기 위해 내가 할 수 있는 모든 일을 해야 한다고 믿는다. 따라서 자녀가 회심하는 것을 목표로 복음을 전하기 위해 최선을 다해야 한다.

기도하며 성경을 읽고 하나님께 찬양하는 가정이 그렇지 않은 가정보다 하나님과 더 가까울 것이라는 점은 말할 필요도 없다. 한 번 더 아서 핑크의 말에 귀 기울여보자.

> 가정 예배의 유익과 축복은 헤아릴 수 없을 정도로 많다. 첫째, 가정 예배는 많은 죄를 예방할 것이다. 영혼에 경외심을 불러일으키고, 하나님의 위엄과 권위를 느끼게 한다. 또한 엄숙한 진리를 마음에 새기게 하고, 가정에 하나님의 축복이 임하게 한다.

하나님은 자기를 존중히 여기는 가정을 존중히 여기실 것이며, 그 가족의 마음을 서로에게 그리고 그분 자신에게 더 굳건히 연결하실 것이다.

가정 예배는 가족을 더 가깝게 연결해준다

　기도만큼 가족을 하나로 묶어주는 것은 없다. 기도는 가정 예배의 중요한 요소 중 하나이며, 이토록 단순한 일이 가족 관계에 엄청난 영향을 미칠 수 있다는 것이 놀라울 뿐이다. 매일 아내를 위해 기도하면서 아내에게 악의를 품기는 어렵다. 서로를 위해 대표 기도를 하는 아이들이 서로에게 화를 내기는 어려운 일이다.

　또한 함께 노래를 부르는 것은 엄청난 결속력을 발휘한다. 하나님께 찬양을 부를 때 우리 목소리가 서로 어우러지는 것에는 놀라운 힘이 있다. 딸과 내가 하모니를 이룰 때 꽤 좋은 목소리가 난다는 것을 깨달았다. 가끔씩 방문자들을 위해 듀엣을 선보이기도 한다. 때로 내가 피아노 앞에서 연습하면 딸이 다가와 내 어깨에 손을 올리고 함께 노래할 때가 있다. 나는 그런 순간들을 그 어떤 것과도 바꿀 수 없다.

가정 예배는 세대를 넘어 이어질 믿음의 기초를 다져준다

　가족의 전통은 강력한 영향을 미친다. 많은 사람이 현충일에 깃발을 걸거나, 노동절에 바비큐를 하거나, 성탄절에 크리스마스트리를 장식하는 것은 자신이 어렸을 때 가족이 그렇게 했기 때문이다. 가족의 전통 덕분에 우리 자녀와 손자, 손녀가 우리의 발자취를 따르게 되리라고 보장할 수는 없지만, 그런 방향으로 기울 수는 있다. 매일 가정 예배를 드리는 가정에서 자란 자녀는 가정 예배를 일상적이고 자연스러운 일로 여길 것이다.

다양한 지역에서 온 사람들과 만난 적이 여러 번 있다. 그들은 가족이 함께 보내는 시간에 대해 서로 다른 시각을 가지고 있었다. 어떤 가족은 낚시를 좋아하고, 다른 가족은 사냥을 좋아하며, 또 다른 가족은 골프를 즐긴다. 이것은 그들만의 방식이다. 대부분 이러한 모습은 가정에서 참여한 정기적인 활동을 통해 그들에게 심어진 것이다. 그들의 아버지는 정기적으로 그들을 데리고 낚시를 즐기던 어부였거나, 사슴을 사냥하려고 기다리는 사냥꾼이었다. 어쨌든 진실한 열정과 정기적으로 헌신하는 부모(또는 조부모)가 있었을 뿐이다. 그러나 더 중요한 것은 가정 예배를 드리는 습관을 자녀와 후손에게 심어주는 것이다. 낚시, 사냥, 골프는 모두 좋은 여가 활동이지만, 나는 내 자녀와 후손에게 가정 예배의 습관을 심어주고 싶다.

가정 예배는 가정의 영적 약점을 드러내준다

교회에서 큰 문제 중 하나는 유아부라고 생각한다. 자녀를 훈련하는 일을 게을리한 부모는 그들의 무책임함을 회피할 장소가 생겼기 때문에 자녀 훈육에 대한 동기 부여를 거의 받지 못한다. 아이의 당혹스러운 행동 때문에 교회에서 집에 돌아올 때쯤에는 화가 나서 팔짱을 끼고 있어야 할 아버지는 양심의 가책을 느끼지 않고 집으로 돌아간다. 반면에 유아부 봉사자는 아스피린을 한 줌 복용해야 한다.

제멋대로인 아이들을 유아부 봉사자에게 전당포처럼 맡길 수 있는 교회와는 달리, 가정 예배에는 그런 구제책이 없다. 매일 가정 예배를 실천한다면, 아이들의 잘못된 행동을 인식하고 바로잡을 수밖에 없다. 더구나, 더 나이가 많은 아이의 경우 반항적이고 무례한 태도가 드러나기도 한다. 아름답진 않지만 필요한 일이다.

오히려 이 때문에 가정 예배를 드릴 수 없다고 생각할 수도 있겠지만, 절대 그렇지 않다. 이러한 태도와 행동을 다루지 않으면, 그것이 자녀의 성격에 뿌리를 내리게 된다. 자녀와 대립하는 것을 피하는 것이 편할 수 있겠지만, 눈을 감은 대가는 지금 문제를 직면하는 것보다 훨씬 크다. 존 번연은 이렇게 다루기 힘든 아이를 대면하는 사람들에게 엄격하면서도 격려가 가득한 말을 전한다.

> [당신이] 그들을 다스려야 하며, 그들이 당신을 다스리게 두지 말라. 하나님이 당신에게 그들을 다스리도록 하셨다. 하나님이 당신에게 주신 권위를 사용하여 그들의 악행을 꾸짖고, 주님께 거역하고 있다는 사실을 보여주어야 한다. 제사장 엘리도 이렇게 했지만, 충분하지 않았다. 다윗도 마찬가지였다(삼상 2:24-25, 대상 28:9). 또한 당신이 그들과 같은 상태에 있었을 때, 얼마나 슬펐는지를 그들에게 말해주어야 하며, 그들을 마귀의 올무에서 구출하기 위해 노력해야 한다(막 5:19).[5]

가정 예배는 어린아이를 위한 훈련장이다

개인적으로 가정 예배는 우리 아이들에게 오랜 시간 조용히 앉아 있는 것과 예배드릴 때 어떻게 행동해야 하는지를 가르치는 시간이다. 우리 가족에게는 더는 낯선 습관이 아니기 때문에 심지어 제일 어린아이조차 교회의 연합 예배에 참여하는 모습을 보면서 많은 열매를 맺었다고 생각한다. 우리 막내 아들 일라이저가 집에서 여러 번 불렀던 찬양을 교회에서 처음 알아챈 순간을 절대 잊지 못할 것이다. 당시 아이의 나이는 13개월이었다. 성도들이 찬양하기 시작하자 아이의 얼굴이 크리스마스트리처럼 환하게 빛났다! 아이는 팔을 휘저으며 얼굴 근육이 당길 정도로 크게 웃었다. 정말 놀라운 순간이었다.

우리 아이는 완벽함과는 거리가 멀다. 여전히 교회에서 훈련받아야 하는 아이는 주의가 자주 산만해진다. 하지만 큰 문제를 일으키지 않고 예배를 마칠 수 있다. 아이에게 교회 예배는 집에서 하는 것의 확장판이기 때문이다. 우리는 가정이 통합된 교회6의 일원이 되어 기쁨을 누리고 있다. 또한 예배가 삶의 일부가 되었을 때, 아이들이 예배에 얼마나 빨리 적응하는지를 깨닫고 놀라고 있다.

최근 휴스턴의 한 교회에서 설교를 하게 되었는데, 아내와 아이들이 동행했다. 나는 기회가 될 때마다 가족과 함께 가는 것을 좋아하기 때문에 우리 모두에게 특별한 즐거움이었다. 나는 그날 세 차례 설교를 해야 했기 때문에 어린 일라이저에게는 시험이 되리라는 것을 알고 있었다. 아내가 도착했을 때 나는 이미 교회 안의 내 자리에 앉아 있었다. 아내가 성전에 들어오려 하자 한 젊은 여성이 다가왔다. 그 여성은 예의 바르고 공손했다. 그녀는 아내와 아이들을 향해 미소 지으며 말했다. "어린아이들을 위한 유아부가 있어요." 아내는 웃으며 "고맙지만, 괜찮을 것 같아요"라고 대답했다.

그녀는 조금 더 적극적으로 말했다. "유아부는 보육 전문가들로 구성되어 있고, 아이들을 위한 연령별 활동이 마련되어 있어요. 분명히 괜찮을 거예요." 아내는 약간 흥분하여 우리 아이가 매주 교회에 참석하고 있어서 문제가 되지 않을 것이라고 설명했다. 분명히 그녀는 자신의 임무(어린아이가 어른 예배에 들어오지 못하도록 하는 임무)에 실패했다고 느꼈을 것이다. 그녀는 옆으로 물러나 작별 인사를 하며 이렇게 말했다. "유아부는 저 복도 바로 아래에 있어요. 마음이 바뀌면 오세요."

나는 그날 마무리 예화로 일라이저를 입양하기까지 일어난 놀라운 이야기를 들려주었다. 이야기를 끝내면서 나는 그 순간까지 전혀 눈에 띄지 않게 엄마의 무릎에 앉아 있던 아이를 가리켰다. 일라이저는 그날 세 번의 예배에 모두 참석했고, 예배가 끝날 때마다 젊은 엄마들이 아내에게 다가와 아이를 칭찬하며 어떻게 그렇게 조용히 있게 할 수 있는지 물었다. 그때마다 아내는 미소 지으며 "매일 가정 예배에 참석하거든요"라고 대답했다. 물론, 이제 내가 이 예화를 책에 썼으니, 일라이저는 아마 다음 번 가정 예배 중에 난동을 부릴지도 모르겠다.

가정 예배는 공동체로 드리는 예배를 더 의미 있게 해준다

오늘날 예배는 대부분 수동적이고 오락 위주가 되었다. 우리는 호화로운 극장 의자에 앉아 쇼를 관람하며, 이번 주의 버전이 적어도 지난주의 공연을 따라잡거나 능가할 것을 기대한다. 음악팀은 자신들의 세트를 완벽하게 구성해놓는다. 미디어 팀은 조명, 음향, 각 무대의 신호를 정확하게 분 단위로 계획한다. 드라마팀은 어떤 노래 다음에 나와야 할지를 알고 있고, 설교자는 자신의 시간을 완벽하게 맞추어 비디오 클립이 정확한 순간에 나오도록 한다. 이 모든 것은 예배가 11시에 정확하게 시작되고 12시에 정확하게 끝날 수 있도록 하기 위해서다(나의 신학교 교수님 중 한 분이 자주 사용하신 표현이다).

만약 가족이 단순하고 진심 어린 참여와 공동체 중심의 예배에 참여할 수 있다면, 지금이 바로 그때다. 예배를 직업화하는 유혹에 저항해온 교회에 속해 있다면 당신은 축복을 누리고 있는 것이다. 그렇지 않다면 안타까운 일이다. 가정 예배는 성경적 예배에 대해 더 깊이 감사하게 하며, 공동체의 경험을 더욱 풍성하게 해줄 것이다. 하지만 주의가 필요하다. 가정 예배는 오늘날 '예배' 현장의 얄팍하고 평범하며 세속적인 측면을 그대로 재현할 수 있기 때문이다.

아이들의 감각을 자극하는 물건으로 집을 꾸미고, 정기적으로 가정 예배에 참여함으로써 우리는 집을 전능하신 하나님을 경배하는 장소로 바꿀 수 있다. 더는 우리의 삶이 주일 아침(그리고 수요일 밤)의 성스러운 것과 다른 시간을 지배하는 세속적인 것으로 나뉘지 않을 것이다. 우리는 하나님의 임재로 가득 차고, 그분이 우선순위인 삶을 살게 될 것이다. 이는 가정이 중심이 되는 신앙을 확립하는 데 큰 도움이 될 것이다.

실천하기

1. 우리 집의 장식품 목록을 작성하라. 개선해야 할 것이 있다면 조치를 취하라. 좀 더 눈에 띄게 배치해야 할 물건이 있으면 그렇게 하라. 전략적으로 추가해야 할 것이 있으면 그것도 하라.

2. 주일을 주님의 날로 기념할 수 있는 식사를 생각해보라.

3. 시온의 노래로 집 안을 채워보라. 이번 주에 적어도 하루는 집에서 찬양을 틀어보라.

4. 매주 가정 예배를 드리기 시작하라. 일주일에 하루를 정해 찬양하고, 기도하며, 성경을 읽고, 서로 주 안에서 격려하라. 가족에게 정기적으로 예배드릴 것임을 알려주라.

8장.
하나님의 은혜를 기억하라

> 많은 그리스도인은 기독교를 삶의 뒷전에 놓고 세상을 살아가고 일한다. 그들은 이 세상과 그것이 주는 쾌락을 가장 중요한 것처럼 여기며 행동하는데, 이 세상의 것은 일시적이며 우리에게 가장 필요한 것은 오직 기독교임을 알아야 한다. _존 번연

"너는 조심하여 너를 애굽 땅 종 되었던 집에서 인도하여 내신 여호와를 잊지 말고"(신 6:12). 약속의 땅으로 들어가기 전 모세는 백성 앞에서 이방 신앙의 위험에 대해 경고한다. 그런데 흥미로운 것은 그뿐만이 아니라 하나님의 공급하심에 대한 그들의 태도에 대해서도 경고했다는 것이다. 그는 번영의 유혹이 이방 신앙의 유혹만큼이나 강하다는 것을 알고 있었다.

동일한 개념이 예수님의 유명한 경고에도 보인다. "다시 너희에게 말하노니 낙타가 바늘귀로 들어가는 것이 부자가 하나님의 나라에 들어가는 것보다 쉬우니라 하시니"(마 19:24, 막 10:25, 눅 18:25). 문맥을 살펴보면 예수님이 하신 말씀의 중요성은 훨씬 더 커진다. '영생을 얻는 방법'을 알고 싶어 했던 부자

청년 관원이 방금 예수님을 만났다. 이 이야기는 번영의 위력을 보여주는 사례 연구다. 그 청년은 "큰 부자"(눅 18:23)였기 때문에 천국을 놓치고 말았다.

우리는 "한 사람이 두 주인을 섬기지 못할 것이니"(마 6:24, 눅 16:13)라는 예수님의 훈계에서 이러한 생각을 다시 듣게 된다. 예수님은 하나님과 돈을 동시에 섬기는 것에 대해 토론하시던 중 이 말씀을 하셨다. 예수님은 번영이 종종 영적인 헌신을 방해한다는 점을 분명히 하셨다.

바울은 "돈을 사랑함이 일만 악의 뿌리가 되나니"(딤전 6:10)라고 주장하면서 이 개념을 반영한다. 물론 그는 돈을 모든 악의 근원이라고 부르지 않는다. 돈을 사랑하는 것이 죄의 원인이다. 이것이 중요한 포인트다. 하나님은 당신이 물질을 소유하는 것에 반대하지 않으신다. 그러나 그분은 물질이 당신을 소유하는 것에 반대하신다. 모세는 이스라엘에게 번영을 포기하도록 요구하는 것이 아니라, 선물을 주신 분보다 높이지 말라고 경고했을 뿐이다.

이 말은 오늘날 모든 현대인이 절실히 들어야 할 말이다. 특히 선진국에 사는 그리스도인은 지구상에서 가장 부유한 사람들에 속하며, 종종 물질적 번영을 하나님께 인정받는 것으로 여기는 경향이 있다. 우리는 부유한 사람에 대해 "하나님이 그의 사업에 복을 주셨다" 또는 "주님이 그를 형통하게 하셨다"라고 말하지만, 어떤 경우에는 번영이 그 사람과 하나님 사이를 갈라놓는 저주가 되었다는 사실을 깨닫지 못한다. 여러 면에서 우리는 요한계시록 3장에 나오는 라오디게아 교회와 유사하다. 예수님은 그 교회를 가리켜 이렇게 말씀하신다.

> 내가 네 행위를 아노니 네가 차지도 아니하고 뜨겁지도 아니하도다
> 네가 차든지 뜨겁든지 하기를 원하노라 네가 이같이 미지근하여
> 뜨겁지도 아니하고 차지도 아니하니 내 입에서 너를 토하여 버리리라
> 네가 말하기를 나는 부자라 부요하여 부족한 것이 없다 하나 네
> 곤고한 것과 가련한 것과 가난한 것과 눈먼 것과 벌거벗은 것을 알지
> 못하는도다(계 3:15-17).

부(富)는 사람과 하나님(또는 사람과 그의 가족) 사이에 갈등을 일으키는 묘한 기술이 있다. 개인적으로 나는 부유하게 사는 지금보다 가난했을 때 기도하기가 훨씬 쉬웠다는 사실을 알고 있다. 결혼한 지 얼마 되지 않았을 때 우리는 다음 날 식사를 위해 기도하곤 했다. 이제 우리 냉장고는 그때만큼 비어 있지 않다. 신혼 때 우리는 집세를 달라고 기도하곤 했다. 이제 우리는 비상시에 주택 담보 대출을 갚을 만큼 저축이 충분하지 않을 때 걱정한다. 예전에는 보험이 없어서 아무도 아프지 않게 해달라고 기도했다. 이제는 보험료가 얼마나 올랐는지에 대해 불평한다.

조심하지 않으면 우리는 하나님을 신뢰하는 대신 우리가 소유한 자원을 신뢰하게 될 것이다. 이사야는 이런 종류의 거짓 신뢰에 빠진 사람들에게 다음과 같이 단호하게 경고한다.

> 도움을 구하러 애굽으로 내려가는 자들은 화 있을진저 그들은 말을

의지하며 병거의 많음과 마병의 심히 강함을 의지하고 이스라엘의 거룩하신 이를 앙모하지 아니하며 여호와를 구하지 아니하나니(사 31:1).

이는 특히 미국 교회의 가슴 아픈 모습이다. 미국의 그리스도인들은 세계 역사상 가장 부유하고 강력한 나라에 살고 있지만, 하나님을 신뢰한다는 것이 무슨 의미인지를 잊어버렸다. 종합 운동장과 맞먹는 교회 건물(그중 일부는 실제로 스포츠 경기장이다), 일부 저소득 국가의 국내 총생산과 맞먹는 교회 예산, 〈포춘〉(*Fortune*)지 선정 500대 기업과 맞먹는 교회 직원, 할리우드 세트와 유사한 교회 무대 그리고 하나님보다 더 의지하는 교회 프로그램도 있다. 그들은 "도움을 구하러 애굽으로 내려"갔고, "말을 의지하며 병거의 많음과 마병의 심히 강함을 의지"하기에 이르렀다. 그들은 '많으면 많을수록 좋다'는 사고방식을 채택했다.

결과적으로, 많은 그리스도인이 가족을 위해 할 수 있는 최선의 일이 그들에게 더 많은 물건을 제공하는 것이라고 믿게 되었다. 그래서 우리는 마치 축적이 답인 것처럼 계속해서 축적한다. 그동안 아이들은 손도 대지 않은 장난감과 입지 않은 옷더미 아래에서 부모에게 몇 분만 시간을 내달라며 비명을 지르고 있다. 부모는 아이들의 비명을 멈추게 할 물건 하나를 더 찾느라 너무 바빠서 아이들과 함께할 시간이 없다.

번영의 제단 위에 있는 가족

나는 한때 ESPN(미국 최대 규모의 스포츠 전문 방송—편집자 주) 마니아였다. 사실 나는 'ESPN'이 '구원받은 모든 사람에게 필요하다'(Every Saved Person Needs it)의 약자라고 생각할 정도로 광팬이었다! 스포츠를 좋아하는 나는 중요한 경기, 최신 뉴스, 최고의 하이라이트를 보는 것을 좋아한다. 뒷이야기에도 관심이 많다. 나는 선수, 코치, 구단주의 개인 인터뷰도 좋아한다. 최근에는 존 폭스(John Fox, 캐롤라이나 팬서스 전 감독), 데니스 그린(Dennis Green, 애리조나 카디널스 전 감독), 스티브 마리우치(Steve Mariucci, 디트로이트 라이온스 전 감독), 그리고 브라이언 빌릭(Brian Billick, 볼티모어 레이븐스 전 감독)과 가진 인터뷰를 시청했다. 이 감독들은 함께 둘러앉아 프로 미식축구(NFL) 감독 생활의 대내외적인 면과 성공과 실패에 대해 이야기했다. 이 인터뷰는 며칠에 나뉘어 방송되었는데, 매우 통찰력이 있었다. 그런데 특히 한 에피소드가 내 관심을 끌었다. 그들은 감독으로서의 책임과 가족의 요구 사이에서 균형을 맞추는 일의 어려움을 이야기했다.

이 프로그램의 앵커인 스튜어트 스콧(Stuart Scott)은 녹화 중 카메라 보조원에게 영상을 중단했다가 다시 재생해달라고 요청한 NFL 감독의 이야기를 들려주면서 다음의 에피소드를 소개했다. 영상이 멈추자 감독은 "존이 이렇게 컸는지 몰랐어!"라고 외쳤다. 스콧은 "존은 감독의 아들입니다"라고 덧붙였다. 이 이야기의 교훈은 그 감독이 프로 스포츠계에 종사하는 많은 사람과 마찬가지로 아들이 성장하는 모습을 보지 못했다는 것이다. 불행하게도 이런 일은 드물지 않다. 몇 년 전 조 깁스(Joe Gibbs)가 워싱턴 레드스킨스의 감독직을 맡아 워싱턴 D. C.로 복귀했다. 그러나 많은 사람은 그가 미식축구를 떠났던 이유를 잊어버렸다. 어느 날 그는 잠든 아들의 방에 들어가 이불을 덮어주려다가 아이가 너무 커버린 것을 깨닫고 사임했던 것이다! 그도 아이들의 삶을 많이 놓치고 있었다.

앞서 언급한 감독 중 몇몇은 자신의 부재로 가족, 특히 자녀에게 어떤 해를 입혔는지를 효과적으로 회피하는 듯한 모습을 보였다. 나는 이러한 문제들에 관해 이야기하고 싶다. 그러나 이것이 감독들을 비난하려는 것이 아님을 먼저 밝힌다. 내가 이 예시를 드는 이유는 일과 가족 사이에서 선택할 때 우리가 직면하는 여러 문제에 관해 생각할 거리를 충분히 제공하기 때문이다.

이 문제는 스포츠 감독이란 직업에만 국한되지 않는다. 사업가, 변호사, 의사, 목사 등 우리 사회에서 성공의 제단에 가족을 희생하는 남성은 드물지 않다. 심지어 만인의 존경을 받는 빌리 그레이엄도 그의 자서전에서 목회자로서 자신이 거둔 성공은 종종 아버지로서 겪은 실패의 대가였다고 고백했다. 사실, 나도 이 부분에서 개인적인 싸움을 했다. '주의 일'을 하는 시간과 집에서 '하나님의 사람'으로 지내는 시간 사이에서 균형을 맞추는 데 어려움을 겪었다. 이 감독들은 우리가 언제, 어디서, 왜 잘못된 선택을 하고, 또 어떻게 변명하는지를 예시해준다.

토론 중에 가정과 직업을 비효율적으로 병행하는 이유가 되는 네 가지 구체적인 문제가 제기되었다. 먼저, 한 감독은 이적이 일상인 다른 직업(특히 군대)을 언급했다. 다른 감독은 그의 아들이 곧 대학에 진학하고 감독이 꿈이라고 말했다. 또 다른 감독은 자녀들이 누리는 혜택을 언급했다. 마지막으로 "감독이 져야 하는 막중한 책임과 가정생활 사이의 균형을 어떻게 맞추는가?"라는 질문에 감독들은 그 책임을 아내들에게 떠넘겼다. 실제로 브라이언 빌릭은 "그건 제가 아니라 아내가 하는 거지요"라고 대답했다.

이러한 표현들이 너무나 친숙하게 들려서 충격적이었다. 사실, 나는 목회자들에게서 이런 말을 들은 적이 있다. 목회자가 자신의 부재를 정당화하기 위해 아들이 목회에 동참하기로 한 결정이나 자신의 분주함과 자녀들이 누리는 혜택을 '교환' 한다거나, 또는 아내가 자신의 부재를 보완한다는 사실을 강조한 경우가 있었다. 어떤 경우든 변명은 공허하다.

다른 가족은 우리보다 더 큰 어려움을 겪고 있다

먼저, 자주 이사해야 하는 더 불안정한 직업이 있다는 감독의 주장은 사실이다. 그러나 그것은 매우 형편없는 변명이기도 하다. 우리는 아이들에게 "너의 나쁜 행동을 다른 사람이 저지른 더 나쁜 행동으로 정당화할 수는 없다"라고 몇 번이나 말했을까? 그것은 마치 "물론 나는 은행을 털었지만, 많은 사람이 도둑질해요"라고 말하는 것과 같다. 문제는 다른 직업에 종사하는 사람들이 가족을 희생시키는 정도가 아니라, 우리가 얼마나 불합리한 타협을 하고 있는지다. 이사를 다니는 것은 죄가 아니다. 그러나 도시에서 도시로 옮겨 다니며 가족이 치르는 대가에 상관없이 전능한 돈을 쫓는 것은 변명의 여지가 없다.

나는 힘든 어린 시절을 보냈다. 나는 로스앤젤레스 중남부의 공동 주택에서 아버지 없이 자랐다. 엄마는 그때 겨우 십대 소녀였고, 우리가 도움을 청할 수 있는 사람은 거의 없었다. 나의 어린 시절이 힘들었지만, 내 아내에 비하면 아무것도 아니다. 나는 결혼한 뒤 아내가 어린 시절에 말할 수 없는 학대를 견뎠다는 사실을 알았다. 아내의 집에서는 내가 감히 이 책에 적을 수 없는 일들이 일어났다. 말할 필요도 없이, 아내와 아내의 자매들이 성인이 될 때까지 겪은 정서적인 상처는 상당했다.

아내가 겪은 일을 알게 된 후, 내 어린 시절을 전혀 다른 시각에서 바라보게 되었다. 나는 더 나쁜 일들을 겪었을 수도 있었다는 것을 깨달았다. 하지만 그렇다고 해서 아버지가 나와 어머니를 버렸다는 사실을 바꾸지는 못한다. 그리고 어머니가 바지를 새로 사줄 여유가 없어서 구멍 난 무릎을 덮어 꿰맸던 일도 바꿀 수 없다. '다른 가족이 우리보다 더 큰 어려움을 겪었다'는 것을 알게 된 것이 내 아버지가 저지른 과실을 없애지 못한다. 더구나 내가 성장하는 과정에서 큰 장애물을 극복해야 했다는 사실은 변하지 않는다. 내 인생의 상처는 '다른 가족이 우리보다 더 심한 고통을 겪었다'는 것을 알기 전과 마찬가지로 여전히 그대로다.

내 아이들은 나처럼 되고 싶어 한다

두 번째 문제는 아이들이 부모와 같은 직업을 선택하면, 경력을 위해 희생한 대가를 정당화할 수 있다는 감독들의 주장과 유사하다. 다른 직업에 이 논리를 적용하면, "내 아이가 나처럼 마피아가 되길 원하니, 그렇게 나쁘지 않겠지"라고 말하는 것과 같다. 아이들은 부모를 사랑하고 존경한다. 심지어 부모가 그들을 방치하고 학대해도 그렇다. 아버지의 부재는 내가 아버지처럼 미식축구 선수가 되길 원하는 욕망을 바꾸지 못했다. 그런데도 내게 아버지의 발자취를 따르고 싶은 열망이 있다고 해서 아버지의 부재로 인한 영향이 사라지는 것은 아니었다.

여기에는 더 깊은 문제가 있다. 이 표현은 가정생활에서 '목적이 수단을 정당화한다'는 사고방식을 표현한다. 때로 부모는 아이들이 사회의 생산적인 구성원이 되기만 하면 된다고 생각하는 듯하다. 물론 이것은 중요하지만, 근시안적인 생각이다. 나는 내 아이들이 단순히 생산적이기만을 바라는 것이 아니라 그들이 경건한 사람이 되기를 원한다. 내 아들이 "그리스도께서 교회를 사랑하시고 그 교회를 위하여 자신을 주[신]"(엡 5:25) 것처럼 자기 아내를 사랑하는 것이 어떤 의미인지 분명히 이해하기를 바란다. 또 내 딸이 남편과 아버지가 어떤 모습이어야 하는지를 알기 원한다. 더 나아가 나는 주택 담보 대출과 자녀에게 품은 기대 이상의 것을 아내와 공유하고 싶다.

혜택이 비용을 상쇄한다

셋째, 감독들은 우리 중 많은 사람처럼 거래에 대해 언급했다. 한 감독은 이렇게 말했다. "아이들을 챙겨주거나 책을 읽어줄 아빠가 집에 없을 수도 있습니다… [그러나] 미식축구 구장이나 로커룸을 구경할 수 있는 등 다른 이점도 있습니다." 오, 멋진 일이다! "나는 비록 네가 필요할 때 곁에 없었지만, 유명한 스타들을 만나게 해주었지." 나는 이것을 '좋은 것으로 나쁜 것을 상쇄한다'는 변명이라고 부른다. 다시 말하지만, 나는 이들 감독이 한때 같은 변명을 했던 우리 모두와 마찬가지로 좋은 의도를 가지고 있었다고 믿는다. 그들은 가족을 괴롭히려고 직업에 뛰어든 것이 아니다. 그들은 보통 사람들보다 더 많은 경력을 쌓고 거액의 계약, 명성, 악명 및 숨 쉬기도 벅찬 일정 등으로 대가를 치르고 보상을 받은, 열심히 일하는 사람들이다.

이러한 감독들의 응답과 "그래요. 저는 가족과 충분히 시간을 보내지 못하지만, 개인 제트기를 타고 하와이로 휴가를 갈 수 있는 아이가 얼마나 있습니까?"라고 말하는 바쁜 기업가의 반응 사이에는 차이가 없다. 문제는 하나님이 가족을 아버지의 참여로 운영되도록 설계하셨기 때문에, 아무리 많은 돈이나 장난감이나 다른 혜택도 경건한 아버지를 대신할 수 없다는 것이다.

엄마가 아빠를 대신할 것이다

마지막으로, 가족과 직업 사이의 균형을 맞추는 열쇠는

아내라고 주장한 감독이 있었다. 즉, 남편은 사업을 돌보고 아내에게 아이들을 맡긴다는 것이다. 이것은 아마도 가장 흔한 변명일 것이다. 나는 자신의 부재에 대해 변명하는 수많은 아버지와 남편들과 이야기를 나눴다. 그들은 자신들이 아메리칸 드림을 쫓는 동안 집에서 엄마와 아빠 역할을 하는 아내의 초인적인 능력을 칭찬하며 자신의 부재를 정당화했다.

이는 목사들이 하는 가장 흔한 변명 중 하나다. 나는 순회 설교자로서 한때 여행을 매우 많이 다녔다. 한 달에 15-20일 정도 집을 떠나는 것은 흔했고, 이에 더해 교회나 학교에서 맡은 책임도 있었다. 사실, 나는 신학교를 다니며 졸업 학기에 21학점의 수업을 들었고(대학원 수업은 한 학기에 9학점만 들어도 풀타임 학생으로 인정된다), 5,000명이 출석하는 교회의 전임 선교 목사로 일했으며, 전국을 돌아다니며 부흥회와 콘퍼런스에서 설교했다. 이런 상황에서 우리는 첫 번째 집을 짓는 중이었다. 나는 어리석었다! 누군가 우리 가정에 대해 물어보면, 나는 그저 아내가 가정에서 하고 있는 엄청난 노력에 대해 칭찬만 했다.

결국 문제가 생겼고 무언가 조치를 취해야 했다. 더 좋은 방법을 찾아야 했다. 그리고 나는 즉각 그렇게 했다. 아내와 나는 달력과 계산기를 앞에 두고 우리의 결혼 생활과 가족의 미래를 바꿀 몇 가지 어려운 결정을 내렸다. 나는 출장을 한 달에 10-12일(지금은 8-10일)로 줄이고, 교회의 전임 사역을 파트로 바꾸었다. 결국 나는 다른 교회에서 더 적합한 다른 사역을 찾게 되었다. 게다가, 나는 가족과 떨어져 있는 시간을 보충하려고 집 안에 연구실을 마련했다. 이렇게 대가를 치른 나는 가족의 삶에 참여하고, 하나님이 주신 은사와 부르심을 최대한 활용할 수 있는 일정을 찾을 수 있었다.

더 나은 길

더 나은 길을 찾기 위한 첫 번째 단계는 성경의 관점에서 무엇이 중요한지 결정하는 것이다. 우리는 서로에게 원하는 것을 적고 협상을 시도할 수도 있겠지만, 타락한 인간으로서 우리가 원하는 것은 대개 이기적이며 우리 삶을 위한 하나님의 최선에 훨씬 못 미친다. 그래서 우리는 성경을 연구하여 몇 가지 지침을 생각해냈다.

하나님은 번영을 반대하지 않으신다

신명기 6장에서 우리는 많은 진리를 발견할 수 있다. 그러나 하나님이 번영을 반대하신다는 증거는 이 본문에서 찾을 수 없다. 10-11절에 따르면 오히려 그 반대의 주장을 펼칠 수도 있다.

> 네 하나님 여호와께서 네 조상 아브라함과 이삭과 야곱을 향하여 네게 주리라 맹세하신 땅으로 너를 들어가게 하시고 네가 건축하지 아니한 크고 아름다운 성읍을 얻게 하시며 네가 채우지 아니한 아름다운 물건이 가득한 집을 얻게 하시며 네가 파지 아니한 우물을 차지하게

하시며 네가 심지 아니한 포도원과 감람나무를 차지하게 하사 네게 배불리 먹게 하실 때에(신 6:10-11).

여기서 우리는 이스라엘 자손을 번영하는 가나안 땅으로 인도하셔서 족장들에게 하신 약속을 지키시려는 하나님의 의도를 확인할 수 있다. 하나님은 "크고 아름다운"과 같은 표현을 사용하신다. 또한 "포도원", "감람나무", "집", "땅"을 언급하신다. 하나님이 이스라엘을 가난이 아니라 번영하며 살도록 초대하신 것은 분명하다. 아버지로서 가족에게 좋은 것을 주는 것은 죄가 아니다. 그리고 그 목적을 위해 열심히 일하는 것도 죄가 아니다. 사실, 그렇게 하지 않으면 그 사람은 "불신자보다 더 악한 자"(딤전 5:8)다. 그러나 여기서 문제는 균형이다.

번영과 우상 숭배

그러나 이어서 나오는 번영에 대한 경고는 이전 구절들이 고무적이었던 것만큼이나 두렵다. 모세는 이렇게 말한다.

너는 조심하여 너를 애굽 땅 종 되었던 집에서 인도하여 내신 여호와를 잊지 말고 네 하나님 여호와를 경외하며 그를 섬기며 그의 이름으로 맹세할 것이니라 너희는 다른 신들 곧 네 사면에 있는 백성의 신들을 따르지 말라 너희 중에 계신 너희의 하나님 여호와는 질투하시는 하나님이신즉 너희의 하나님 여호와께서 네게 진노하사 너를 지면에서 멸절시키실까 두려워하노라(신 6:12-15).

우리가 부주의하면 번영을 추구하는 것이 우상 숭배로 변할 수 있다. 눈에 보이는 이익에만 몰두하게 되는 것이다.

이 원칙 때문에 우리 가족은 갈림길에 서게 되었다. 우리는 무엇이 필수적인지, 얼마만큼이 충분한지 결정해야 했다. 이 지점에 이르지 않았다면 우리는 시작했던 곳으로 다시 돌아갈 뻔했다. 만일 우리가 우상 숭배를 두려워하지 않고 번영을 추구한다면 결국 부를 창출할 능력을 주시는 하나님을 조롱하게 될 것이다(신 8:18, 잠 10:22). 반면, 우상 숭배가 두려워 번영을 외면한다면 감사할 줄 모르는 사람이 될 위험이 있다. 마찬가지로 이스라엘이 약속의 땅이라는 하나님의 선물을 거절했다면, 그 선물을 주신 하나님보다 그 땅을 더 숭배하는 것만큼이나 잘못한 것이다. 그러면 번영과 우상 숭배 사이의 긴장을 어떻게 극복할 수 있을까?

선한 청지기가 돼라

하나님은 모든 믿는 자에게 은사를 주셨다. 게다가 각 사람에게는 고유한 기술, 능력, 적성이 있다. 우리는 각자 하나님의 영광, 인류의 유익, 가족의 부양을 위해 이러한 은사를 발견하고 활용해야 한다. 아인슈타인이 구두 수선공이 되고, 라이트 형제가 변호사가 되며, 조지 워싱턴이 정치를 버리고 농사를 짓고, 부커 T. 워싱턴이 은행가가 된 세상을 상상해보라. 마이클 조던, 타이거 우즈, 행크 에런이 어부가 되었다고 상상해보라. 얼마나 비극인가! 우리 중 누구라도 하나님이 우리에게 주신 은사, 재능, 능력, 적성을 발견하지 못하면 그것도 마찬가지로 비극이다.

이것은 단순해 보이지만, 여기에는 더 깊은 진리가 있다. 하나님이 나에게 주신 달란트와 일치하는 일을 한다면 나는 청지기가 될 수 있다. 만약 돈이 되기 때문에 하는 일이라면, 우상숭배로 향하고 있는 것이다. 과학, 봉사, 인류애가 자신의 혈관을 통해 흐르기 때문에 의학에 종사하는 사람과 그것을 수익성 있는 직업으로 보는 사람 사이에는 차이가 있다. 한 사람은 세상이 제공하는 최고를 추구하고 있으며, 다른 한 사람은 자신이 세상에 제공할 수 있는 최선을 추구하고 있는 것이다.

하나님이 허락하시는 대로 번영하라

하나님이 허락하시는 대로 번영하는 데는 두 가지 측면이 있다. 첫 번째는 긍정적이고, 두 번째는 부정적이다. 긍정적인 면에서 하나님은 우리가 번영하기를 원하신다. 우리는 가진 것을 사용해 최선을 다해야 한다. 당신이 의사라면, 최고의 의사가 돼라. 당신이 배관공이라면 최고의 배관공이 돼라. 게으르지 말고, 상사, 당신 자신 또는 주님을 속이지 말라. 이 경고의 부정적인 측면은 더 복잡하다. 경건한 번영이 있는 것처럼 불경건한 번영도 있다. 우리의 번영은 하나님의 뜻과 성품과 권위에 일치해야 한다.

대학교 2학년 때 내가 다니던 작은 인문대학 캠퍼스에 하나님의 손길이 닿는 것을 경험했다. 그 학교는 기독교와 관련이 없었고, 오히려 기독교를 적대시하는 분위기가 있었다. 그런데도 수많은 젊은이가 그리스도 안에서 믿음을 갖게 되었다. 나를 포함해 수많은 사람의 삶이 근본적으로 변화되는 것을 보았다. 그중에서도 특히 미식축구팀 동료인 폴(가명)이라는 친구와 나눈 대화가 가장 기억에 남는다.

폴은 5년째 대학교에 다니고 있는 졸업반 학생이었다. 그는 훌륭한 선수였지만, 프로 선수로 뛰기에는 능력이 부족했다. 그러나 그는 일류 대학에 재학 중인 뛰어난 학생이었다. 곧 졸업을 앞두고 있었고, 경영학과 재무학 학위를 받을 예정이었다. 총명하고, 명석하며, 잘생긴 그는 모든 것을 다 갖추고 있었다. 게다가 여러 회사에서 일자리도 제안받았다. 내가 캠퍼스에서 경험한 부흥과 관련하여 폴을 기억하는 이유는 그가 새롭게 발견한 하나님에 대한 믿음이 그의 진로 선택에 큰 영향을 미쳤기 때문이다. 폴에게 가장 높은 급여를 제안한 회사는 맥주 유통 업체였다. 이 회사가 제시한 재정적 혜택은 다른 회사들보다 훨씬 좋았고, 대학을 갓 졸업한 청년에게는 대단히 좋은 직장이었다. 이 회사를 선택하는 것은 대성공을 향한 지름길이었다.

그러나 폴에게는 더 중요한 질문이 있었다. 이 직업을 택하면 하나님께 영광이 될까? 즉, 이 직업을 갖는 것이 하나님이 허락하시는 번영이 될 것인가? 폴이 그 회사를 선택하고 정당화하기는 쉬웠을 것이다. 그는 "글쎄, 나는 하나님께 문을 열어 달라고 기도했는데 바로 이 문이 열렸지 뭐야?"라고 변명할 수도 있었다. 하지만 그는 그러지 않았다. 대신에 그는 급여도 적고 혜택도 적지만, 평안히 잠자리에 들 수 있는 직업을 찾았다.

모든 번영이 거룩한 번영은 아니다. 우리는 끊임없이 스스로에게 어려운 질문을 던져야 한다. 우리는 현명하고 경건한 조언을 구해야 한다. 간단히 말해서, 하나님이 허락하시는 번영을 이루도록 최선을 다해야 한다.

가족을 최우선시하라

가족 여행을 마친 우리 가족은 집에 가려고 셔틀 버스를 타고 공항 주차장으로 향하고 있었다. 우리를 환영하는 휴스턴의 습기에 흠뻑 젖어 있는데, 바로 뒤에서 들려오는 대화를 듣지 않을 수 없었다. 나는 평소에 남의 말을 엿듣지 않는데 이번에는 호기심을 참기가 어려웠다. 방금 출장을 마치고 돌아온 두 사업가가 나누는 대화였다. 한 남자는 최근 자주 출타해야 했기 때문에 아내가 따라온 상황이었다. 두 남자는 인사를 나누고 나서 자신의 일정에 대해 이야기하기 시작했다.

홀로 출장 중이던 남자는 1년에 180일을 출장으로 보낸다고 했다. 아내와 함께 출장 중이던 남자는 아내를 바라보다가 다시 다른 남자에게 "저도 다르지 않습니다"라고 했다. 그리고 두 남자는 머리를 끄덕였다. 그런 다음 아내를 데리고 여행 중이던 남자가 "그래서 이번에는 아내와 함께 왔습니다. 요즘 우리는 서로 만날 시간이 없었거든요"라고 말했다. 다른 남자는 "무슨 말씀인지 알겠습니다"라고 대답했다. 아내가 "자녀가 있으세요?"라고 묻자, 다른 남자가 고개를 끄덕였다. 아내가 "우리도 자녀가 있어요"라고 대답했다. 그러자 그들은 모두 말없이 눈빛을 주고받으며 고개를 끄덕였다. 무거운 적막감이 감돌았다.

내 아내가 듣고 있었는지는 확실하지 않다. 그러나 나와 눈이 마주치자, 아내는 미소를 지으며 내 손을 꽉 쥐고 내 어깨에 머리를 기댔다. 그것은 아내가 나에게 한 가장 의미 있는 말이었다. 아내는 아무 말 없이 그렇게 있었다. 아내는 눈빛으로 '당신도 그렇게 자주 여행했던 거 기억해요?'라고 말하고 있었다. 손을 꽉 쥐는 순간에 아내는 '가족을 희생하지 않기 위해 일정을 바꿨던 거 기억해요?'라고 말하고 있었다. 그리고 내 어깨에 머리를 기댄 채 아내는 '돈, 성공, 명예나 그 어떤 것도 우리가 지금 가지고 있는 것과 비교할 수 없어요'라고 말하고 있었다.

순회 설교자로 사역하고 있는 내게 여행은 선택 사항이 아니다. 하지만 삶의 균형을 맞추기 위해 내가 할 수 있는 일이 있다. 지난 5년 동안 나는 한 달에 10-12일 정도 출장을 다녔다. 집 안에 연구실을 마련하고 아이들의 삶에 적극적으로 참여한다. 돈을 더 많이 벌 수 있더라도 현재 상황과 바꾸지 않을 것이다. 사역을 시작한 후 지금까지 여러 교회의 직원으로 일했는데, 최근 몇 년 동안은 가정생활의 균형을 유지할 수 있는 직책만 맡았다. 가장 최근에는 휴스턴의 한 교회에서 교육 목사로 사역했다. 나는 교회에서 나의 은사와 능력을 발휘할 수 있지만, 연구실은 여전히 집에 있다. 몇 년 후면 아이들이 떠나고, 원하는 만큼 멀리 사역을 다닐 수 있을 것이다. 내가 사양한 전국의 행사에는 다른 사람들이 설교할 수 있지만, 브리짓의 남편이자 일라이저, 트레이 그리고 재스민의 아빠인 나를 대신할 수 있는 사람은 아무도 없다는 사실을 깨달았다. 어떻게 내 가족을 희생하면서 다른 가정을 진리 위에 세우는 데 내 인생을 쏟아부을 수 있겠는가!

나는 당신의 일정을 어떻게 조정해야 하는지 말할 수 없다. 그것은 당신과 하나님 사이의 문제다. 그러나 번영의 제단에 가족을 희생물로 내놓는 것은 하나님의 뜻이 아니다. 어려운 질문을 던지고 정직하게 대답하며 어려운 선택을 해야만 이 영역에서 순종할 수 있다.

이 부분에서 번영한 기독교 가정이 직면하는 가장 논란이 되는 문제를 살펴보기로 하자. 그것은 바로 '엄마가 밖에서 일해야 하는가?'라는 문제다. 나는 그 질문에 두 가지로 대답하고 싶다. 먼저, 우리는 성경에서 가르치는 내용을 이해해야 한다. 다음으로, 우리는 현재의 관행 뒤에 숨은 동기를 발견해야 한다. 그래야만 이 긴박한 질문에 대한 적절한 답을 얻을 수 있다.

아내이자 엄마가 되는 것은 명예로운 부르심이다

내 아내는 6년 동안 학교에서 가르쳤다. 아내는 자신이 가르치는 아이들을 사랑했고, 교사의 일을 직업 이상으로 여겼다. 그러나 시간이 지나면서 아내는 우리 아이들과 함께 집에 있어야겠다는 확신이 들었다. 결국 아내는 학교를 그만두고 전업주부가 되었다.

그 전환기 동안 아내가 가장 적응하기 어려웠던 것은 "무슨 일을 하세요?"라는 질문에 답하는 것이었다. 처음에는 "일을 하지 않아요"라는 일반적인 대답을 했다. 그러다가 아내는 "집

밖에서는 일을 하지 않아요"라고 대답했다. 그러나 결국 아내는 자신의 존재가 아이들에게 미치는 영향을 이해하기 시작하면서 태도가 바뀌었다. 아내는 자신을 더는 경력이 중단된 교사로 보지 않았다. 아내는 이제 자신을 높은 소명을 받아들인 엄마로 여겼다. 이제 아내는 무슨 일을 하는지 묻는다면 "세 아이를 키우며 가르치고 있어요"라고 자랑스럽게 대답할 것이다.

아내와 엄마가 되는 것은 부끄러운 일이 아니다. 그런데 이런 표현을 하는 것이 어렵다는 생각이 든다. 그것은 내가 그렇게 믿지 않아서가 아니라 어머니 역할이 우리 문화에서 이렇게나 추락한 이유를 이해할 수 없기 때문이다. 내가 왜 이런 말을 하고 있는지를 이해할 수 없다. 여성이 미래를 빚어내기 위해 자신의 삶을 투자한다는 사실에 왜 부끄러움을 느낄까? 여성이 가정의 최고 운영 책임자라는 자신의 역할을 왜 부끄러워해야 할까? 언제부터 우리는 자녀의 일상을 어린이집의 '전문가'에게 맡기지 않고 자신이 맡은 여성과 그렇게 하기를 거부하는 여성들에게 가치 없다고 말하기 시작했을까?

양육의 기회는 단 한 번뿐이다

지난 몇 년 동안 나는 아버지의 부재로 인한 내 삶의 결핍에 대해 더 많이 깨닫게 되었다. 혼자서 배워야 했던 몇 가지 교훈이 있다. 나는 아내와 아이들을 어떻게 대해야 할지 전혀 몰랐다. 또 가족이 어떤 모습이어야 하는지 알지 못했다. 나는 스스로 배워야 했다. 나는 다시 양육받을 수 없었다. 나의 부모님을 불러 모아 다시 시도할 수 없었다. 내가 어른이 되었으니 그것은 이미 끝난 일인 것이다.

양육은 어렵고 시간제한이 있는 일이다. 이 책을 쓰고 있는 지금, 내 딸은 고등학교 졸업을 앞두고 있고, 큰아들은 3년 정도 남았다(다른 아이들은 아직 시작도 하지 않았다). 아이들이 다 크고 나면 잘못한 일을 되돌리거나 놓친 일을 다시 하는 것은 불가능하다. 물론, 나는 우리 아이들과 계속해서 관계를 맺겠지만, 대부분 주사위는 이미 던져졌다. 당신은 어떨지 모르겠지만, 이렇게 생각하면 나는 무릎을 꿇을 수밖에 없다! 나는 모든 기회와 가르칠 수 있는 모든 순간을 활용하고 싶다. 아내와 나는 가능한 한 가장 큰 영향력을 미치고 싶다. 다시 말하지만, 이 말이 아내가 집 밖으로 일하러 나갈 수 없다는 의미는 아니다. 그러나 우리가 내리는 선택이 우리의 엄청난 책임을 고려해야 한다는 것을 의미한다.

모든 것을 가질 수 없고, 모든 것이 필요하지도 않다

영화 〈모나리자 스마일〉(Mona Lisa Smile)에는 '페미니스트 선언문'이라는 부제가 있어야 한다. 이 영화는 '당신은 모든 것을 가질 수 있다!'는 주제를 표방했다. 이 영화는 법정에서는 변호사, 침실에서는 여왕, 주방에서는 미식가 그리고 일류 엄마가 동시에 될 수 있고 말한다. 그러나 사실이 아니다. 아내와 엄마가 되는 것은 풀타임 직업이며, 풀타임 직업+풀타임 직업=무언가가 소홀해지기 마련이며, 그 무언가는 거의 항상 가족이다.

나는 이것이 PC주의[정치적 올바름(Political Correctness)은 장애, 종교, 출신, 인종, 성별, 성적 지향 등 소수자를 차별하거나 배제하는 언어 사용 및 표현을 지양하자는 신념, 혹은 그에 기반한 사회 운동을 말함—역자 주]는 아닌 것으로 알고 있다. 사실, 열정적인 자유주의 페미니스트가 아니더라도 나의 제안을 모욕적으로 생각할 수 있다. 지난 수십 년 동안 우리 사회는 여성이 모든 것을 가질 수 있다고 말했다. 더 나아가 그들이 모든 것을 가져야 한다고도 말했다. 그러나 그들이 말하지 않은 것은 여성과 그들의 자녀가 '모든 것'을 위해 치른 큰 대가다. 2004년 미국의 '어머니의 날'에 내가 사는 지역의 저녁 뉴스에 다음과 같은 이야기가 보도되었다.

> '어머니의 날'을 맞아 워킹 맘들은 자신들이 직면하는 압박에 대해 토로했다. 온라인 채용 회사 커리어빌더(CareerBuilder.com)의 조사에 따르면 인터뷰에 응한 워킹 맘 중 3분의 1이 일과 가정생활 사이의 불균형으로 어려움을 겪고 있다고 토로했다. 53퍼센트는 작년에 적어도 한 번은 자녀의 중요한 행사를 업무 때문에 놓쳤다고 말했다.
> 거의 절반은 집에서도 일에 마음이 쏠린다고 했고, 많은 사람이 주말에도 일하는 경우가 많았다. 커리어빌더의 최고 영업 책임자이자 세 자녀의 어머니인 메리 델라니(Mary Delaney)는 시간을 균형 있게 유지하는 한 가지 방법은 ==가정과 직장에서 경계와 우선순위를 설정하는 것==이라고 말했다. 그녀는 일부 기업이 유연한 근무 시간, 원격 근무 및 보다 자율적인 개인 시간 정책을 허용함으로써 이를 돕고 있다고 말했다(밑줄 강조).[1]

아이러니하게도, 오프라 윈프리가 이 문제에 관해 가장 정곡을 찌르는 말을 했다. 나는 오프라를 전형적인 페미니스트라고 생각한다. 게다가 그녀의 뉴에이지적인 영적 신념에는 마음이 매우 불편하다. 그렇지만 나는 공정하게 평가해야 한다. 2004년 5월 4일에 방영된 프로그램은 자녀를 연극이나 영화계로 진출시키려는 부모에 관한 방송이었다. 그녀는 자신이 고된 직업과 육아의 균형을 맞출 수 없다는 것을 알았기 때문에 자녀를 갖지 않기로 결정했다고 고백했다. 그녀가 자신의 선택을 후회하게 될 것 같지만, 솔직한 평가에는 박수를 보낸다. 오프라 윈프리는 내가 많은 여성이 인정하기를 바라는 사실을 이해했다. 모든 것을 다 가질 수는 없다! 그리고 그것은 모두 필요하지 않기 때문에 괜찮다.

다시 말하지만, 집 밖에서 일하는 모든 엄마가 죄를 짓는다는 말이 아니다. 그것은 각 가정이 성경과 자신이 처한 상황을 두고 씨름하면서 결정해야 할 문제다. 일해야 하는 엄마가 많다는 것을 알고 있다. 나의 어머니도 많은 여성과 마찬가지로 혼자 아이를 키우셔야 했다. 어머니는 전업주부로 사실 여유가 없었다. 어머니는 가족을 부양하고 먹여 살리셔야 했다.

어떤 여성들은 남편이 사망하거나 장애가 있어서 혼자 자녀를 키워야 하는 상황일 수도 있다. 또 어떤 여성들은 자녀가 학교에 있는 동안 일할 수 있는 직업을 선택하거나, 파트타임이나 자원봉사자로 일할 수 있다. 이 모든 것은 잠언 31장에 나오는 여인의 모습과 일치한다.

상인의 배와 같아서 먼 데서 양식을 가져오며 밤이 새기 전에 일어나서 자기 집안 사람들에게 음식을 나누어 주며 여종들에게 일을 정하여 맡기며 밭을 살펴보고 사며 자기의 손으로 번 것을 가지고 포도원을 일구며 힘 있게 허리를 묶으며 자기의 팔을 강하게 하며 자기의 장사가 잘되는 줄을 깨닫고 밤에 등불을 끄지 아니하며(잠 31:14-18).

그러나 궁극적인 질문은 '우리가 꼭 해야만 하기 때문에 일하는 것인가, 아니면 더 큰 집을 사고 싶어서, 더 최신형 자동차를 사고 싶어서, 또는 은행 예금이 충분히 두둑하다고 생각하지 않아서 일하는 것인가?'이다. 후자라면 우리는 선을 넘은 것이다. 바로 그때 우리 자녀가 번영의 제단에 제물로 바쳐진 것이다. 그리고 바로 그때 모세의 경고가 역사의 전당에 울려 퍼질 것이다. "너는 조심하여 너를 애굽 땅 종 되었던 집에서 인도하여 내신 여호와를 잊지 말고"(신 6:12).

헌신한 삶은 헛되지 않다

나의 어머니는 49세에 대학을 졸업하셨다. 어머니는 18세에 아들을 낳고 혼자 키우시느라 늦깎이 졸업생이 되셨다. 어머니가 강단 위로 걸어가시는 모습을 보면서 나는 눈물을 참을 수 없었다. 내 생애 처음으로 어머니의 희생을 이해했다. 어머니는 나에게 투자하시려고 자신의 삶을 보류하셨다. 어머니는 내가 책임감 있고 자기 역할을 잘 해내는 사람이 되도록 키우시려고 필요한 모든 일을 하셨다. 어느 순간 어머니는 로스앤젤레스 중남부의 공동 주택 단지가 내게 좋은 환경이 아니라는 것을 깨달으셨다. 그러자 우리가 소유하고 있던 모든 것을 챙겨 은퇴한 해병대 훈련 교관이었던 어머니의 큰오빠와 함께 살기 위해 대륙을 가로질러 사우스캐롤라이나주의 버퍼드로 이사했다.

어머니는 아직 20대 후반의 어린 여성이었다. 돌이켜보면 사우스캐롤라이나의 작은 마을은 어머니가 원하셨던 곳이 아니었을 것이다. 하지만 그곳은 어머니의 아들에게는 좋은 곳이었고, 그게 전부였다.

어머니는 자신이 원하는 것이 무엇이든 되실 수 있었다. 그리고 어머니는 그렇게 하셨다. 그분이 나의 어머니였다. 어머니는 내가 성인이 된 것을 확인하고 나서야 자신의 삶을 이어가셨다. 그분은 대학 졸업장을 받으신 정도가 아니라 뛰어난 성적을 거두어 우등생으로 졸업하셨다! 졸업식이 끝나자 학생, 교수, 직원들이 모두 어머니를 축하해주며 눈물을 흘렸다. 한 번도 만난 적이 없는 사람들이 다가와 어머니가 그들에게 얼마나 훌륭한 귀감이 되었는지 내게 말해주었다. 나는 총명하고 용기 있는 훌륭한 여성인 나의 어머니를 자랑스럽게 생각한다.

어머니들이여, 자녀에게 투자하는 삶의 놀라운 기쁨을 세상에 빼앗기지 말라. 그 헌신은 세상에 남긴 당신의 흔적이다. 그것은 당신의 유산이요 간증이며, 인류에 대한 공헌이다. 다른 여성에게 당신의 영향력을 빼앗기지 말라. '요람을 흔드는 손이 세상을 다스린다'는 말을 기억하라. 그 말은 어느 날 갑자기 생긴 것이 아니다. 이 속담은 수 세기에 걸쳐 관찰한 결과다. 어머니의 영향력은 비할 데가 없다. 나는 이 글을 읽고 있는 모든 어머니가 언젠가 내가 나의 어머니, 프란시스 바우컴(Frances Baucham)을 존경과 감사의 눈으로 바라보는 것처럼 그들도 그런 자녀의 시선을 누리게 되기를 기도한다. 만약 그렇게 되면, 다시는 우리 시대처럼 모성애가 버려지지 않을 것이다.

어느 노(老)코치에게서 얻은 교훈

나는 최근 고등학교 때 나를 가르치셨던 코치님에게 전화를 걸었다. 나의 삶에 큰 영향을 끼친 분이었다. 그는 코치의 사명과 책임을 위해 진심을 다하는 사람이었다. 항상 해가 뜨기 전에 학교에 와서 가장 늦게 학교를 떠났고, 매일 출근하기 위해 편도로 한 시간씩 이동했다. 그는 모범을 보였고, 선수들이 그를 위해 이기고 싶어 하도록 이끄는 코치였다.

여러 해 동안 코치님과 나는 계속 연락을 주고받았다. 가끔씩 전화를 걸어 코치님의 안부를 여쭈었는데, 최근에 나는 그가 힘든 시기를 보내고 있음을 알게 되었다. 그는 마침내 은퇴를 하게 되었으나, 그때부터 무엇을 해야 할지 몰랐다. 설상가상으로 25년이 넘는 결혼 생활이 최근에 끝나버렸다. 나는 어떻게 이런 일들이 일어날 수 있는지 마음이 아팠다. 그리고 그 원인이 궁금했다. 그러다가 깨닫게 되었다. 나와 친구들은 매일 아침 일찍 도착하는 헌신적인 코치를 만났고, 그분의 아내는 남편이 없는 아침을 보냈던 것이다. 우리는 그를 헌신적인 사람으로 존경했지만, 그분의 아내는 남편을 도를 넘은 사람으로 보았다. 우리는 그를 항상 우리를 위해 있어주는 신뢰할 수 있는 친구로 보았지만, 그분의 자녀들은 그를 자신의 아버지라기보다 타인의 아버지 같은 존재로 보았다.

이제 그는 25년 동안 자신을 그리워했던 아내를 그리워하며 홀로 밤을 보낸다. 그는 학교 근처로 이사하기보다 매일 한 시간씩 운전해서 출근할 정도로 헌신했던 제2의 집에 대해 회상한다. 그는 이제 자녀들과 함께 시간을 보내고 싶지만, 자녀들은 아버지가 하지 않았던 일, 즉 가족과 함께 시간을 보내느라 바빠서 그럴 여유가 없다. 그는 연로하신 아버지와 시간을 보내며, 가끔 손자들의 야구 게임을 지켜보는데, 자녀들과 함께하길 바라는 일들을 손자들과 하며 시간을 보낸다.

가끔 과거의 누군가가 전화를 걸어 "어떻게 지내세요, 코치님?"이라고 물어본다. 몇 분 후면 회상이 끝나고, 과거의 목소리는 사라진다. 이제 코치님은 자신의 추억과 단둘이 남게 된다. 그리고 그가 보여줄 수 있는 것은 트로피 몇 개, 사진 몇 장 그리고 낡고 빛바랜 재킷에 붙은 패치 몇 장뿐이다.

나는 그날 밤 전화를 끊고 울었다. 할리우드의 감독 나이트 샤말란(M. Night Shyamalan) 영화의 클라이맥스를 방금 본 것 같은 느낌이 들었다. 모든 장면이 하나로 합쳐졌고, 마침내 줄곧 거기에 있었던 진실을 보았다. 나에게 세상을 의미했던 이 사람은 자신의 직업을 위해 가족을 희생했는데, 나는 그것을 인지하지 못했다. 나는 그것이 정상이라고 생각했고 심지어 존경하기까지 했다. 몇 년 후, 내 마음은 코치님을 존경하는 마음에서 안타까워하는 마음으로 바뀌었다. 나는 그분이 자신의 인생을 걸고 어떤 거래를 했는지 보았고, 그럴 가치가 없었다는 것을 깨달았다. 가끔씩 낯선 이들이 건네는 감사 인사는 가족과 함께하지 못했던 오랜 세월의 고통을 줄여주지 못할 것이다. 코치님과 전화 통화를 마친 후, 나는 내 아이들과 시간을 보냈다. 코치님은 내게 여전히 가르침을 주셨다.

실천하기

1. 가족이 함께 충분한 시간을 보낸다고 생각하는지 자녀에게 물어보라. 만약 아니라고 말하면, 왜 그런지 자문해 보라.

2. 당신의 일정을 살펴보라. 가족과 함께하는 시간을 충분히 계획하고 있는지 확인하라. 시간을 충분히 할애하고 있는가?

3. 매년 최소한 한 번은 가족 휴가와 배우자와 떠나는 여행을 계획하기로 약속하라. 경비를 많이 들이지도 않아도 된다. 자동차 여행을 떠나거나 가족 캠프에 참가하는 것도 좋은 선택이다. 이 계획을 일정에 기록하고 그 어떤 것도 방해하지 못하게 하라.

4. 하루에 최소한 한 끼는 가족과 함께 식사할 것을 약속하라. 어렵지 않아 보이지만, 실천하기가 쉽지 않다. 매일 함께 식사하는 것은 가족 간의 결속을 다지는 훌륭한 방법이다.

9장.
가정 중심 신앙을 위한 교회의 전략

가정 중심의 신앙은 단순히 더 나은 부모가 되는 것 이상을 의미한다. 이것은 삶의 방식과 세계관을 전면적으로 바꾸는 것이다. 다른 신이 아닌 오직 하나님만 예배하고, 성경이 말씀하는 사랑의 토대 위에 집을 지으며, 성경적 세계관을 채택하고, 가정에서 말씀을 가르치는 것이다. 또한 우리 집을 하나님의 영토로 표시하고, 세속적인 번영을 견제한다면 하나님은 교회가 가정을 방해하는 것이 아니라 도우라고 계획하셨음을 믿게 될 것이다. 하지만 불행히도 그렇지 않은 경우도 있다. 안타까운 것은 우리가 엄청난 부흥의 기회를 놓칠 수 있다는 것이다.

내가 가장 좋아하는 부흥에 대한 정의는 앨빈 리드와 맬컴 맥도우(Malcolm McDow)의 책인 『불꽃이 튀다』(*Firefall*)에서 나왔다(두 저자는 각각 사우스웨스턴 신학교와 사우스이스턴 신학교의 전도학 교수다). 리드와 맥도우에 따르면 "부흥은 하나님의 백성을 영적으로 깨우쳐 하나님 나라 사역을 위해 훈련하시려고 한 명 또는 그 이상의 사람들의 삶에 하나님이 침입하시는 것"이다.[1] 이 정의를 기반으로 나는 최근 미국 사회에서 일어나고 있는 부모의 인식 향상, 가족, 교회, 미래에 대한 사회적 절망감, 홈스쿨링 운동, 가족 통합 교회 운동을 현대적 의미의 부흥이라고 생각한다. 이 나라 전역에서 자녀와 손자, 손녀의 교육과 제자도에 전적으로 헌신하는 많은 사람이 '하나님 나라 사역'에 대해 '영적으로' 깨어났다.

나는 이 부흥을 직접 체험한 사람으로서, 우리 아이들을 홈스쿨링 하기로 한 결정이 우리 가족의 영적인 각성이었다고 주저 없이 말할 수 있다. 어느 날 문득 발견한 것은 우리 딸이 더는 아기가 아니라는 것이었다. 딸아이는 기독교 사립 학교의 4학년, 열한 살 소녀로 성장했고, 나와 아내를 불쾌하게 하는 몇 가지 태도와 생각을 키우기 시작했다. 그리고 딸아이가 십대가 되어 청소년 예배실로 들어가는 모습을 상상하자 곤혹스러워졌다. 나와 아내는 즉시 엎드려 하나님의 지혜를 찾으며 우리 아이에게 남은 시간 동안 선한 청지기가 될 수 있는 방법을 구했다. 이대로는 안 되겠다는 생각이 들었다.

우리는 홈스쿨링의 학문적 이점을 잘 알고 있었다. 하지만 그 결정을 하게 된 것은 영적, 감정적, 대인 관계의 측면에서 부딪힌 한계 때문이었다. 그래서 우리는 학교 문화뿐만 아니라 교회의 일반적인 청소년 문화에서도 벗어나기로 했다. 다시 말해, 우리 가족에게 일어난 이 변화는 우리 가족과 교회 사이에 문화 충돌을 일으켰고, 결과적으로 신앙의 위기로 이어졌다. 안타깝게도 우리 가족만 이런 경험을 한 것이 아니었다.

이 책에 소개된 철학(신명기 6장에 설명된 철학)을 채택한 가족들이 아웃사이더처럼 느껴지기도 한다. 불문율처럼 여겨지던 한 가족당 두 아이라는 규칙을 어긴 여성은 종종 "어쩌다가 그렇게 됐어?"라는 질문에 마주치게 된다. 아들의 영적 성장을 강조하는 아빠는 종종 다른 아빠들에게서 소외되기도 한다. 공립 학교에 다니지 않는 아이들은 최신 유행어를 알지 못하거나 유행에 뒤처지는 옷을 입어서 무시당할 때가 있다. 가정 중심의 신앙을 추구하려면 많은 대가를 치러야 한다.

최근에 내가 주최한 콘퍼런스에 참석한 한 가족은 가정 중심의 신앙을 추구할 때 얼마나 큰 대가를 치러야 하는지 일깨워주었다. 나는 그 가족 중 홈스쿨링을 하는 엄마인 진을 먼저 만났다. 그녀의 남편은 적극적으로 교회를 섬기고 지역 사회에서 열심히 봉사했다. 그들의 자녀는 굉장히 예의 바르고 똑똑하며 사교적이었다. 무엇보다 그들은 모두 뛰어난 음악가들이었다. 마치 현대판 폰 트랩(von Trapp) 가족(영화 〈사운드 오브 뮤직〉의 주인공 가족) 같았다. 하지만 더 인상적인 것은, 아이가 모두 여섯 명이었다는 것이다. 누구라도 감탄하지 않을 수 없었다.

나는 그 부부를 그들이 출석하는 교회에서 진행된 콘퍼런스에서 만났다. 그들은 아이들과 함께 자원봉사로 참여하고 있었다. 테이블에서 작업 중인 십대 세 명을 발견하자마자, 나는 그들이 무언가 다르다는 것을 눈치챘다. 나는 그들에게 다가가 물었다. "너희 혹시 홈스쿨링 하니?" 아이들은 미소를 지었고, 가장 어린 딸이 대답했다. "어떻게 아셨어요?" "나도 홈스쿨링을 하는 아빠란다. 이제는 1킬로미터 밖에서도 홈스쿨링 하는 아이들을 알아볼 수 있지." 내가 대답했다. 나는 홈스쿨링을 하는 아이들이 다른 아이들보다 더 낫다거나 나쁘다고 말하는 것이 아니다. 그들은 그저 다를 뿐이다. 특히 그 가족이 학업뿐만 아니라 삶의 방식과 세계관을 바탕으로 교육적 결정을 내린 경우라면 더욱 그렇다.

콘퍼런스가 진행되는 동안 나는 많은 정보를 나누었다. 성경적 세계관, 성경의 타당성, 부활의 역사성 등을 이야기했고, 평소처럼 우리 가족에 관한 개인적인 이야기도 몇 가지 나누었다. 이틀 동안 이어진 콘퍼런스에서 나는 아내와 아이들을 자랑했고, 우리 부부가 제자훈련과 다음세대로 이어지는 신앙 전수를 목표로 가정 교육을 하고 있다고 말했다. 나는 아이들을 가정에서 교육하도록 강요하거나 강단으로 초청하는 등의 특별한 노력을 하지 않았다. 나는 그저 내 삶에 관해 이야기했다. 그중에는 가정 예배, 가족 제자훈련 그리고 가정 중심의 선교와 전도 같은 이야기가 있었다. 나는 내 이야기를 나눴을 뿐인데, 여섯 아이의 엄마인 진에게는 그 이상의 의미가 있었던 것 같다.

콘퍼런스가 끝나자 진은 눈물을 글썽이며 나에게 다가왔다. 주위에 사람이 많았지만, 그녀는 신경 쓰지 않는 것 같았다. 그녀는 경기 전 워밍업을 하듯 팔을 벌리고 내게 물었다.

"제가 목사님을 안아봐도 될까요?" "그럼요." 나는 포옹 저편에서 무엇이 기다리고 있을지 궁금해하며 대답했다. 그녀는 나를 껴안은 후 눈물을 닦으며 말했다. "저희 가족이 이 교회에 온 지 수년이 되었는데, 저희의 생활 방식을 강단에서 인정받은 것은 이번이 처음이에요." 이제 그녀의 아이들도 합류하여 눈물을 참고 있었다. "저희는 다른 교인들보다 저희가 더 낫다고 생각하지 않아요. 다만 아이들을 사랑하고 그들이 하나님의 축복이라고 믿을 뿐이에요. 저희는 아이들의 신체적, 영적, 정서적, 지적 삶에 대해 하나님께 책임이 있다고 믿어요." 아이들도 더는 눈물을 참지 못했다. 그녀는 깊게 숨을 들이마시며 말했다. "목사님께서 저희 부부가 실천하고 있는 진리를 분명하게 설명해주셔서 아이들이 그 의미를 듣게 된 것이 얼마나 소중한지 모르겠어요."

나는 진의 말을 정확히 이해했다. 나도 예리한 비난의 말에 직면한 적이 있었다. 교회 직원들과 저녁 식사를 하는 자리에서, 진과 같은 가족에 대해(그리고 우리 가족에 대해서도) 경멸이 담긴 이야기가 오고 가는 것을 들은 적이 있다. 여성들이 무표정한 얼굴로 이렇게 말하는 것도 들었다. "저는 제 아이들과는 절대로 그렇게 못 할 거예요. 우리는 사이가 안 좋아요." 또는 "저는 아이들과 그렇게 많은 시간을 보낼 수 있는 기질이 아닌 것 같아요." 다시 말하지만, 여기서 중요한 것은 홈스쿨링이냐 아니냐의 문제가 아니다. 문제는 하나님이 우리에게 주신 막중한 책임이다. 이는 어둠의 왕국을 겨냥한 화살(또는 탄도 미사일)로 아이들을 발사할 준비를 하도록 우리의 생활 방식 전체를 조정할 수 있는지 여부를 묻는 것이다. 그리고 그렇게 한다면, 우리를 감싸 안고, 용기를 주며, 장비를 제공하고, 응원해줄 교회가 있을지 의문이다.

만약 이 논의가 단지 홈스쿨링에 관한 문제라고 생각한다면, 내가 중서부 지역의 한 교회를 방문한 후, 어떤 신사가 나에게 쓴 이메일을 읽어보라.

> 기본적인 내용부터 시작하겠습니다. 저는 공군에 복무하고 있습니다(즉, 부유한 사람이 아닙니다). 항공 우주 엔지니어로 19년째 일하고 있습니다. 현재는 중령이고 꽤 괜찮은 수입을 올리고 있지만, 아이들이 생기기 시작했을 때는 대위였기 때문에 수입이 훨씬 적었습니다. 우리는 매우 일찍(아이가 없었을 때)부터 (초등 교육 석사 학위를 가진) 아내가 교직을 그만두고 자녀를 키우기로 결정했어요. 교육자로서 아내는 유치원이 어린아이에게 미치는 영향을 직접 보았는데, 좋지 않다고 생각했습니다. 처음에는 저희 부부에게 일곱 명이나 되는 아이가 생길 줄은 몰랐지만, 하나님이 인도해주실 것을 믿고, 우리에게 주시는 것은 무엇이든 감사히 받아들이기로 했습니다! 그래서 저희는 이 상황에 이렇게 대처하고 있습니다. 수입이 적었던 신혼 시절에 비해서는 쉽지만, 여전히 어떤 것은 포기해야 합니다. 고급 휴양지에서 휴가를 보낼 수 없고, 새 차도 새 가구도 구입한 적이 거의 없습니다. 디즈니 크루즈도 가지 않고, 플라즈마 텔레비전도 없으며, 케이블 텔레비전도 없습니다. 초고속 인터넷도 없으며, X-Box(마이크로소프트가 개발한 비디오 게임 콘솔―역자 주)도 없습니다. 홈 시어터 시스템도 없으며, 우리 지역에서 타임 셰어(여러

소유자가 동일한 부동산을 각자 다른 시기에 사용할 수 있는 소유 형태—역자 주)도 하지 않습니다. 지난주에 저희 집 텔레비전(토끼 귀 같은 안테나가 달린 구식 텔레비전)이 고장 났어요. 대체할 방법을 찾는 데 몇 달이 걸릴 수도 있겠지만, 공중파로 방영되는 대부분의 프로그램은 어차피 보고 싶지 않아요. 저희 삶에 부족함을 느끼냐고요? 전혀 그렇지 않아요. 저희는 매우 안전한 동네의 좋은 집에 살고 있어요. 좋은 기독교 학교에 다니고 있고, 교회에 열심히 참여하며, 훌륭한 친구들도 있어요. 그래서 저는 우리 가족이 꽤 잘살고 있다고 생각합니다.

이 이메일을 받고 처음에는 놀랐다. 가족은 점점 줄어들고, 집은 점점 더 커지며, 삶은 더 바빠지고, 아이들이 '더 중요한' 것을 위해 뒷전으로 밀려나는 시대에, 이 군인 부부는 그 흐름을 완전히 거스른 것이다. 나는 그들의 헌신 앞에 겸허해진다.

하나님은 아버지들의 마음을 자녀에게로 돌이키고 계신다. 미국에서 교회를 다녀본 사람이라면 이 부부가 주류에서 한참 벗어난 사람들임을 잘 알 것이다. 그들이 선택한 생활 방식은 우리가 주일학교에서 흔히 듣는 이야기와는 다르다. 이들에게 어떤 일이 일어난 것이다. 무언가가 하나님의 계획 속에 있었다.

교회를 찾아다니다

당시에는 알지 못했지만, 2003년 우리 가족은 삶에서 가장 어려운 영적 여정을 시작했다. 교회를 찾아 나선 것이다! 나는 여러 교회에서 사역자로 일해왔고, 결혼 첫해 이후로는 성도로서 출석할 교회를 찾을 필요가 없었다. 우리는 항상 내가 사역하는 교회에 다녔다. 그러나 이번에는 공적으로 교회를 섬기는 것과는 별개로 우리 삶을 뿌리내릴 교회를 찾아야 했다. 이번에는 훨씬 더 어려운 질문을 해야 했다. 기도하고, 질문하고, 분투하는 데 한 해 이상이 걸렸다. 때로는 낙담하고 좌절하며, 때로는 실망했다. 미국에서 네 번째로 큰 도시에서 교회를 찾아 돌아다니며 우리는 좋은 순간도 만났고, 어려운 시기도 겪었다(대부분 어려운 시기였다). 우리는 남침례교단에 소속되어 장로들이 이끌어 나가는, 세대 통합적이고 교회 질서를 실천하는 교회를 찾았다. 또한 성경의 각 절에 따른 체계적인 설교(즉, 성경의 각 권이나 큰 부분을 통한 강해 설교)를 하고, 교회 개척에 대한 신념이 있는 교회를 바랐다. 꽤 오랜 시간이 걸렸던 것 같다.

방문하는 교회마다 그들이 제공하는 놀라운 혜택에 대해 설명하는 소책자를 받았다. 우리는 십대 딸과 함께 갔기 때문에, 소책자에는 항상 "그리고 우리 교회에는 훌륭한 청소년 그룹이 있습니다"라는 문구가 적혀 있었다. 물론, 우리는 그 의미를 잘 알고 있었다. 우리가 다시 괴짜로 여겨질 차례였다. 우리 가정이 여러 세대를 아우르는 가족 철학을 택하면서 교회를 보는 시각이 완전히 달라졌기 때문이다. 성경은 명확하게 부모에게 자녀를 제자로 삼는 책임을 부여한다. 그렇다면 교회는 그 과정에서 어떤 역할을 해야 할까? 그리고 교회가 그 역할을 수행하지 않는다면, 가정 중심의 신앙을 추구하는 우리에게는 어떤 선택지가 있을까?

이어진 여정은 우리를 길고 구불구불하며 외로운 길로 이끌었다. 그 길에는 자기 성찰, 신학적 사색과 고립, 그리고 결국에는 확신으로 가득했다. 아래의 내용은 그 여정을 설명하려는 시도이자, 이 길을 가려는 사람들에게 경고하고, 어쩌면 잠들어 있는 거인을 깨우기 위한 시도다. 나는 하루아침에 교회를 바꾸려는 것은 아니지만, 교회는 변화해야 한다고 믿는다. 주님이 내가 그것을 볼 수 있을 만큼 오래 살도록 허락하시기를 기도할 뿐이다.

현대 모델의 결점

미국의 교회는 어려움에 직면해 있다. 놀랍도록 많은 청소년이 신앙을 버리고 있으며, 출생률은 어린이에 대한 우리의 태도가 악화되면서 급격히 떨어지고 있다. 그리스도인이라고 자칭하는 대다수는 성경적으로 사고하지 않으며, 가장 흔한 해결책은 더 나은 청소년 사역일 뿐이다. 만약 이 상황이 큰 문제라고 여겨지지 않는다면, 다음 통계를 고려해보라. 가족당 출산율이 두 명 정도인 상황에서 성경적 세계관을 가진 사람은 10퍼센트 미만이며, 대학교 1학년을 마칠 때까지 교회를 떠나는 청소년의 비율은 약 75퍼센트다(1장에서 언급했던 가장 낙관적인 수치를 든다면). 현재 한 세대에 두 명의 그리스도인 가정이 있어야 그리스도인 한 명을 키워낼 수 있는 상황인 것이다. 문제가 매우 심각하다.

	1세대	2세대	3세대	4세대
가족당 두 명의 자녀와 75%의 청소년 이탈	4,000,000	1,000,000	250,000	62,500

이대로라면 현재의 전도 전략은 큰 구멍이 뚫린 양동이에 물을 붓는 것에 지나지 않는다. 교회가 균형을 유지하는 유일한 방법은 그리스도인 한 명당 세 명의 잃어버린 사람에게 다가가는 것이다. 그러나 여기에는 문제가 하나 있다. 지금 우리가 할 수 있는 최선은 그리스도인 40명당 한 명의 잃어버린 사람을 전도하는 것이다.[2] 간단히 말해, 변화가 없다면 미국의 교회는 다음 몇 세대 동안 지속적으로 급속히 감소할 것이다.

연구원 로저 더들리(Roger Dudley)는 젊은이들의 교회 출석과 교회 소속 패턴을 연구했다. 그의 연구는 가슴 아픈 소식과 경고를 담고 있다. 더들리는 오늘날 문제의 심각성을 잘 포착했다.

위팅(Wieting, 1975)에 따르면, "플라톤의 『국가론』(Republic) 이후로

사회 철학의 주요 관심사는. 젊은 세대가 그 사회의 기본적인 지혜와 가치를 받아들이지 않을 때 제기되는 위협이다…즉, 어떤 사회가 한 세대를 넘어서 존속하려면 구성원들은 필수적인 지식과 가치관을 전달해야 한다. 이렇게 사회 체계가 지속되려면 당연히 세대 간의 전달이 필요하다." 이를 제도권 종교에 적용하면, 교회와 다른 종교 공동체는 교인 가족의 자녀를 유지하는 데 큰 관심을 가져야 한다. 다시 말해, 젊은이들의 이탈을 방지하는 것은 미래를 지향하는 모든 종교 공동체가 중요하게 고려해야 할 사항이다.[3]

때로는 우리가 찾은 유일한 대답이 전도 행사를 더 많이, 그리고 더 크게 개최하는 것이었다. 그리고 우리 자녀들이 교회에서 이탈하지 못하도록 교회 구조를 개선하는 것이었다. 하지만 상황은 전보다 더 나빠졌다. 레이너와 그의 팀이 발견한 바에 따르면, "만약 우리 연구가 현실에 가깝다면, 전체 교인의 거의 절반이 실제로 기독교인이 아닐 수 있다."[4] 15년 이상 목회 사역을 한 입장에서 말하자면, 실제 상황은 레이너가 제시한 숫자 이상으로 좋지 않을 것으로 보인다.

그래서 문제가 무엇일까? 어디서 어떤 실수를 한 것일까? 대학부 담당 목사와 신입생 이탈률에 대해 대화하면, "최선을 다하지만, 중·고등부에서 올라올 때부터 이미 너무 늦었어요"라고 말한다. 고등부 담당 목사와 이야기하면, "중등부 때 더 잘했어야 했어요"라고 할 것이다. 물론 중등부 담당 목사는 어린이 사역자를 탓하고, 어린이 사역자는 차례로 유아 사역자에게 책임을 전가할 것이다. 나는 더 기본적인 질문을 던져야 한다고 믿는다. 혹시 패러다임 자체가 고장난 것은 아닐까? 우리가 잘못된 필요를 채우고, 잘못된 문제에 대응하기 위해 시스템을 설계한 것은 아닐까?

이러한 질문에 답하기 위해 일반적인 청소년 사역의 사명 선언문을 살펴보자.

- 우리의 목적: 믿지 않는 학생을 예수 그리스도의 헌신된 제자로 변화시킨다.
- 우리의 계획: 교회와 주변 지역의 중·고등학생을 전도하고, 준비시키며, 참여시켜 목적을 이룬다.
- 전도: 우리는 중·고등학생에게 예수 그리스도의 복음을 전하는 데 헌신한다. 또한 하나님이 주변에 두신 사람들에게 다가가 전도하는 것은 모든 헌신된 제자의 역할이기도 하다. 우리는 학생들에게 어디서든 복음을 전하도록 도전한다(골 4:2-6).
- 준비: 헌신된 제자가 되려는 사람들을 가르치고 성장시키며 훈련한다. 그들이 친구들에게 복음을 전할 수 있도록 준비시키는 것을 목표로 한다(엡 4:11-13).
- 참여: 헌신된 학생들이 서로를 섬기는 기회를 제공한다. 우리의 목표는 하나님께 영광을 돌리고 헌신된 제자를 더 많이 세우는 것이다(엡 2:10).
- 우리의 비전: 중·고등학생을 최대한 많이 예수 그리스도를 위해 전도하고, 준비시키며, 참여시킨다.

이 사명 선언문은 청소년 사역에서 쉽게 찾을 수 있는 전형적인 것이다. 나는 이 선언문을 청소년 사역으로 미국 전역의 교회에 모델이 되는 유명 교회의 웹사이트에서 가져왔다. 실제로 이 선언문은 여러 청소년 사역 사이트에서 동일한 문구로 사용되고 있다.

언뜻 보기에 훌륭한 선언문으로 보이고, 사역의 모든 측면을 고려하는 것 같다. 계획, 목적, 비전이 확실하게 드러난다. 전도에서 준비로 나아가 참여에 이르는 포괄적인 접근 방식을 취하며 성경을 근거로 하고 있다. 비전이 명확하고 간결하며, 분명히 신중하게 계획했을 것이다. 훈련받은 헌신된 전문가들이 청소년을 사랑하며 그들이 그리스도와 함께 성장하는 것을 보고 싶어 하는 열정이 느껴진다. 내가 이 전문가들을 만나본 적이 있기 때문에 잘 알고 있다. 나는 이 교회를 방문하여 이러한 전략을 실행하는 사람들과 대화를 나눈 적이 있다.

하지만 위의 사명 선언문에는 한 가지 문제가 있다. 부모에 대한 언급이 전혀 없다는 것이다! 이 사역은 하나님이 부모에게 명령하신 것을 하려 한다. 생각해보라. 청소년부 사역자의 역할은 내 아이를 전도하는 것이 아니다. 그것은 내가 할 일이다. 청소년부 사역자의 역할은 내 아이를 준비(제자화)하는 것이 아니다. 그것은 내가 할 일이다. 그리고 내 아이를 세상으로 내보내는 것도 청소년부 사역자의 일이 아니다. 짐작했겠지만, 그것도 내가 할 일이다. 재미있는 사실은, 청소년 사역자들도 이에 대해 전적으로 동의한다는 것이다. 나는 그중 한 사역자와 점심을 먹었다. 그는 청소년의 전도, 제자화 그리고 참여적 활동은 모두 부모의 책임으로 보고 있었다.

나는 십대 자녀를 양육하고 지도한 경험이 있으며, 성경을 잘 아는 훈련받은 사람들의 도움, 조언, 멘토링과 지원이 필요 없다고 말하는 것이 아니다. 나는 이러한 도움과 지지를 매우 기쁘게 생각한다. 또한 우리 십대 아이들의 삶에 다른 중요한 성인들이 참여하는 것을 환영한다. 그러나 나는 내 아이들의 제자훈련을 청소년부 사역자에게 맡기지 않을 것이다. 다시 말해, 그것은 내 책임이기 때문이다(엡 6:1-4).

나는 문화적 관습 때문에 성경의 권리를 무시할 수 없다. 특히 청소년 사역 전문가인 마이크 야코넬리(Mike Yaconelli)가 묘사한 것과 같은 태도가 바로 우리의 모습일 때는 더욱 그렇다.

> 교회들은 청소년과 협력할 누군가-아무나-를 찾기 위해 이와 같은 광고를 근처 신학교에 매주 게재한다. 신학교 학생 대부분은 지역 교회에 소속되어 있지 않고, 학업에 치이고 자신의 신앙을 돌보는 바쁘다는 사실을 간과하고 있다. 교회들은 자녀에게 '무언가를 해줄' 사람을 절박하게 찾고 있다. 청소년 사역 단체 유스 스페셜티(Youth Specialties) 웹사이트의 구인 목록을 보면 이 사실을 분명히 알 수 있다. 수백 개의 교회가 그들의 자녀를 기독교 신앙으로 양육할 사람을 찾고 있는 것이다. 이것은 쉽게 말하면, 우리는 청소년들의 영적 성장을 이제 겨우 신약 성경을 찾을 수 있고, 아르바이트가 필요한 사람에게 맡기려는 것이다.[5]

유감스럽게도 많은 부모가 이러한 태도를 격려한다. 자신이 해줄 수 없어서든, 준비되지 않아서든, 혹은 마음이 내키지 않아서든, 어떤 이유든 간에 누군가가 자녀에게 무언가를 해 주기를 간절히 원하는 부모가 많아 보인다. 이러한 태도는 청소년기의 반항과 세대 간 격차를 당연한 것으로 보는 공감대가 확산되면서 더욱 힘을 얻고 있다. 청소년부 사역자들은 부모와 목회자들이 자신들에게 거는 큰 기대로 압박감을 느끼고 있으며, 그들도 이런 상황을 잘 알고 있다.

어느 날, 당신은 교회를 방문한다. 청소년 자녀들은 청소년부 예배로, 어린 자녀들은 어린이 예배로, 영·유아기 자녀들은 영·유아부로 간다. 그리고 당신과 배우자는 호화로운 강당에서 좋은 자리에 앉아 최고의 음악과 전문적인 드라마, 고무적이며 적용 중심적이고 부담스럽지 않은 설교까지 딱 한 시간 안에 모두 즐긴다. 게다가, 주보를 보니 검은 글씨로 이렇게 쓰여 있다. "우리 교회 청소년 사역은 여러 해 동안 부모님들이 방치했던 일을 대신해드립니다." 정말 엄청난 거래가 아닌가? 우리는 아기를 조용히 시키지 않아도 되고, 우리에게 필요한 것을 채울 수도 있다. 그뿐만 아니라 청소년부 사역자가 우리 십대 아이들을 제자로 삼아줄 것이다. 청소년부 사역자가 결혼한 지 몇 달 안 되어 자녀를 제자 삼아 본 경험이 전혀 없더라도 무슨 상관인가? "우리 아이도 끼워주세요!"

이것이 과장이라는 것을 이해하지만, 청소년부 사역자가 40세의 박사 학위 소지자이며, 다섯 명의 자녀를 훌륭하게 키웠다고 하더라도 부모의 책임을 포기하는 것은 옳지 않다. 위의 내용을 다시 정정하자면, 나는 다수의 목회자가 선량한 의도를 가지고 있으며, 부모의 성경적인 역할을 대신할 생각이 없을 것이라고 믿는다. 하지만 나이에 따라 체계적으로 분리하는 교회 시스템은 성경의 규정을 벗어난다고 생각한다. 이러한 분리는 미국 교육 시스템의 결과로 보이며, 어떤 경우에는 세대에서 세대로 신앙을 전수하는 데 도움이 되는 것이 아니라 오히려 해가 되기도 한다. 교회는 부모에게 자녀를 제자 삼기 위해 필요한 도구를 제공하는 데 중점을 두어야 한다. 현재 사용되는 방식에는 적어도 세 가지 중요한 문제가 있어 보인다.

첫째, 현재의 접근 방식에 대한 명확한 성경적 지침이 없다. 이 부분에서 나는 신중하게 단어 선택을 할 것이다. 청소년 사역을 하는 교회가 이단적이라거나 비성경적이라는 뜻은 전혀 아니다. 오늘날 교회에서 실천하는 많은 것이 성경에 기록되어 있지 않다. 사도행전에서 (우리가 알고 있는 형태의) 교회 건물, 설교 강단, 마이크와 같은 것을 찾아보기 어려울 것이다. 성경에 명시되지 않았다고 해서 현대 교회에서 절대 금지되는 것은 아니다.

더구나 나와 가장 친한 친구 중에는 청소년 사역자들이 있다. 그 친구들은 대부분 자신들의 모든 사역을 성경과 일치시키고자 노력한다. 나는 친구들과 많은 행사에 참여하여 그들을 잘 알고 있다. 그들이 성경을 부인하고 있다고 말하는 것이 아니다. 사실 서점에서 청소년 사역에 관한 책을 펼쳐보면 수십 개의 성경 구절을 찾을 수 있을 것이다. 그러나 그중 일부는 맥락을 제대로 파악하지 않은 채 인용된 것도 있다.

예를 들어 덕 필즈(Doug Fields)가 쓴 베스트셀러 『새들백교회 청소년 사역 이야기』(Purpose-Driven Youth Ministry)를 살펴보자.

그는 청소년 사역자들에게 성공적으로 사역하는 법을 가르치려고 성경의 원리를 사용하지만, 이를 위해 일반적인 원칙(이 경우에는 릭 워렌의 다섯 가지 목적)을 차용해 청소년 사역 모델에 적용했다. 덕 필즈는 다음과 같이 말한다.

> 모든 청소년 사역은 교회를 향한 하나님의 목적 위에 세워지면 성장할 수 있다. 이 장의 자료는 건강한 사역을 위한 하나님의 다섯 가지 목적을 발견하는 데 도움이 될 것이다. 이 목적들은 장기적으로 건강하게 성장하는 청소년 사역을 세우는 데 필수적인 요소, 즉 초석이 된다(밑줄 강조).[6]

덕 필즈가 일반적인 원칙을 어떻게 제시하는지 주목하라. 그는 교회를 향한 하나님의 다섯 가지 목적이라고 말해놓고 그것을 청소년 사역에 접목시키려 하고 있다. 이런 일은 비일비재하다. 차이를 두려면 특정 주제에 대한 별도의 구체적인 성경 연구가 있어야 한다. 그러나 그렇게 하지 않았다. 덕 필즈나 다른 청소년 사역자들이 나쁜 사람이나 이단이라는 말은 아니다. 그들은 단순히 모두에게 널리 인정받는 문화적인 가정을 기반으로 말하는 것이며, 따라서 이러한 형태의 적용에 문제가 있다고 생각하지 못할 수 있다.

둘째, 현재의 접근 방식은 성경적인 모델에 부합하지 않을 수 있다. 분리된 모델을 가장 열렬히 지지하는 사람들도 이런 방식이 가족 관계에 손상을 줄 수 있다고 인정한다. 심지어 분리된 모델의 열렬한 옹호자였던 마이크 야코넬리조차도 안타깝게도 이러한 결과를 슬퍼했다.

청소년 사역에서 현재 사용되고 있는 많은 방식이 파괴적이라는 사실을 인정해야 한다. 청소년을 교회에 참여시키고 교회를 새롭게 하려면 이것을 깨달아야 한다(밑줄 강조).[7]

그렇다. 그는 '파괴적'이라고 말한다. 마이크 야코넬리의 비판은 세 가지 청소년 사역 모델(엔터테인먼트 모델, 카리스마적 청소년 사역자 모델, 정보 중심 모델)을 모두 비난하고 있다. 그의 비판이 전반적으로 놀랍지만, 카리스마적인 청소년 사역자 모델에 대한 비판은 특히 신랄했다.

청소년 사역자를 구원자로 삼는 이러한 접근 방식은 주로 영 라이프(Young Life)나 유스 포 크라이스트(Youth for Christ)와 같은 선교 단체에서 시작된 것으로, 모든 관계자에게 해로운 영향을 미쳤다. 교회 공동체에서 고립되어 홀로 사역하는 청소년 사역자는 빨리 지친다. 부활하신 그리스도를 상징하는 존재로 낙인이 찍힌 그들은 허물이 없어야 하는데, 정작 자신에게 필요한 기독교적 양육은 충족되지 않는다. 성인과 청소년 공동체 사이의 유일한 중재자로 남겨진 청소년 사역자는 빨리 고립되고 외로워지며 영적으로 소외된다. 그리고 아무리 선량한 의도를 가진 사역자일지라도 그들을 청소년들에게 유인책으로 쓰는 것은 효과적이지 않다. 청소년은 종종 청소년 사역자를 개인적인 구원자로 삼지만, 그 헌신을 예수 그리스도께로 옮기는 경우는 거의 없다(밑줄 강조).[8]

마이크 야코넬리의 궁극적인 해결책에는 동의하지 않지만, 그의 비판은 중요하다. 어떻게 이런 비성경적인 고립주의가 성경적인 열매를 맺을 수 있겠는가? 예를 들어, 고등부나 대학부 사역에서는 디도서 2장의 접근 방식을 채택하는 것이 일반적이다. 다시 말해, 이러한 그룹들은 나이가 더 많은 십대(혹은 대학생)가 더 어린 십대에게 멘토 역할을 하는 것을 장려한다. 표면적으로는 좋아 보이지만, 바울이 디도서 2장에서 여성에 대해 말하는 내용을 현대의 분리된 모델에 비추어 생각해보라.

> 늙은 여자로는 이와 같이 행실이 거룩하며 모함하지 말며 많은 술의 종이 되지 아니하며 선한 것을 가르치는 자들이 되고 그들로 젊은 여자들을 교훈하되 그 남편과 자녀를 사랑하며 신중하며 순전하며 집안일을 하며 선하며 자기 남편에게 복종하게 하라 이는 하나님의 말씀이 비방을 받지 않게 하려 함이라(3-5절).

어떻게 늙은 여자가 젊은 여자를 교육할 수 있을까? 만약 교회 모임의 모든 구성원이 겨우 9개월 정도의 나이 차가 난다면 말이다. 게다가 대부분의 어린 여성이 주차장 건너 교육관에 있다면 이런 멘토링이 어떻게 가능할까? 더 좋은 질문은, 우리가 어린 여성들에게 어머니 역할, 집안일, 자녀 양육, 성경적 의미의 복종 등을 가르치는 데 얼마나 시간을 할애하고 있느냐는 것이다. 앞서 언급한 사명 선언문에는 이러한 사역에 대한 언급이 없다.

당신이 디도서 2장을 어떻게 받아들이든 간에 중요한 것을 놓쳐서는 안 된다. 성경에 기록되지 않은 사역에 대해 성경적인 방식을 수립하는 것은 어렵다는 것이다. 그 결과 청소년 사역자는 교회에서 가장 좌절하는 사람 중 하나가 된다. 나는 이러한 엄청난 딜레마를 깨달은 젊은 사역자들에게서 수많은 이메일과 전화를 받는다. 노스캐롤라이나에서 온 한 청소년 사역자는 이렇게 말했다. "제가 목회에 집중하면 아이들은 지루해하면서 각종 이벤트를 해주는 사람에게 가버립니다. 전도에 치우치면 깊이가 부족하다고 불평하면서 청소년부에서 떠나는 아이들이 생깁니다."

이것이 바로 제자훈련을 진지하게 생각하는 부모가 자녀를 청소년부에 맡기는 데 회의적인 이유다. 어머니가 딸의 삶에 성경적인 진리를 쌓아 올리고, 돌보며, 지키고, 그 진리를 실천하도록 격려한 다음, 그런 진리에 적대적이거나 양면성을 지닌 환경으로 어떻게 보낼 수 있겠는가? 아버지가 아들에게 젊은 여성들을 존중하고 순결을 지키도록 가르쳐왔는데, 교회 교육관으로 보내면서 배꼽이 드러나고 깊게 파인 상의와 몸에 꽉 끼는 청바지를 입는 아이들에게 노출되는 것을 어떻게 다루어야 하는가? 다시 말해, 이것이 모두에게 해당하는 것은 아니지만, 보편적인 문제라는 것이다. 그리고 당신이 청소년 사역자들을 비난하기 전에 복장을 규제하다가 일자리를 잃은 청소년 사역자들도 있다는 사실을 알아두라.

부모로서 당신의 고민을 이해한다. 사회에 잘 적응하는 아이로 키우고 싶은 마음과 순수함과 거룩함을 길러주고 싶은 마음 사이에서 균형을 잡는 것이 얼마나 어려운 일인지 잘 알고 있다. 당신이 이러한 상황에 처한 목회자라면 당신의 입장을 이해한다. 교회의 학부모 모임에서 어떤 부모가 청소년 사역자에게 "우리가 당신에게 지불하는 돈은 아이를 재미있게 해달라는 것일 뿐이에요. 그러니까 아이가 옷을 어떻게 입든 신경쓰지 말아요"라고 말하는 장면을 목격하기도 했다. 안타깝게도 현재 상황에서는 대부분의 사람이 이런 어려움을 겪고 있는 것 같다.

셋째, 현재의 방식은 효과가 없다. 우리는 이미 현재 상황에서 대부분의 청소년이 대학교 1학년이 끝나기도 전에 교회를 떠나간다는 사실을 확인했다(1장 참고). 교회 안의 청소년 중 성경적 세계관을 가진 아이는 10퍼센트 미만이라는 사실도 알고 있다(6장 참고). 거의 절반 이상의 교회 구성원이 아마도 거듭난 상태가 아닐 것이다(만약 세계관이 지표라면 그 이상일 것이다). 교회의 청소년 그룹의 경우, 교회나 신앙과 관련된 활동에 참여하는 비율이 가장 낮다. 오히려 이 비율은 부모들(특히 아버지들)을 통해 계속해서 제자훈련을 받은 청소년들이 가장 높다. 어떤 청소년 사역자에게 물어보든 그렇게 대답할 것이다. 계속해서 교회에 남아 있는 아이들은 부모가 그들에게 투자하는 아이들이다. 그들은 매주 교육관에서 두 시간을 보내는 것만으로 학교 교실과 운동장에서 보내는 주당 45-50시간을 보충할 수 있다고 믿지 않는 아이들이다.

물론 세대가 분리된 공동체에서 삶이 변화된 청소년들에 관한 일화는 많다. 그런 일들은 계속해서 일어날 것이다. 하나님은 휘어진 지팡이로도 바른 일을 하실 수 있기 때문이다. 그분은 우리의 연약한 노력을 사용하셔서 그분의 일을 성취하실 수 있다. 그러나 목적이 수단을 정당화하지는 않는다. 몇 달 전 나의 철학에 대해 들은 어떤 청소년 사역자가 몇 가지 일화를 나누고 싶다고 해서 통화를 했다. 그는 불우한 환경에서 자란 어떤 소녀에 대해 이야기했다. 그 소녀의 이야기는 드라마에 나올 법한 내용이었다. 성, 약물, 학대, 유기 등 모든 것을 다 겪은 소녀였다. 그러나 하나님은 이 젊은 사역자를 사용해 소녀의 삶에 영향을 미치기 시작하셨다. 소녀는 이제 대학에서 하나님과 동행하며 자신의 신앙을 지키기 위해 철학과 교수들과 맞서고 있다.

나는 그가 속한 교회의 교단을 물어보았다. 그는 보수적인 복음주의 교회라고 대답했다. 그 교회의 음악 스타일에 대해서도 물어보았다. 그는 전통적이라고 말했다. 교회의 설교에 대해서도 물어보았다. 그는 담임목사님이 전통적이고 꾸밈없이 성경을 설교하는 분이라고 말했다. 나는 현대적인 구도자 중심의 교회 성장 운동을 어떻게 생각하는지 물었다. 그는 "조작적이고 시장 중심적이며 인간 중심적인 관행"이라고 표현하면서 이를 반대하는 이유를 자세히 나열하며 동조하지 않는다고 설명했다. 나는 왜 그런지 물었다. 그는 그 방법론이 성경적이지 않다고 했다. 나는 "하지만 구도자 예배를 통해 많은 사람에게 다가가고 있잖아요"라고 대답했다.

이 지점에서 그는 나의 의도를 정확히 깨달았다. 이는 지적으로 점검할 수 있는 기회였다. 그는 자신이 비난했던 구도자 운동과 동일한 행동을 하고 있다고 인정하거나, 자신의 사역이 명확한 성경의 교훈에 기반하고 있으며 시장 중심적이거나 인간 중심적인 방법론이 아니라는 사실을 증명해야 했다. 그는 또한 사람의 삶을 변화시킨 이야기가 설득력이 있지만, 그것이 자신의 방법론을 정당화하지 않는다는 사실을 인정해야 했다.

이 입장에 대한 반대 의견

대부분의 사람이 이 문제에 대해 나와 다르게 생각한다는 사실은 말할 필요도 없다. 청소년 사역(그리고 일반적으로 나이별로 분리하는 것)에 대한 나의 입장이 알려지면서 나는 전국적으로 도전과 비판을 받았다. 지난 몇 년 동안 대학과 신학교의 청소년 사역 수업에 초빙되어서 흥미로운 토론도 했다. 하지만 놀랍게도, 성경을 펴서 현대적인 모델을 방어하는 대화는 경험할 수 없었다. 나는 현대의 모델을 옹호하기 위해 성경의 장과 절을 제시하는 교수나 학생 또는 청소년 사역자를 만나지 못했다. 대신 여러 가지 반대 의견을 들었는데, 그중 몇 가지를 공유해보겠다.

자녀를 제자로 삼지 않는 부모를 위해 청소년 사역이 필요하다. 이것이 내 입장에 대한 가장 흔한 반대 의견이다. 내가 이 책을 통해 주장한 것처럼, 데이터는 명백하게 그리스도인 부모가 자녀를 제자로 삼지 않고 있다는 사실을 보여준다. 이것은 부정할 수 없는 현실이다. 마이크 야코넬리도 이 점을 탄식했다.

청소년 사역자이자 작가인 마이크 야코넬리는 가정 중심의 접근 방식을 채택하지 못하는 이유로, 자녀의 믿음을 최우선으로 여기는 부모가 그리 많지 않기 때문이라고 설명한다. 부모가 자신의 아이를 착한 사람으로 만들어준다고 생각하면 기꺼이 기독교를 찬성하지만, 진정한 기독교 신앙이 시작되면 걱정하기 시작한다는 것이다. 이 세대의 부모들은 자녀에게 야망을 품고 그들이 성취해야 할 미래의 '성공'을 방해하는 것은 무엇이든 반대한다.[9]

그러나 부모가 하나님의 부르심에 부응하지 못한다고 해서, 교회가 그들을 대신해서 그 일을 할 권리 또는 책임을 져야 한다는 것은 논리적이지 않다. 이러한 논리라면 부모가 제대로 못할 경우 교회가 아기 이름을 지어주는 사역도 할 수 있을 것이다. 이렇게 도전적인 아이디어는 어떨까? 가족에게 성경이 가르치는 대로 행하도록 하고, 그에 대해 책임을 지게 하는 것이다.

바울은 교회 지도자의 역할을 명확히 밝힌다. "그가 어떤 사람은 사도로, 어떤 사람은 선지자로, 어떤 사람은 복음 전하는 자로, 어떤 사람은 목사와 교사로 삼으셨으니 이는 성도를 온전하게 하여 봉사의 일을 하게 하며 그리스도의 몸을 세우려 하심이라"(엡 4:11-12, 밑줄 강조). 교회의 임무는 성도들이 사역할 수 있도록 준비시키는 것이지, 그들의 일을 대신하는 것이 아니다. (다음 장에서는 교회가 어떻게 가정 사역을 구성하고, 자녀의 필요를 해결할 수 있는지를 살펴볼 것이다.)

부모가 그리스도인이 아닌 아이들을 위해 청소년 사역이

필요하다. 나는 이것이 가장 설득력 있는 주장이라고 생각한다. 수백만 명의 청소년이 비기독교 가정에서 자라고 있으며, 그들은 복음을 들어야 할 절박한 필요가 있다. 더 중요한 것은 그들도 제자가 되고 성경적인 교육을 받아야 한다. 그들은 "주의 교훈과 훈계로"(엡 6:4) 성장해야 한다.

그런데도 현재 교회의 청소년 사역 체계가 이 작업을 수행하는 데 가장 효과적이고 효율적인 방법은 아니라고 생각한다. 믿지 않는 부모를 둔 아이들은 그들에게 예배와 가정의 모범을 보여줄 수 있는 비슷한 연령대의 자녀를 둔 가정과 함께 교회 예배에 참석하는 것이 또래 십대들과 함께 있는 것보다 훨씬 나을 것이다. 나는 어린 조니가 교육관이나 예배당에서 청소년 무리에 있는 것보다 우리 가족과 함께 앉아 있는 것이 훨씬 낫다고 생각한다.

우리 아이들이 청소년부의 리더가 되어 다른 아이들을 제자로 삼으면 되지 않을까? 이 지점에서 디도서 2장으로 돌아가는데, 우리 아이를 제자 삼는 것도 청소년 사역자의 일이 아닌 것과 마찬가지로 다른 사람의 자녀를 제자로 삼는 것은 우리 아이의 일이 아니다. 우리 아이들은 디도서 2장에서 말하는 "젊은 남자들"과 "젊은 여자들"이다. 그들에게 지금 필요한 것은 멘토링과 제자훈련이다. 물론, 교회에서 다른 아이들과 관계를 맺고 영향을 끼치기도 하지만 말이다.

다시 한번, 현재 모델이 성경 구절을 적절한 문맥에서 벗어나게 사용하는 데 얼마나 능숙한지 놀라울 뿐이다. 내가 방문했던 한 교회에는 디도서 2장 프로그램이 청소년 사역에 있었다. 그들은 고등학교 2, 3학년 학생들을 디도서 2장의 멘토로 삼아 중학생들에게 배정했다. 그 교회의 청소년 사역자에게 디도서 2장에서 제시된 원칙을 가르치고 있는지를 묻자 그는 내가 마치 달에서 온 사람인 것처럼 쳐다보았다. 내가 해당 구절을 읽고 상기시키자 그는 웃었다. 나는 고등학교 2, 3학년 학생이 자신보다 어린 학우들에게 가사일, 복종, 육아와 같은 주제에 대해 멘토링하는 것이 말이 안 된다고 생각했고, 그도 내 의견에 동의했다. 하지만 안타깝게도 그는 그 구절을 잘못 적용하고 있다는 사실을 이해하지 못했다.

청소년 전도는 어떻게 해야 할까? 이것은 청소년 사역에 대한 이의 제기로 가장 근거가 약한 주장이다. 사우스이스턴 신학교의 전도학과 학장인 앨빈 리드는 자신의 책『기준을 높이라』(*Raising the Bar*)에서 이 주제를 다루었다. 청소년 사역을 지지하는 리드는 "풀타임 청소년 사역자는 역사상 최대 수준으로 증가했지만, 청소년을 대상으로 하는 효과적인 전도는 감소했다"라고 말한다.[10]

리드의 주장은 회심자나 세례자의 수가 감소하는 것을 넘어 제자 삼기라는 더 중요한 문제로 이어진다. 그는 이렇게 말한다.

> 지난 30년 동안 미국 전역에서 청소년 사역이 폭발적으로 증가했다. 대학과 신학교에서 수여하는 청소년 사역과 관련된 학위 수와 다양한 책과 자료 그리고 오직 청소년 사역에 필요한 것만 생산하는 작은 산업들의 증가와 함께 이러한 추세가 나타났다. 그런데도 그 30년

동안 고등학교를 졸업하거나 청소년 그룹을 떠난 후 그리스도를 위해 세상을 변화시키는 젊은 세대를 배출하는 데는 실패했다.[11]

따라서 청소년 사역에 반대한다는 것이 청소년 전도에 반대한다는 의미는 아니다. 사실 그 반대도 가능하다. 청소년 사역 운동 자체가 전도에 실패했기 때문이다. 전도는 젊은이들을 강단으로 초대하고, 교회 등록 카드에 서명하게 하며, 대학에 입학한 후 신앙에서 떠나지 않게 하는 것이 아니다. 전도는 제자로 삼는 것이다(마 28:19-20). 십대를 가장 효과적으로 제자 삼는 방법은 그들의 부모들을 제자로 삼고 하나님의 명령을 수행하도록 가르치는 것이다. 여기에는 그들이 자녀를 전도하고 제자로 삼는 것이 포함된다.

물론 이 모델은 청소년 사역에 대해 대부분의 교회가 믿고 있는 것과는 상반된다. 『가정을 기반으로 하는 청소년 사역』(*Family Based Youth Ministry*)의 저자인 마크 드브리스(Mark DeVries)는 바람직한 청소년 사역의 결과에 대해 솔직하게 비판했다.

> 내가 본 대부분의 청소년 사역은 재정적으로나 사역진과 자원봉사자 측면에서나 부족함이 많았다. 게다가 대부분의 청소년 사역자는 명확한 직무 기준 없이 일한다. 우리는 대부분 청소년 사역을 두고 숫자로 평가할 때 죄책감을 느낀다. 그러나 항상 교회 주차장에 모여 얼마나 많은 아이가 출석하는지를 기준으로 청소년 사역자를 평가한다. 어느 담임목사가 나에게 이렇게 말한 적이 있다. "저는 숫자에는 관심이 없습니다. 그냥 양질의 프로그램을 제공해주면

좋겠어요." 그는 거짓말을 하는 것이다. 만약 내가 풀타임 급여를 받고 있고, 학생이 두 명뿐이라면 그는 숫자에 연연했을 것이다. 결국 내가 일을 잘하고 있다고 그가 느끼려면 100명의 아이가 출석해야 한다는 것을 알게 되었다.[12]

우리가 아무리 부인해도 청소년 사역에서는 결국 중요한 것이 있다. 믿음을 고백하고 세례받는 사람은 대부분 만 18세 이하다. 그래서 청소년 사역은 세례자 수를 늘리는 동력이 된다. 세례자 수가 많아지는 것은 좋은 일처럼 보일 수 있지만, 실제로는 그들 중 대다수가 복음이나 성경의 그리스도를 제대로 알지 못하며, 그들의 세계관은 기독교 신앙보다는 마르크스주의적 사회주의에 더 가깝다. 청소년 사역의 통계치는 연간 보고서에서 긍정적으로 나타나지만, 그것만이 가장 중요한 것으로 여겨지는 것 같아 안타깝다.

새로운 접근

많은 교회와 기독교 단체들이 가정 중심 신앙 양육의 필요성을 인식하고 있다. 패멀라 스미스 맥콜(Pamela Smith McCall)은 2001년 〈크리스천 센추리〉(*Christian Century*)에 실린 기사에서 가정 중심적인 접근법을 여러 가지 소개했다. 그녀는 위스콘신 출신의 청소년 목사인 팀 타티넨(Tim Tahtinen)의 사역을 강조했는데, 그는 "교회는 부모와 청소년이 가정 중심의 청소년 사역에 참여하도록 힘을 집중해야 한다"라고 말했다. 또한 미네소타주 미니애폴리스에 있는 아우크스부르크 대학의 청년가족연구소(Youth and Family Institute)는 "가족, 특히 부모가 신앙 성장의 주요한 원천이라는 개념을 지지한다"[13]라고 발표했다.

타티넨은 미래에 예상되는 변화나 도전을 미리 인식한 청소년 사역자 중 한 명이다. 그들은 세대를 분리한 청소년 사역 모델의 실패와 신앙 형성에서 부모의 중요성을 인지한다. 그래서 그들은 가정 중심의 접근법으로 전환하고 있다. 이것은 그들만의 고민과 일시적 현상이 아니다. 이러한 사역은 다음 세대를 사랑하고 그들을 위한 최선을 바라는 우리가 모두 씨름해야 하는 현대적 시도다. 모든 데이터는 동일한 결론을 가리킨다. 자녀가 하나님과 동행하는 사람으로 자라기 원한다면, 부모의 역할이 중요하다. 그렇지 않으면 이머징 교회 운동에서 확인되듯이, 하나님을 믿지 않는 다음 세대가 나타날 것이다.

이머징 교회 운동과 잃어버린 세대

만약 당신이 최근의 동향에 무지하지 않다면 아마도 이머징 교회 운동에 대해 들어봤을 것이다. 그러나 대부분의 사람처럼 이 운동에 대해 정확히 모를 것이다. 물론, X세대 예배가 여기저기에서 등장하고 있다는 것은 알고 있을 것이다. 포스트모던 문화를 반영하기 위해 예배에 더 신비로운 접근 방식을 더하고 있다는 것도 눈치챘을 것이다. 하지만 이 세대를 되찾기 위한 이러한 노력의 바탕이 되는 철학적이고 신학적인 기초는 잘 모를 수 있다.

D. A. 카슨(D. A. Carson)은 그 주제에 관한 통찰력 있는 책을 썼다. 『이머징 교회 바로 알기』(*Becoming Conversant with the Emerging Church*)에서 카슨은 이것은 항의 운동이라고 설명한다. 이 항의는 세 가지 측면에서 이루어진다.

> 이머징 교회 운동은 전통적인 복음주의에 대한 반발을 특징으로 하며, 더 넓게는 모더니즘의 시각으로 이해하는 모든 것에 반발한다. 그러나 일부 지지자는 또 다른 항의의 측면을 덧붙인다. 바로 구도자 중심 교회, 즉 대형 교회에 대한 반발이다.[14]

이 운동에 대한 카슨의 비판은 다음과 같이 네 가지 측면으로 나뉜다. "이머징 교회의 환원주의 경향, 고백적 기독교에 대한 비난, 신학적 얕음과 지적 불일치, 그리고 이 세 가지 문제의 구체화."[15]

카슨의 공손하고 학문적인 언어 뒤에는 때로 가혹한 비판이 드러난다. 그는 무해하지 않은 이 운동의 모습을 그려낸다. 이머징 교회 운동에는 신선하고 고무적인 측면이 있지만, 이는 종종 '환원주의'와 특히 '고백적 기독교에 대한 비난' 때문에 가려지고 만다. 정통에 반대하는 최종 결과는 도덕 폐기론이나 이단이 될 수 있다.

아마 지금쯤 당신은 '이머징 교회 운동이 가정 중심의 신앙과 어떤 관련이 있는 걸까?'라는 의문이 생겼을 것이다. 모든 것과 관련이 있다! 특히 이 운동이 주로 20대를 겨냥한 운동이라는 점을 이해하면 더욱 그렇다. 이 운동은 교회가 '신생'(Emergent), 즉 청년 세대를 유지하지 못해서 생겨난 필요 때문에 탄생했다. 댄 킴볼(Dan Kimball)의 경험도 이와 일맥상통한다. 그는 "우리 졸업생 중 다수가 교회의 대학부 사역과 연결되고 교회의 성인 예배에 통합되어 참여하는 데 어려움을 겪고 있다"16라는 사실을 발견하고 이머징 교회 운동으로 전환했다.

다시 말해, 킴볼의 개혁은 앞서 언급한 현대 교회의 실패에서 탄생했다. 사실, 그는 이 책에서 언급한 형태의 제자훈련을 경험한 아이들이 그의 목표가 아니며, 그럴 필요도 없었다는 사실을 분명히 밝혔다. "현대 기독교 문화와 가치관, 언어와 함께 역사를 가진 기독교 가정에서 유대교-기독교 가치관으로 교육받고 자란 청소년들이 변화를 만들 가능성이 더 높아 보였다."17 정말 놀랍다! 아이들이 제자훈련을 받고 기독교 공동체에 통합되면, 그들은 보통 교회 안에 뿌리를 내린다.

따라서 이머징 교회 운동은 이 책에서 제기한 동일한 문제들을 해결하기 위해 시작되었다. 그러나 그 운동은 최소한 한 가지 매우 중요한 점에서 다르다. 이머징 교회 운동은 즉각적인 대응 운동이지만, 가정 중심의 신앙은 장기적인 과정이다. 응급실 침대에 누워 죽어가고 있는 사람을 상상해보라. 이 사람은 내부 출혈로 죽을 위기에 있다. 그러나 동시에 이 사람의 머리 쪽은 두드러지게 성장하고 있다. 성장은 중요하지만, 출혈을 멈추지 않으면 성장에 관련된 문제를 해결하는 것은 쓸모가 없다.

교회에서 20대의 부재가 뚜렷해지는 것은 매우 걱정스러운 문제라고 생각한다. 정말 문제인가? 확실히 그렇다. 해결해야 하는 문제인가? 물론이다. 그러나 청년들로 교회를 가득 채우더라도 우리가 아이들을 제자로 삼지 못해 그들이 믿음을 버리는 더 큰 문제를 외면한다면, 생명을 위협하는 심각한 비극을 외면한 채 교회의 이미지를 개선하는 것에 불과할 뿐이다. 우리는 단기적인 해결책을 넘어 패러다임을 완전히 전환해야 한다.

다시 말해, 유행이나 프로그램 또는 사역자의 능력으로 해결할 문제가 아니라는 것이다. 이는 각 가정에서 해결해야 할 문제다. 우리에게 닥친 위기를 극복하는 답은 가정을 통한 복음 전도와 제자훈련을 위해 부모가 헌신하는 것이다. 부모로서 우리는 자녀의 영적 행복과 성장을 책임져야 한다. 우리는 가정이 신앙 성장의 중심이 되도록 헌신해야 한다. 더 중요한 것은 교회가 이러한 헌신을 이끌어주어야 한다는 것이다. 다음 장에서 나는 이를 정확히 실천하고 있는 사역 모델을 소개할 것이다.

실천하기

1. 자녀의 제자훈련을 다른 사람에게 맡기고 있지는 않은가? 그렇다면 당신이 자녀를 제자훈련할 수 있도록 도와주고 격려해줄 사람들과 협력하라.

2. 자녀의 삶에 미치는 다양한 영적 영향력에 대한 신학과 철학, 교회론을 충분히 이해하고 있는가? 그렇지 않다면 이해할 수 있도록 공부를 시작하라.

3. 자녀의 영적 성장을 목표로 하는 가족 사명 선언문을 작성하라.

10장.
교회가 나아가야 할 방향

가정 중심 청소년 사역 접근법은 희망적인 징조다. 기독교 공동체는 현재 시스템의 실패와 관련된 가혹한 현실을 직시하고 있는 것 같다. 더 중요한 것은 제자훈련에서 부모와의 관계가 중심적인 역할을 한다는 데 공감대가 형성된 것으로 보인다는 점이다. 그러나 가정 중심 신앙에 관심 있는 사람들이 알아야 할 또 다른 중요한 움직임이 감지되고 있다.

이 장의 목적은 당신에게 희망을 전하는 것이다. 교회와 가정에 대한 우리의 사고방식에 혁명을 일으킬 무언가가 다가오고 있다. 나는 그 어떤 교회와도 다른 특별한 교회에서 장로로 섬기는 영광을 누리고 있다. 사실, 이 교회는 우리가 지금까지 알고 있던 어떤 교회와도 다르다. 실제로 우리 교회에는 청소년 사역자나 어린이 사역자 혹은 유아실이 없다. 우리 교회는 가족을 부분으로 나눠놓지 않는다. 성숙한 여성을 그들의 지도가 필요한 젊은 십대 소녀들과 분리하지 않는다. 예배 중에 유아를 부모로부터 분리하지도 않는다. 사실, 성경 공부를 할 때도 그렇게 하지 않는다. 우리는 교회를 가정들의 모임으로 보고 있다.

가정 통합 교회

사우스이스턴 신학교에서 보낸 마지막 해에, 나의 논문 지도 교수인 앨빈 리드와 나는 청소년 사역의 현주소에 대해 논의하고 토론했다. 리드는 자신의 박사 논문에서 1960년대 후반과 1970년대 초반에 일어났던 예수 운동을 다루었다. 이 운동은 수많은 젊은이의 삶에 큰 영향을 끼친 각성 운동이었다. 리드가 『기준을 높이라』(*Raising the Bar*)에서 언급한 대로, 청소년 목회자, 청소년 사역 커리큘럼, 청소년의 복음화와 제자훈련에 헌신한 선교 단체가 가장 크게 늘어난 시기였다.[1]

이 대화와 이어진 연구로 나는 현재 상황에 의문을 품게 되었다. 처음에는 구조적으로 분리가 없는 교회의 모습에 대한 이론만 세울 수 있을 뿐이었다. 그런데 그때 데이비드 앨런 블랙(David Allen Black)을 만나게 되었다. 리드 박사는 나에게 블랙의 책『사춘기의 신화』(*The Myth of Adolescence*)를 읽을 것을 권유했다. 그 책을 읽은 후, 나는 이 투쟁에서 동지이자 멘토를 찾았다는 사실을 깨달았다. 블랙 박사는 사우스이스턴 신학교의 신약학과에서 가르치고 있었고, 우리는 가까운 친구가 되었다.

가정 통합 교회(Family-Integrated Church)라는 용어를 나에게 처음 소개해준 것은 블랙 박사였다. 또 그는 캘리포니아주 새크라멘토에 위치한 호프 교회(Hope Chapel)의 웹사이트를 참조하라고 했다. 당시에 호프 교회는 20년 동안 가정 통합 교회로 운영돼왔다. 그들의 웹사이트는 정보의 보고였다. 호프 교회 사이트의 글들을 보면 반동적으로 일어난 다른 많은 가정 통합 운동과는 달리, 이 사역의 신학, 교회 제도, 방법론을 철저히 검토했다는 것이 분명해 보였다.[2] 우리 교회 웹사이트(gracefamilybaptist.net)에 포함된 많은 내용은 호프 교회의 작업에서 영감을 받은 것이다.

나의 탐구 과정에서 가정 통합 교회는 더는 이론이 아니라 현실이 되었다. 결국 나는 이 패러다임에 따라 운영되는 살아 숨 쉬는 교회의 예시를 발견했다. 나중에는 비전 포럼 사역(Vision Forum Ministries)과 국립가정통합교회센터(National Center for Family-Integrated Churches)를 알게 되었다. 사실, 미국 전역에는 수백 개의 가정 통합 교회가 있다. 이 교회의 형태와 크기는 다양하다(백인 교회가 압도적으로 많으며, 주로 교외에 위치한 교회가 많다). 이 교회들은 또한 신학과 교단의 형태가 다양하다. 그러나 모두 기본적인 특징을 공유하고 있다.

가정 통합 교회의 특징

가족이 다 함께 예배한다

가정 통합 교회에 들어가면 가장 먼저 눈에 띄는 것이 아기들의 존재다. 우리는 주변에 아기가 없어도 이상하다고 느끼지 않게 되었고, 보통 이 사실을 인지하지 못한다. 회중 예배가 주로 성인을 대상으로 드려지는 것에 익숙해졌기 때문이다. 사실 내가 얼마 전에 설교하러 방문한 교회에는 "휴대전화, 다른 기기 알람은 꺼주시거나 무음으로 해주시고, 4세 이하 유아들은 조용히 시켜주십시오"라고 쓰여 있었다. 이는 다시 말해, '아기는 안 돼요!'라는 의미다.

그런데 가정 통합 교회에는 아기들이 비정상적으로 많다는 사실에 놀라고 나면, 이번에는 예배당 안에 청소년석이 없다는 사실에 관심이 쏠릴 것이다. 게다가, 청소년은 실제로 가족과 함께, 그것도 대가족과 함께 앉아 있다는 것을 알게 될 것이다. 그리 오래 걸리지 않아, 당신은 더는 캔자스주에 있지 않다는 사실을 깨닫게 된다. 당신이 평소 경험하는 일반적인 교회 모임과는 다르기 때문이다.

체계적인 분리가 없다

가정 통합 교회의 또 다른 독특한 점은 거의 모든 활동에서 모든 연령층과의 통합을 강조한다는 것이다. 이는 다른 '가정 중심' 사역과는 명백한 대조를 이룬다. 예를 들어, 가정 중심 청소년 사역의 옹호자인 마크 드브리스는 자신의 접근 방식이 완전한 통합이 아니라 부모가 일시적으로 자녀의 사역에 참여하는 것임을 인정한다. 가정 중심 청소년 사역(FBYM, Family Based Youth Ministry) 웹사이트에서 그는 다음과 같이 설명한다.

> 많은 사람이 가정 중심 청소년 사역을 시작하는 것을 <u>급격한 프로그램의 변화</u>와 혼동한다. 그러나 프로그램을 근본적으로 변경하지 않고 이러한 원칙을 구현하는 사람들이 저항을 훨씬 덜 받는 것이 사실이다. 따라서 가정 중심 청소년 사역을 시작하려는 교회는 단순히 한 번에 한 개의 가정 중심 프로그램을 실험해보고, 어떤 것이 잘 맞는지를 알게 될 때까지 이를 시도해보는 것이 좋다. 예를 들어, 부모와 청소년이 함께하는 주일학교를 몇 주 동안 해보거나, 부모 교육 행사를 기획하고 주최해볼 수 있다(밑줄 강조).[3]

드브리스가 프로그램을 변경하지 않고 가정 중심의 원칙을 적용하는 데 중점을 둔 것에 주목하라. 다시 말해, 그의 사역은 체계적으로 분리된 청소년 사역이며 단순히 부모의 중요성을 인정한 것뿐이다.

드브리스는 그의 사역이 다른 청소년 사역과 똑같다고 인정하며 이 문제를 명확히 밝혔다.

> 만약 당신이 우리의 정규 프로그램을 살펴보면 아마 "음, 평범하고 흔한 청소년 사역처럼 보이는군요. '가정 중심'이 뭐가 그리 특별한가요?"라고 말할지도 모른다. 사실 가정 중심 청소년 사역(FBYM)은 프로그램이 어떻게 보이는지에 관한 것이 아니라

프로그램을 어떻게 활용하는지에 관한 것이다. 우리는 가능한 한 많은 프로그램에서 어린이와 어른이 함께 소통하고 상호 작용할 기회를 제공하도록 노력한다.[4]

따라서 가정 중심 청소년 사역 운동과 가정 통합 교회 사이에는 큰 차이가 있다. 나는 드브리스의 노력에 큰 박수를 보낸다. 현대 방식에 대한 그의 평가는 완전히 옳다고 생각하며, 가정 중심으로 접근하려는 그의 노력이 더욱 성공하기를 기원한다. 청소년과 그들의 부모를 통합하기 위한 더 많은 사역이 필요하다. 하지만 이것이 반드시 가정 통합을 의미하지는 않는다.

이러한 관찰은 드브리스를 비난하기 위한 것이 아니라 흔한 오해를 지적하기 위한 것이다. 가정 중심 세대 통합 운동에 대한 정보를 들은 많은 사람과 대화를 나누었는데, 그들은 이것이 무엇인지 전혀 이해하지 못하고 있었다. 불행하게도, 나이대별로 구분된 주일학교, 어린이 부서, 수요일 저녁(그리고 어떤 곳에서는 주일 아침에도)에 열리는 청소년 예배와 같은 것들이 우리 문화 속 기독교인의 마음에 너무 깊게 자리 잡고 있어서, 가정 중심 운동에서 부모의 참여를 강조하는 모델이 가정 통합 모델의 전부라고 생각했다.

가정 통합 교회 운동은 그 자체가 교회학적 원리로서 통합을 강조한다는 점에서 다른 교회 접근법과 쉽게 구별할 수 있다. 최근 남부 지역의 대형 교회 목사와 이 문제에 관해 대화를 나눈 적이 있다. 그는 한 예비 교인과 가정 통합 교회에 대한 주제를 논의한 적이 있다. 상대방이 가정 통합 교회라는 용어를 사용했을 때 그 목사는 이를 평가할 수 있는 기준이 없었다. 이 목사는 자기 교회가 가족에 친화적이거나 가정 중심적이라고 생각했다. 그래서 상대방에게 자신의 교회가 가정 통합 교회라고 말했다. 하지만 상대방이 동의하지 않는 이유를 이해하지 못했다.

나중에 내가 그 교회에 설교하러 방문했을 때 그는 내가 우리 교회를 설명하기 위해 가정 통합이라는 용어를 사용한다는 사실을 발견했다. "그 용어에 관해 설명해주시겠어요?" 그는 다소 당황한 표정을 지으며 물었다. 나는 가정 통합 교회의 특징을 설명했다. 그러자 그는 이전에 그와 예비 신도 사이의 대화에서 있었던 공백을 즉시 이해했다. 이 교회에는 어린이 예배, 중학교 사역, 고등학교 사역, 주간 청소년 예배, 분리된 주일학교 수업, 분리된 선교 여행, 청소년 캠프 등 수십 개의 분리된 사역이 존재했다. 그러나 부모의 참여를 높이는 데 중점을 두었기 때문에 그의 교회는 그가 알고 있는 다른 모든 대형 교회보다 기념비적인 발걸음을 내딛고 있었다. 따라서 그는 자신의 교회를 가정 통합적이라고 생각했던 것이다.

다시 한번 말하지만, 나는 그 목사를 비난하려는 의도가 전혀 없다. 단지 현대 모델에 대한 가정 중심적 또는 가정 친화적 접근과 가정 통합적 패러다임 간의 차이를 명확히 해야 할 필요성을 보여주려는 것뿐이다. 가정 통합 교회는 개혁이자 패러다임의 전환이며, 교회를 운영하는 현재의 표준에서 완전히 이탈한 것이다. 가정 통합 교회에는 체계적인 연령 분리가 없다!

가정 안에서 복음 전도와 제자훈련이 이루어진다

가정 통합 교회에서 가정은 복음 전도와 제자훈련의 핵심 역할을 한다. 비판하는 사람들은 이 부분을 가장 의아해한다. 전국의 목사, 교수, 청소년 사역자, 부모와 대화하면서 이 지점에서 의아한 표정을 짓는 사람들을 자주 마주한다. 어떤 청소년 사역자는 "혹시 진짜로 부모들이 자녀에게 복음을 전하고 제자로 삼을 거라고 기대하시는 건가요?"라고 묻기도 했다. 나는 자신 있게 대답했다. "그럼요. 성경에서 그렇게 가르치는데 기대하지 않을 이유가 없죠." 그러자 그는 머리를 흔들며, "저도 성경에서 그렇게 가르치는 건 알지만, 부모 중에 그럴 수 있는 사람이 손에 꼽기도 어려울 것 같은데요"라고 말했다.

이러한 말보다 더 슬픈 사실은 이와 같은 이야기를 학계, 교회, 선교 단체에 속한 수십 명의 다른 사람에게서 수십 번씩 다른 방식으로 들었다는 사실이다. 가정이 성경에서 가르치는 대로 기능하는 것을 기대하는 것이 합리적이지 않다는 일반적인 견해가 있는 것 같다. 이는 지난 30년 동안 우리가 부모들에게 "우리는 훈련받은 전문가예요. 집에서는 시도하지 마세요"라고 말해온 결과일지도 모른다. 이제 30년이 지난 지금 우리는 (대부분이 분리된 교회에서 자라고 가정이 아닌 다른 환경에서 제자훈련을 받은) 부모들이 자기 자녀에게 복음을 전하고 제자로 삼을 능력이 없다는 데 놀라고 있는 것 같다. 나는 이렇게 회의적인 사람들에게 우리 교회 남성들의 삶에서 나타난 변화를 이야기하는 것을 좋아한다.

나는 방문하는 교회마다 그 교회에서 하는 남성 사역의

비결을 알아보려고 애쓴다. 어떤 교회는 저명한 설교자와 찬양 인도자를 초청하는 대규모 이벤트를 연다. 또 다른 어떤 교회는 실용적이며 실생활 문제에 중점을 둔 주간 성경 공부를 한다. 사냥 대회를 개최하고 사냥한 동물로 요리한 음식을 제공하는 교회도 있었다. 또 다른 교회는 주중에 소모임을 하는 접근 방식을 택한 곳도 있었다. 이 모든 시도는 하나의 질문에 답하기 위한 것이다. 어떻게 하면 남성들의 참여를 이끌어낼 수 있을까? 재미있게도 이러한 접근법은 모두 하나님이 남성에게 주신 최고의 성경적 명령을 배제하고 있다. 즉, 그리스도가 교회를 사랑한 것처럼 아내를 사랑하고 자녀를 주의 교훈과 훈계로 양육하라는 명령이 빠져 있는 것이다(엡 5:25-6:4 참고). 우리는 남성들에게 가족의 선두에 서서 방향을 제시할 수 있도록 준비시키고, 기대하며, 격려하지 못했다. 그래서 오늘날 남성들이 삶에서 존중과 도전을 받고 있지 못한다고 느끼는 것은 아닐까?

데이비드 블랙은 『사춘기의 신화』에서 이 상황의 모순에 대해 보여준다. 그는 다음과 같이 언급한다. "그래서 남성들이 중요성과 목적을 찾으려는 남성적 욕망을 충족하려고 자기 일에 몰두하는 게 당연하다!"[5] 낸시 피어시는 남성의 수동성과 종교적 부재가 서양 기독교에만 나타나는 독특한 현상이라고 지적한다. 그녀의 말에 따르면, "동방 정교회에서는 남녀의 성비가 대체로 균형을 이루고 있으며, 유대교와 이슬람교에서는 실제로 남성이 우세하다. 그러므로 남성이 여성보다 종교적이지 않다고 설명하기 어렵다."[6]

나는 남성들이 자기 가족을 전도하고 제자훈련하는 책임을 질 때 주간 성경 공부를 하는 것보다 더 동기 부여가 되고, 적극적으로 참여하게 된다고 확신한다. 남성에게 매주 모임에 참석하라고 이야기하는 것은 달성할 가치가 있는 도전이 아니다. 달에 한 번 아침 식사로 계란 요리를 해달라고 부탁하는 것도 남성이 찾는 성취감을 주지 못한다. 그러나 가족을 전도하고 제자로 삼는 임무를 주면, 그에게 정복해야 할 산이 생긴다. 톰 엘드리지(Tom Eldredge)가 이를 잘 표현하고 있다. "교회는 아버지를 준비시키고 그의 조력자인 아내를 도움으로써 자녀에게 가장 좋은 사역을 할 수 있다. 가정에서 넘치는 사랑이 지역 사회에까지 영향을 미칠 것이다."[7] 이것은 사실이다. 실제로 나는 이를 직접 목격했다.

팀은 우리 교회에 처음 온 지 몇 달 후, 처음으로 아버지 모임에 참석했다. 남성들은 한 달에 한 번 교제, 기도, 비전 공유, 교회 업무 등을 위해 모이는데, 가끔은 간증의 시간도 보낸다. 이 특별한 수요일 밤, 팀은 감추기 힘든 감정을 나누고 싶었다. 그는 깊게 숨을 들이마시고 손을 들어 크게 한숨을 내쉬며 이야기하기 시작했다.

"저는 사람들 앞에서 말하는 걸 별로 좋아하지 않아요. 그런데 이 얘기를 하지 않으면 터질 것 같습니다." 그는 초조하게 청바지 옆면에 손을 문지르며 말했다. 팀은 계속해서 이전에 다니던 교회에서(휴스턴 지역의 유명한 대형 교회) 주일학교 부장을 맡았으며, 자신이 그 교회의 리더 중 한 명으로 여겨졌다고 말했다. 그러나 그레이스 교회에 와서는 예전 교회에서 자신이 평가되던 기준이 그리 높지 않았다는 사실을 깨달았다. 그는 눈물을 글썽이며 우리 교회에 오기 전에는 가정에서 예배, 성경 공부, 교리문답 등 어떤 것도 인도해본 적이 없었다고 고백했다.

사실, 그는 왜 그런 일을 가정에서 해야 하는지 전혀 생각하지 못했다. 매주 교회에서 봉사하고 있었고(주일학교, 주일 아침 예배, 주일 저녁 예배, 수요일 저녁 예배), 심지어 집에서 딸들을 교육하기까지 했다. 그러나 아무도 그에게 가족을 제자로 삼아야 한다고 말해준 적이 없었다. 그레이스 교회에 참석한 지 몇 주가 지난 어느 날, 그의 딸들이 다가와 물었다. "아빠, 왜 우리 집만 가정 예배를 드리지도 않고, 교리문답을 공부하지도 않죠?" 그는 그 질문에 무뚝뚝하게 반응했는데, 사실 그것이 '우리만 그러는 건 아닐 거야'라고 항의하는 것이었음을 인정했다. 하지만 그는 더 나은 방향으로 생각하기로 했다. 그는 "얘들아, 나도 잘 모르겠구나. 하지만 이제부터는 바뀔 거야"라고 말했다.

그다음 주, 교제를 위한 식사 모임에서 그는 한 장로를 찾아가 "어떻게 하면 가정 예배와 교리 교육을 시작할 수 있을까요?"라고 물었다. 우리 교회에서는 사람들이 이런 질문을 흔히 던지기에, 그는 금세 답을 얻을 수 있었다. 팀은 새롭게 결심하고 철저히 가르침을 받은 뒤, 바로 다음 날부터 가족을 예배와 교리 교육으로 이끌기 시작했다. 그는 남성들에게 그 이야기를 풀어내면서 참지 못하고 눈물을 흘렸다. "여러분, 저는 사업에서도 성공하고 멋진 결혼 생활도 하고 있어요. 아름다운 딸도 네 명이나 있죠. 평신도로서 최선을 다해 열심히 봉사하고 있어요. 그러나 저는 아내와 아이들이 지금 저를 보는 방식을 그 어떤 것과도 바꾸고 싶지 않아요." 그는 살면서 처음으로 가정에서 영웅이 된 것처럼 느꼈다고 했다.

다른 남성들이 얼굴에 커다란 미소를 띠고 서로 둘러보았다. 그러자 집사 중 한 명이 침묵을 깨고 말했다. "형제님, 여기 있는 몇 명을 제외하고는 우리도 형제님과 똑같은 위치에서 시작했어요." 우리는 남성 모임에서 이와 유사한 증언을 수십 번이나 들었다. 그런데 아무리 들어도 절대 질리지 않는다. 아버지들이 하나님의 부르심에 따라 창조되고 준비되어 이러한 도전을 받아들일 때, 가족에게 변화가 일어나는 것은 참으로 놀라운 일이다. 이러한 축복은 남성이 아내와 자녀와 이웃에게 복음 전하는 데서도 열매를 맺었다. 우리는 가정과 삶이 분명히 변화된 이 남성들에게서 기꺼이 복음을 듣는 친구, 친척, 이웃의 이야기를 끊임없이 듣는다. 억지나 강제가 아니라, 그저 새롭게 불타오른 열정을 품은 남성들이 자랑스럽게 이야기하고 싶어 하는 것이다.

교육을 제자훈련의 주요 구성 요소로 강조한다

아마도 가정 통합 교회 운동의 두드러진 특징은 홈스쿨링을 하는 가정 수가 아주 많다는 점일 것이다. 사실 가정 통합 모델에 대해 들어본 사람들이 가장 먼저 하는 질문이 "가정 통합 교회에서는 대부분 홈스쿨을 하나요?"이다. 이는 가정 통합 교회 모델이 홈스쿨 운동을 주도하는 많은 원칙에 기반하기 때문이다. 자녀 교육에 대한 책임을 지기로 결정한 가정들은 교회가 제자훈련 분야에서 동일한 가정의 역할을 기대한다는 사실에 신선한 기분을 느낀다.

미국 기독교인 중 85퍼센트 이상이 자녀를 공립 학교에 보낸다.[8] 이 수치는 놀랍지만, 너무 오랜 시간 관행이었기에 그 중요성을 잘 인지하지 못한다. 상상해보라. 만약 기독교인 중 85퍼센트가 투표한다면 어떻게 될까? 더 나아가, 만약 기독교인 중 85퍼센트가 전도하거나 십일조를 드리거나 등록한 교회에 꾸준히 참석한다면 어떻게 될까? 이 일 중 하나라도 일어난다면 모든 기독교 출판물의 헤드라인을 장식하게 될 거라고 장담한다. 기독교인 85퍼센트가 어떤 단일 활동에 참여하는 것은 거의 불가능에 가깝지만, 놀랍게도 85퍼센트가 동일한 교육적 선택을 내리고 있다.

따라서 주로 홈스쿨 가족을 끌어들이는 운동은 참으로 이례적인 것이다.[9] 어떤 사람들은 가정 통합 교회가 "홈스쿨링 하는 사람만 회원 자격이 있습니다"라고 적힌 표지판을 밖에 걸어둔다고 생각할 수도 있다. 그러나 실제로는 그렇지 않다. 이 모델은 단순히 기독교 가정 교육(그리고 고전적인 세계관 학교) 운동의 기초를 형성하는 같은 가정과 원칙에 따라 만들어졌다.

이러한 움직임은 교육을 제자훈련의 구성 요소로 삼기 때문에, 단순히 학문적인 추구를 넘어 신학적 교육과 준비를 지향한다. 불행히도 많은 형태의 기독교 교육은 이 원칙을 잊거나 버림으로써 딜레마에 빠져버렸다. 데이비드 베이커(David

Baker)와 코르넬리우스 리오단(Cornelius Riordan)은 가톨릭 교육에서 신학적 내용과 목표의 쇠퇴가 미치는 영향에 관한 연구에서 이 냉혹한 현실과 직면했다.

> 가톨릭 학교는 점점 더 많은 비신자, 사회에서 가장 부유한 계층의 자녀, 종교를 믿지 않는 아이들을 교육하는 사립 학교 체계로 전환될 위기에 처했다. 이는 곧, 기존의 일반 가톨릭 학교가 신앙 교육보다는 학업 준비를 더 중시하는 엘리트 사립 학교로 빠르게 변모하고 있다는 뜻이다(밑줄 강조).[10]

베이커와 리오단은 이 모든 것이 어떤 방향으로 나아가는지를 확인했다. 만약 우리가 자녀에게 믿음 가르치기를 그만두면, 우리는 믿음의 공동체로서 존속할 수 없게 될 것이다. 이것은 매우 간단한 문제다. 우리 자녀의 교육을 시저에게 맡기고, 그들이 로마인이 되어 돌아오는 것에 놀랄 필요가 없다. 그보다 더 중요한 것은, 기독교 학교에서 시저의 방법을 계속 사용하면서 다른 결과를 기대할 수 없다는 것이다. 교육은 제자도에서 분리될 수 없다(눅 6:40).

우리 교회에서는 교육 선택의 결과에 대한 교훈을 전하는 데 주저하지 않는다. 1988년부터 느헤미야 연구소는 세계관을 형성하는 가장 중요한 요소가 교육이라는 것을 입증했다. 그들의 연구는 공립 학교에서 교육받은 크리스천 학생과 부모, 그리고 진정한 기독교 학교에서 교육받은 학생 간의 세계관에 큰 격차가 있음을 보여준다. 이런 정보를 알면서 침묵할 수는 없다. 특히 예수님이 "나를 믿는 이 작은 자들 중 하나라도 실족하게 하면 차라리 연자맷돌이 그 목에 매여 바다에 던져지는 것이 나으리라"(막 9:42)고 말씀하셨기에 더욱 그렇다.

유대인 공동체의 많은 사람이 젊은 세대의 치명적인 손실에 대해 경각심을 갖기 시작했다. 앤서니 고든(Antony Gordon)과 리처드 호로비츠(Richard Horowitz)는 상황이 변하지 않을 때 다가올 유대인 공동체의 어두운 미래를 경고하고 있다.

> 현재 이용할 수 있는 데이터와 다양한 인구 조사에 따르면, 미국의 유대인 공동체가 엄청난 붕괴 과정을 겪고 있는 것으로 나타난다. 한때는 모든 유대인이 유월절, 안식일, 다른 유대인의 절기들을 함께할 유대인 손자, 손녀가 있다는 사실을 당연시했던 시기가 있었다. 그러나 명확한 데이터는 이러한 기대가 더는 근거가 없다는 것을 보여준다. 실제로 우리의 연구에 따르면, 짧은 시간 안에 미국의 유대인 공동체의 전체 모습은 변할 수밖에 없다.[11]

고든과 호로비츠는 미래를 예측했다. 현재 상태가 그대로 유지된다면 유대인 공동체는 지구상에서 사라질 것이다. 그들은 충격적인 그래프와 차트, 통계를 통해 무시할 수 없는 암울한 상황을 그리고 있다.

〈표본 인구수〉

	가족당 평균 자녀 수	타인종 간 혼인율	1세대	2세대	3세대	4세대
정통주의	6.4	3%	100	295	874	2588
현대 정통주의	3.23	3%	100	151	228	346
보수주의	1.82	37%	100	62	38	24
개혁주의	1.72	53%	100	51	26	13
무교단	1.62	72%	100	36	13	5

이 연구는 유대인 생존의 세 가지 주요 정량적인 측면, 즉 <u>타인종 간 혼인율, 출생률, 유대교 교육 수준</u>을 기준으로 삼았다. 이러한 모든 요소를 종합하여 연관성을 분석하면, 미국 유대인들의 미래에 대한 걱정스러운 모습이 드러난다. 급증하는 타인종 간 혼인율, 감소하는 출생률 그리고 불충분한 유대교 교육은 계속해서 미국의 유대인 사회를 파괴하고 있다(밑줄 강조).[12]

유감스럽게도, 이러한 용어는 우리가 흔히 생각하는 용어가 아니다. 출생률에 관한 설교를 들어본 적이 있는가? 기독교인 대다수는 그리스도인 공동체를 보존해야 할 유산으로 생각하지 않는다. 우리는 심지어 혼인율을 지속성의 한 부분으로 생각하지도 않는다. 그러나 이 유대인 연구자 두 명의 작업은 통찰력이 있을 뿐만 아니라 예언적이기도 하다.

〈월스트리트 저널〉(*The Wall Street Journal*)마저 출생률과 혼인율, 믿음의 생존과 관련된 문제를 기사 1면에 실었다. 그 기사의 제목은 "조로아스터교도, 종교를 구하기 위해 인터넷 데이트 도입: 감소하는 숫자가 고대 종교의 미래를 위협한다"[13]이다. 이 문제는 문화 전쟁의 핵심이며 가정 통합 교회의 지도 원칙과도 일치한다. 이 움직임은 결혼과 가정에 대한 성경적인 관점, 전도, 제자훈련, 기독교 교육 그리고 성경적으로 자격을 갖춘 리더십을 장려함으로써 혼인율과 출생률과 종교 교육 문제에 대응하고자 한다.

가정 통합 교회의 지도 원칙

나는 주류 교회들이 가정 통합적인 교회로 바뀌길 바랄 만큼 순진하지 않다. 사실 그렇게 하고 싶어 하는 사역자와 이야기할 때면, 그게 바로 해고당하는 가장 쉬운 방법의 하나라고 말해준다. 대학과 신학교의 청소년 사역자로 가득한 교실에서 이러한 패러다임을 공유할 때면, 항상 "우리 교회가 이러한 방향으로 나아가게 하려면 제가 어떻게 해야 할까요?"라고 묻는 사람들이 있다. 그러면 나는 최대한 더티 해리(Dirty Harry, 클린트 이스트우드가 영화 〈더티 해리〉에서 연기한 캐릭터를 가리킨다. 가혹하고 무모한 경찰관인 이 캐릭터는, 힘과 결단력으로 범죄와 싸우는 이미지로 유명하다—역자 주)같이 냉혹한 시선으로 그들을 바라보며 "당신이 교회를 이 방향으로 바꾸려고 하면, 부모들이 당신을 죽일 것이고, 목사님이 당신의 시체를 해고할 거예요!"라고 말한다.

가정 통합 모델을 추구하려다 일자리를 잃은 사람들을 만난 적이 있다. 또 교회에서 연령별 분리를 없애고자 노력했던 몇몇 사역자가 직장을 잃은 경우도 보았다. 다시 말하지만, 이 것은 패러다임의 전환이다. 우리는 새로운 프로그램에 관한 이야기를 하는 게 아니라, 교회, 대학, 신학교, 가정에서 받아들여진 철학을 완전히 개편하려는 것이다. 이 모델은 목회자들이 대형 교회 콘퍼런스에서 새로운 목회진 구성이라는 아이디어를 얻어 집으로 돌아가는 것 같은 교회 성장 방안이 아니다. 실제로 가정 통합 교회 사역에는 사역자가 많이 필요하지 않다.

그러나 몇 가지 원칙은 방법론을 초월한다. 나는 어떤 교회라도 리더가 몇 가지 간단하고 성경적인 개념을 받아들이기만 하면 더 가정 통합의 방향으로 나아갈 수 있다고 믿는다. 당신이 교회의 리더라면 당신의 교회 문화를 바꿀 수 있는 몇 가지를 제안하고 싶다. 당신이 교회 리더십에 속해 있지 않다면 이러한 것들을 기도 제목이라고 생각해도 좋다. 이러한 진리들이 교회에서 두드러지게 나타나도록 하나님께 부르짖으라. 친구들과 이에 관해 이야기하고 당신의 가정에서부터 실천하기 시작하라. 하나님이 당신을 통해 잠자는 거인을 깨우고 당신의 교회를 가정 통합으로 나아가게 하실 것이다.

결혼과 가정에 대한 성경적 관점을 장려하라

예닐곱 명의 자녀를 둔 평범한 미국 교회에 다니는 어머니라면 누구나 말하듯이, 이교적이고 세속적인 인본주의 문화만이 자녀에 대해 부정적인 태도를 보이는 것은 아니다. 더욱이 비기독교인과 그리스도인의 이혼율을 비교해보면 결혼에 대한 우리의 태도와 헌신이 전혀 모범적이지 않다는 것을 알게 된다. 결혼과 가족에 대한 성경적 관점을 장려해야 한다는 주장이 퇴색되고 있다. 우리는 이러한 흐름을 막아야 한다.

> 거슬러 오르기 어려운 문화의 흐름 속에서 우리는 말과 실천에 있어 자녀를 "여호와의 기업"(시 127:3)으로 받아들여야 한다. 경건한 부모는 가정에서부터 제자 삼는 일을 할 수 있으며, 자녀가 부모를 본받아 예수님을 위해 살아갈 수 있도록 훈련하는 것보다 더 큰 투자는 없다는 사실을 이해할 것이다. 교회는 부모들을 훈련하여 아이들에게 복음을 전하고 그들을 제자로 삼을 수 있게 해야 한다.[14]

세상을 변화시키려면 먼저 교회를 변화시켜야 한다. 현재로서는 우리 문화가 결혼과 가족을 보는 방식과 교회가 보는 방식 간에 뚜렷한 구별이 없다. 모든 교회를 가정 통합 교회로 바꿀 필요는 없지만, 결혼과 가족에 대한 성경적인 시각을 촉진해야 한다. 이를 위해 결혼을 높이 평가하고, 자녀를 환영하고 축하하며, 가정을 중요시하는 것이 필요하다.

교회는 결혼을 높이 평가해야 한다. 아내와 내가 결혼했을 때 많은 크리스천 친구가 슬퍼했다. 우리는 대학을 졸업하기도 전에 결혼하여 불문율을 깬 것이다. 아이러니하게도 기독교인이 아닌 친구들은 우리에게 동의하지는 않았지만, 우리가 분명한 기독교적 원칙을 따른다는 사실을 존중했다. 그들 중 많은 사람은 기독교인이 주류에서 벗어난 일을 하는 것을 보고 용기를 얻기도 했다.

청년들이 결혼하기에 적절할 때까지 기다리라는 말을 듣는 것이 문제가 아니다. 문제는 대학 졸업 후에 결혼해야 한다는 생각이 완전히 자의적이고 세속적이며 성경적이지 않은 기준이라는 것이다. 우리의 메시지는 성경적이어야 한다. 성경적 자격을 갖추고 결혼할 준비가 되어 있으며, 하나님이 그 기준에 맞는 짝을 보내실 때 결혼하면 된다. 청년들이 어린 나이에 결혼한다고 슬퍼해서는 안 된다. "아내를 얻는 자는 복을 얻고 여호와께 은총을 받는 자니라"(잠 18:22). 대학 졸업이라는 임의의 문화적 기준을 넘기 전에 배우자를 찾게 된다면 좋은 것이다. 결혼은 젊은이의 목에 걸린 짐이 아니라 귀한 보석이다. 우리는 결혼을 축하해야 한다.

교회는 아이들을 환영하고 축하해야 한다. 오, 교회가 시편의 글처럼 아이들을 축하하는 모습을 보였으면 좋겠다.

> 보라 자식들은 여호와의 기업이요 태의 열매는 그의 상급이로다 젊은 자의 자식은 장사의 수중의 화살 같으니 이것이 그의 화살통에 가득한 자는 복되도다 그들이 성문에서 그들의 원수와 담판할 때에 수치를 당하지 아니하리로다(시 127:3-5).

우리가 이를 믿는다면 아이들을 축복으로 여기게 될 것이다. 나는 최근 천 명이 넘는 목회자에게 설교하면서 이 문제를 다루었다. 설교가 끝난 후 20대 젊은 여성이 복도에서 나를 멈춰 세웠다. 그녀의 눈은 눈물로 가득 차서 거의 말할 수 없는 상태였다. 그녀는 침착함을 되찾으려고 애쓰면서 입술로 "고마워요"라는 말을 내뱉었다. 그녀는 심호흡하고 이렇게 말했다. "제 남편은 시골 교회의 젊은 목사예요. 최근에 임신 사실을 알게 되어서 교회에 알렸더니 많은 성도가 '그런데 두 사람은 아직 너무 어려요'라고 말했어요."

이 젊은 여성의 경험은 우리 땅 곳곳에서 반복되고 있다. 어떻게 된 건지 우리는 아이들이 축복이 아니라 짐이라고 믿게 된 것 같다. 만일 교회가 문화적, 도덕적 부패의 풍조를 막고자 한다면, 아이들에 대한 우리의 태도를 바꿔야 한다. 우리는 낙태를 찬성하는 이들의 행위를 비난하지만, 의도적으로 자녀를 갖지 않으려고 생명의 가능성마저 끊어버리는 부부에게는 한마디도 하지 않는다. 아내와 나처럼 물질주의적인 거짓말을 믿어서, '대학 교육비 증가'와 대형 SUV와 아이들에게 각 방을 줄 수 있는 큰 집이 필요하다는 이유로 미래의 자손이 태어날 가능성마저 차단하는 이들에게 말이다. 주여, "생육하고 번성하라"는 주님의 명령을 우리가 기꺼이 받아들이게 하소서(창 1:28).

교회는 가정을 중시해야 한다. 몇 달 전 대학부 사역자와 점심을 함께 먹었는데, 그는 가정의 위기를 겪고 있다고 했다. 그의 딸이 한 달 이상 교회에 출석하지 않았다고 했다. 나는 의아해하며 물었다. "어떻게 그렇게 되었죠?" 그는 "그렇게 되는 게 별로 어려운 일이 아니에요"라고 대답했다. 대화의 구체적인 내용을 정확히 기억하지는 못하지만, 전반적인 내용은 영원히 기억에 남을 것 같다.

딸아이는 9시 15분에 주일 성경 공부를 하러 갔다가 10시 50분 예배에 참석했어요. 그 시간에 우리는 이미 예배를 드리고 있었죠. 우리 부부는 9시 15분 예배에 갔다가 10시 50분에 성경 공부를 하러 가거든요. 딸이 열여섯 살이 되면서 우리와 다른 차로 교회에 가기 시작했어요. 아이가 가끔 예배가 끝난 후에도 남아서 친구들과 놀거나 교회 가는 길에 친구들을 차에 태워 가기도 했으니까요. 수요일 밤에는 청소년 예배를 드리다가 나중에는 대학부 예배에 참석했죠. 아내는 성가대에서, 저는 어와나(AWANA)에서 섬겼기 때문에 우리는 수요일에도 따로 교회에 갔어요. 주일학교 선생님이 딸에게 무슨 문제가 있는지 물어보기 전에는 아이가 교회 가지 않는다는 사실을 몰랐죠.

이 교회는 모든 연령대를 대상으로 한 다양한 활동을 제공하기에 가정에 가치를 부여하고 있다고 믿었다. 그러나 실제로는 정반대의 결과를 초래하고 있었다. 가족 구성원들이 자기 연령대에 맞는 그룹 활동을 하느라 너무 바빠서 완전히 다른 교회의 일원처럼 돼버린 것이다. 이 아버지는 주일학교 선생님이 말하기 전에는 자기 딸이 교회를 빼먹고 있다는 사실을 알지 못했다. 그는 냉담하고 무관심한 아버지가 아니라 실제로 교회 사역에 활발히 참여하는 사람이었다! 사실 그가 딸의 상황을 전혀 알지 못했던 것은 그의 활동(그리고 그의 가족 구성원 각각의 활동) 때문이었다.

모든 교회가 완전한 가정 통합을 향해 나아가는 것이 불가능하다는 사실을 알지만, 적어도 가족이 한차를 타고 교회에 올 수 있는 환경이 조성되기를 기도한다. 이를 위한 기도에 동참하기를 바란다. 만약 당신이 교회 리더라면 그 기도에 실천을 일으키길 기대한다.

가정 예배와 제자훈련을 장려하라

남침례교단 회원으로서, 나는 침례교인의 9퍼센트가 연간 한 시간도 가정 예배에 헌신하지 않는다는 연구 결과에 부끄러움을 느낀다. 몇 년 전만 해도 우리 가족도 그 통계에 포함되어 있었다는 것을 고백하기가 부끄럽다. 가끔 주일에 교회에 가기 어려울 때가 있어 집에서 예배드린 적은 있었지만, 가정 예배는 우리 생활 방식의 일부가 아니었다. 우리는 예배하는 가족이 아니었다.

더구나, 크리스천 스미스와 조지 바나는 기독교 가정이 어떤 형태의 의미 있는 제자훈련에도 참여하지 않는다는 사실을 확인했다. 바나는 이렇게 말했다.

> 부모가 자녀에게 더 실질적인 훈련을 제공하기를 꺼리는 이유는 준비가 부족하기 때문이다. 연구에 따르면, 부모는 일반적으로 자녀의 영적 발전을 위한 계획이 없고, 이를 우선순위로 생각하지 않는다. 또한 자녀의 신앙을 키우는 방법에 대한 훈련을 거의 또는 전혀 받은 적이 없고, 관련된 기준이나 추구하는 목표가 없으며, 책임을 지고 노력해야 할 필요를 느끼지 않는다.[15]

몇 년 전에는 이 부분에서 나도 비슷한 상황이었다. 나는 준비는 되어 있었지만, 계획이나 기준, 목표가 없었고, 자녀를 제자 삼아야 할 어떤 책임도 느끼지 못했다. 그래서 이 주제에 대해서는 침묵했다.

사람들은 내가 가정 예배와 제자훈련에 관해 이야기하면 지겨워한다. 때로는 이에 대해 말하고 있다는 사실조차 깨닫지 못할 때도 있다. 너무 평범하고 자연스러운 일상이라 아무 생각 없이 말하기 때문이다. 그러나 나는 우리 가정에서 아내와 자녀의 삶이 변화되는 것을 내 눈으로 직접 봤을 뿐만 아니라 가정 예배와 제자훈련이 일상인 우리 교회 신앙 공동체의 가정들이 놀랍게 변화하는 모습도 지켜보았다.

개혁에 참여하라! 가족과 함께 정기적으로 예배를 드리라. 가정 예배가 당신과 가족에게 어떤 영향을 미쳤는지 확인하고, 이를 전파하라. 가정 예배가 당신에게 미친 엄청난 영향을 다른 이들에게 알리고 길을 보여주라. 기회가 있을 때마다 이를 홍보하라. 당신이 교회에서 리더를 맡고 있다면, 다른 사람들이 볼 수 있도록 이 성경적인 실천의 모범을 보이고, 그들도 따라 하도록 격려하라.

기독교 교육을 장려하라

기독교 교육은 문화 전쟁에서 중요한 도구다. 더 중요한 점은 기독교 교육이 다음 세대의 전도와 제자훈련에 중요한 수단이라는 것이다. 이는 누가복음 6장 40절에 나오는 예수님의 말씀에서 입증된다. "제자가 그 선생보다 높지 못하나 무릇 온전하게 된 자는 그 선생과 같으리라." 심지어 무슬림조차도 기독교 교육의 힘을 이해하고 있다. 셰이크 아마드 알카타니(Sheikh Ahmad Al Katani)는 악명 높은 알자지라(Al Jazeera) TV 방송 인터뷰에서 매년 아프리카 무슬림 600만 명이 기독교로 개종하고 있다는 사실을 이야기했다. 카타니에 따르면, 그 원인은 대규모 전도 행사가 아니라 기독교 교육이다. 아프리카에서 교육 전도의 성공에 대해 발언한 뒤 카타니는 다음과 같이 말했다.

> 존경하는 여러분, 우리는 모스크를 짓기 전에 먼저 예배자를 양성해야 합니다. 이슬람을 전파하는 일차적인 원천인 학교를 먼저 짓고, 모스크 건물이 아닌 교육으로 무슬림을 보호해야 하는 것입니다. 모스크를 짓는 일은 그다음에 하면 됩니다. 사실 이것이 우리가 저지르는 실수의 하나입니다. 우리는 다른 알 살람 같은 곳에 모스크를 짓고 자랑스러워하지만, 제발 저를 믿으십시오! 그 돈을 학교를 짓는 데 사용했다면 더 큰 이익이 있었을지도 모릅니다. 모스크를 짓기 전에 예배자를 양성해야 합니다. 선지자(알라의 기도와 평화가 그에게 있기를)는 10년 동안 모스크를 짓지 않고 사역했지만, 그 대신 사람들을 준비시키고 있었습니다. 선지자는 사역의 두 번째 단계에 들어선 후에 비로소 모스크를 세웠습니다…저는 제 말에 전적으로 책임질 것입니다. 모스크를 짓기보다 먼저 학교를 지어야 합니다. 예를 들어, 당신 자신을 생각해보십시오. 당신은 하루에 다섯 번 모스크에 가는데, 그 모든 시간을 더하면 한 시간 정도이거나 금요일 기도를 포함해도 아마 두 시간 정도일 것입니다. 그런데 학교에 얼마나 다녔느냐고 물으면 중학교 몇 년, 고등학교 몇 년을 다녔다고 답할 것입니다. 마찬가지로 아프리카 사람들도 모스크에

가지만, <u>우리가 학교를 지어 전문 교육자를 제공하고, 대부분의 아이가 그곳에서 시간을 보내면, 적어도 이 위험한 문어발식의 기독교 선교를 막을 수 있을 것입니다</u>(밑줄 강조).[16]

카타니는 많은 미국 기독교인이 무시하기로 선택한 것을 인정하고 있다. 우리가 한 사람의 인생에 가장 큰 영향을 미칠 방법은 바로 교육이다. 그러나 우리는 너무 오랫동안 지상대명령에 명시된 제자화의 중요 요소를 무시하는 형태의 전도에 전념했다. 우리는 개종자가 아니라 제자로 삼으라고 부름을 받았다. 그리고 다음 세대를 제자화하는 가장 효과적인 방법은 교육이다.

전능하신 하나님을 인정하고 모든 과목을 기독교 유신론의 관점에서 바라보는 환경에서 크리스천 어린이들을 가르치는 것이 어떻게 유익하지 않을 수 있을까? 이를 리처드 백스터(Richard Baxter)가 다음과 같이 잘 표현했다. "당신의 학문이 하나님께 바쳐질 때 그리고 그분이 모든 학문의 결론이자 목표, 삶이 되실 때 당신의 학문은 거룩해진다."[17] 이 문제를 주의 깊게 연구하고, 교육이 우리 회중의 아이들에게 미치는 영향을 발견하며, 합리적이고 경제적인 교육적 대안을 제공하고, 홈스쿨 커뮤니티를 돕는 일을 통해 교회는 얼마든지 기독교 교육을 촉진할 수 있다.

먼저, 성경이 교육에 대해 무엇을 말하는지를 정직하게 연구하라. 성경은 교육 문제에 관해 침묵하지 않는다. 따라서 기독교 가정이 자신에게 가장 적합한 교육적 선택(공립 학교, 사립 학교, 홈스쿨)을 할 때 그냥 방관해야 한다는 의견에 동의할 수 없다. 성경이 이 문제를 다룬다면 나 역시 침묵할 수 없다. 성경을 들고 앉아 본문에서 그 문제에 관해 어떻게 이야기하는지 귀 기울여보라(6장 참고). 이 문제에 대해 절대 합의가 이루어지지 않겠지만, 관련 본문을 명확하게 검토하여 논의해야 한다.

둘째로, 교회 안에 있는 아이들의 세계관을 시험해보라. 만약 PEERS 테스트로 청소년의 세계관을 평가한 모든 교회처럼, 당신 교회 소속 학생 중 10퍼센트 미만이 성경적 세계관을 갖추었다는 것을 발견하면 어떻겠는가? 그 청소년들이 어디서 어떻게 교육을 받았는지가 가장 큰 원인이라는 것을 발견한다면? 교회 내에서 교육 문제가 매우 민감한 문제이기 때문에 많은 교회가 이러한 질문에 대한 답을 알고 싶어 하지 않는다. 그러나 우리는 계속해서 모래 속에 머리를 숨길 수 없다. 만약 당신 교회의 아이들이 세속적 인본주의와 마르크스적 사회주의에 끌려가고 있다면, 당신이 알게 되기를 바란다. 더 나아가 해결 방안을 행동으로 옮기기를 바란다.

셋째, 저렴한 교육적 대안을 찾아 지원해야 한다. 홈스쿨 협동조합부터 원룸형 학교까지, 비용이 많이 들지 않고 발견되기를 기다리는 대안이 많다. 도시 중심부의 실패한 학교에서 시간을 허비하는 아이들은 더 나은 길을 보여줄 누군가를 기다리고 있다. 어쩌면 당신의 교회가 그 문을 열 수 있을지도 모른다. 솔직히 말하면 쉬운 일은 아니다. 그러나 나는 일주일에 하루를 사용하는 성소를 짓기 위해 정기적으로 수백만 달러를 모금하는 신자 공동체가, 부모가 자녀에게 기독교 교육을 제공하는 데 도움이 되는 동전 몇 개 정도는 찾을 수 있으리라고 확신한다.

마지막으로, 우리는 홈스쿨 공동체에 다가가 그들을 포용해야 한다. 홈스쿨 법률 변호사 협회에 따르면, 미국에서 홈스쿨을 하는 부모의 절반 이상이 기독교인이 아니라고 한다. 단지 15퍼센트만이 복음주의자라고 한다. 홈스쿨 공동체는 엄청난 선교지다. 아마도 당신의 교회에서 홈스쿨링 가정을 지원하는 사역이나 홈스쿨 학생들을 위한 주일학교 수업을 시작할 수 있을 것이다. 또 학교 중심의 특별한 행사에서 홈스쿨을 하는 아이들에게 상장을 주는 것처럼 간단한 일을 할 수도 있다. 앞서 언급한 것처럼, 홈스쿨을 하는 가정은 사회적으로 고립되었다고 느끼기 쉽다. 이 문제를 해결하는 데는 긴 시간이 걸리지 않을 것이다.

성경적 자격을 갖춘 리더십을 장려하라

톰 엘드리지가 언급한 대로 "세상이 기독교 증언의 진정성을 확인하려고 할 때 가장 먼저 살펴보는 열매는 바로 교회 지도자들이 가정에서 얼마나 헌신하는가와 그들의 자녀를 어떻게 교육하고 있는가다."[18] 그러나 평범한 목회자 청빙 위원회에는 이와 같은 말은 적용되지 않는다. 목회자를 찾는 일은 신약성경의 본보기보다 기업의 CEO를 찾는 것과 더 닮아가는 것 같다.

내가 '성경적으로 자격을 갖춘' 지도자에 대해 이야기하면, 그것이 의미하는 바를 물어보는 사람이 얼마나 많은지 말하기도 부끄러울 정도다. 내가 본 최악의 경우는 목회자 청빙 위원회에 참가한 젊은 여성이 부닥친 상황이었다. 그녀와 교회 성도 11명은 최근 은퇴한 목사의 후임을 찾는 책임을 맡았다. 이 여성은 차기 목회자를 추천함으로써 교회의 미래에 영향을 미칠 수 있는 위치에 있었지만, 목회자가 갖추어야 할 자격 요건을 어디서 찾아야 할지 몰랐기 때문에 최악의 상황에 처해 있었다! 그리고 그러한 곤경에 처한 위원회는 그녀뿐만이 아니었다.

사실 청빙 위원 대부분이 목회자나 장로가 갖추어야 할 성경적 자질을 모르거나 양가적인 의견을 가지고 있다고 생각한다. 자격 없는 목회자가 넘쳐나고, PK, 즉 목회자의 자녀라는 수수께끼 같은 완곡한 표현이 이를 증명한다. 목회자는 아이를 키우는 데 무능하기로 악명 높아서 우리는 그들의 방탕한 자손에게 이런 별명을 붙인다. 특히 문제가 되는 것은 성경이 우리에게 요구하는 많은 인격적 자질이 있지만, 목회자에게 요구되는 능력은 오직 두 가지뿐이라는 점이다. 목회자는 가르칠 수 있어야 하고, 자기 가정을 잘 관리해야 한다.[19] 하나님은 목회자의 자질 문제에 관해 침묵하지 않으신다.

> 미쁘다 이 말이여, 곧 사람이 감독의 직분을 얻으려 함은 선한 일을 사모하는 것이라 함이로다 그러므로 감독은 책망할 것이 없으며 한 아내의 남편이 되며 절제하며 신중하며 단정하며 나그네를 대접하며 가르치기를 잘하며 술을 즐기지 아니하며 구타하지 아니하며 오직 관용하며 다투지 아니하며 돈을 사랑하지 아니하며 자기 집을 잘

다스려 자녀들로 모든 공손함으로 복종하게 하는 자라야 할지며 (사람이 자기 집을 다스릴 줄 알지 못하면 어찌 하나님의 교회를 돌보리요) 새로 입교한 자도 말지니 교만하여져서 마귀를 정죄하는 그 정죄에 빠질까 함이요 또한 외인에게서도 선한 증거를 얻은 자라야 할지니 비방과 마귀의 올무에 빠질까 염려하라(딤전 3:1-7).

바울이 디도에게 보낸 편지에서는 이 문제를 훨씬 더 자세히 말한다. 가르치는 능력과 관련하여 그는 디도에게 "신실한 말씀의 가르침을 굳게 지키는 사람이라야 합니다. 그래야 그는 건전한 교훈으로 권면하고, 반대자들을 반박할 수 있을 것입니다"(딛 1:9, 새번역)라고 말한다. 따라서 목사와 장로 직분을 수행할 사람은 건전한 교리, 신학, 진리를 효과적으로 전달할 수 있는 능력 그리고 신앙의 기본 진리에 반대하는 사람들에게 논박할 수 있는 변증 능력을 갖추어야 한다.

그런데 이것은 최근에 churchstaffing.com에서 읽은, 목사를 찾는 교회에서 요구하는 사항과는 거리가 멀다. 이 '현대' 교회에 따르면 이상적인 후보자는 "드라마, 간증, 영상과 같은 창의적인 요소를 주제와 관련된 메시지에 기꺼이 활용할 줄 알아야 한다." 이것은 목사, 장로에 대한 성경적 요구 사항과는 전혀 관련이 없다. 게다가 교회의 설교와 가르치는 사역의 교리적, 신학적 완전성을 보장하는 데도 아무런 도움이 되지 않는다.

우리는 '가르치는 능력'이라는 문제에 몰두함에 따라 가정을 잘 다스리는 남성을 선택하라는 명령에 대해서는 훨씬 더 좋지 않은 결과를 거두게 되었다. 실제로 현재의 목사 선택 방식은 이러한 요구를 완전히 우회한다. 실제 이루어지는 목사 청빙 과정은 대략 이렇다. 위원회를 구성하고 이력서를 검토하기 시작한다. 그들의 겉모습과 기업적 가치(이전 교회 규모, 신학 석사 학위의 평판 등)를 기초로 하여 이력서를 평가한 다음 명단을 좁혀나간다. 명단이 추려지면 위원회는 그 목사의 설교 영상을 보거나 후보자를 직접 만나기 위해 여행을 간다.

만일 청빙 위원회가 충분히 감명받는다면, 그 후보자를 면접에 부를 것이다. 이 면접은 보통 후보자의 신학에 관한 몇 가지 형식적인 질문으로 구성된다(일반적으로 후보자가 동일 교단에 소속되어 있는지, 신학적 성향을 확인하는 질문). 그러나 대부분 면접 시간은 교회를 성장시키고 회중 예배, 프로그램, 교회 건축 요구를 잘 이루기 위한 후보자의 전략을 발견하기 위해 사용된다.

만일 후보자가 성과를 거둔 사람이라면, 위원회는 리더팀에게 그를 추천한 다음 교회 전체에도 추천할 것이다. 그 후에 후보자는 '설교 초청'이라는 과정을 거쳐 교회에서 부임을 제안받는다. 이는 후보자가 최고의 정장을 입고 최고의 설교를 준비해 설교한 후 교회가 그를 목사로 부를지를 두고 투표하는 것을 의미한다.

이 과정의 문제점은 무수히 많지만, 그중 한 가지 문제가 다른 것보다 두드러진다. 이 과정은 목사, 장로의 두 번째 요건을 완전히 무시한다. 존 맥아더(John MacArthur)가 예리하게 지적한 대로 "어떤 사람이 교회의 지도자 자격이 있는지 알아보려면 먼저 그가 자녀에게 미치는 영향을 살펴봐야"[20] 하는데 말이다. 우리는 언제 그 사람의 가족을 조사할까? 위원회는 언제 그의 집에 들어가 가정 예배를 드리는 모습을 관찰할까? 위원회는 언제 그가 아내, 자녀와 시간을 보내며 의도적이고 일관된 제자훈련과 멘토링을 통해 가족의 영적 발전에 얼마나 영향을 미쳤는지를 확인할 수 있을까? 또 언제 이 사람이 '자기 집을 잘 다스리는지' 또는 그의 자녀가 "방탕하다는 비난을 받거나 불순종하는 일이 없는 믿는 자녀"(딛 1:6 참고)인지를 알 수 있을까?

이러한 질문이 당신에게만 낯선 것은 아니다. 요즘에는 목사의 성경적 자질에 거의 관심이 없다. 인터넷 구인 사이트를 살펴보면, 교회 대부분이 엔론(2001년에 파산한 미국의 에너지, 물류, 서비스 회사)이 몰락하기 직전에 직원을 고용하던 방식과 똑같은 방법으로 목회자를 찾는다는 사실을 즉시 알 수 있을 것이다.

현재 접근 방식의 문제점은 두 가지다. 첫째, 성경의 명령을 무시하거나 모순된다. 둘째, 성경적 요구에 맞지 않는 목회자를 채용하면 몸 전체가 부패하게 된다. 리처드 백스터는 이를 다음과 같이 잘 표현한다.

> 당신이 경건하지 않고, 가족에게 하나님을 경외하라고 가르치지 않으며, 교제하는 사람들의 죄를 비판하지 않고, 그들의 헛된 이야기의 흐름을 바꾸지도 않으며, 그들에게 구원에 대해 분명히 이야기하지 않으면, 그들은 당신이 그런 것들이 필요하지 않다고 설파한다고 여기고 당당하게 그릇되게 행동해도 된다고 받아들일

것이다.[21]

"강단에 옅은 안개가 끼면 회중석은 짙은 안개로 뒤덮인다"는 속담이 있다. 우리 교회가 가정 회복에 앞장서기를 기대한다면, 먼저 리더들에게 더 높은 기준을 적용하는 것부터 시작해야 한다. 불가능하거나 비합리적이거나 율법적인 기준이 아니라 성경적인 기준이다. 자녀를 믿음으로 인도함으로써 복음 전도에 대한 헌신을 보여달라고 요구하는 것이 지나친 것일까? 순종적이고 예의 바르며 자신이 무엇을, 왜 믿는지 아는 자녀를 양육함으로써 제자도에 대한 헌신과 갈망을 보여달라고 하는 것이 지나친 것일까? 자녀에게 충분한 영향을 미쳐, 그들이 그리스도를 충성스럽게 따르는 사람이 되도록 인도하는 모습을 보여달라는 것이 지나친 요구일까?[22] 다시 말해, 하나님의 백성을 이끌어갈 남성에게 각 신자가 지향해야 할 유형의 양육을 모델로 제시해달라는 것이 너무 많은 요구인 것일까? 달리 말하면, 우리는 진짜로 장로들이 "양 무리의 본이 되[어야 한다]"(벧전 5:3)고 믿고 있는 것일까?

집으로 가는 긴 여정

다시 말하지만, 아마도 우리는 현실적인 문제 때문에 우리 교회를 가정 통합적으로 변화시키기 어려울 것이다. 그리고 완벽하게 바꿀 필요도 없다고 생각한다. 그레이스 교회에서 우리는 여러 세대에 걸쳐 이어지는 신앙에 대한 질문과 우려 대부분을 해결하는 모델을 찾았다. 더 중요한 점은 이 모델이 성경의 모델과 매우 일치한다는 것이다. 그러나 우리 교회도 완벽하지 않다. 우리는 매일 새로운 약점을 발견한다. 내일은 분명히 더 많은 약점을 발견할 것이다.

따라서 나는 이 장을 문자 그대로 따라야 하는 청사진으로 제시하지 않았다. 나는 단순히 관련 문제들을 제기하고 효과적이라고 입증된 몇 가지 해결책을 제시하고 싶었을 뿐이다. 또한 지난 몇 년간 이 주제에 관해 설교하고 강의하면서 받았던 질문에 몇 가지 답을 주고 싶었다. 가정 통합 교회의 독특한 특징을 그대로 따르지 않아도 가정 통합 교회에서 자녀를 양육하는 원칙에는 동의할 수 있을 것이다. 우리는 결혼과 가정, 가정 예배와 제자훈련, 기독교 교육 그리고 성경이 말하는 자격을 갖춘 리더십에 대한 성경적 관점을 장려할 수 있고, 마땅히 그렇게 해야 한다.

현실적으로는 교회와 가정을 보는 시각이 근본적으로 바뀌지 않는 한 우리 문화에서 두 기관의 쇠퇴는 멈추지 않을 것이다. 그러나 나는 그 흐름이 바뀌고 있다고 믿는다. 나는 전국을 다니며 이 메시지를 전했는데 그 반응은 압도적이었다. 몇몇 목회자는 나에게 그들의 교회를 가정 통합적으로 나아가게 하려면 어떻게 해야 하는지 물어왔다. 부모들은 길을 잃은 자녀의 사진을 가져왔다. 할아버지, 할머니는 내 눈을 똑바로 보며, "30년 전에 누군가가 이런 것들을 가르쳐주었으면 좋았겠어요"라고 말했다. 계속해서 반복되는 주제는 '왜 아무도 우리에게 이런 것을 가르쳐주지 않았을까요?'였다.

아이러니하게도, 내가 이 책에서 공유한 내용은 새로운 것이 아니다. 리처드 백스터는 1600년대에 같은 노래를 부르고 있었다. 그는 다음과 같이 언급했다.

> 가정을 개혁하기 전에는 일반적인 개혁을 이룰 수 없을 것이다. 여기저기에 종교적인 부분이 존재할지도 모르지만, 그것이 개인에만 국한되어 가정 안에서 증진되지 않으면 번영이나 발전적인 미래를 약속할 수 없다.[23]

나는 단지 하나님의 백성에게 다음 세대로 연결되는 신앙을 주제로 그분이 말씀하신 내용을 상기시키려 했을 뿐이다. 흥미로운 점은 하나님의 백성이 그분의 진리를 듣고 그에 따라 행동할 수 있는 완벽한 위치에 있다는 것이다. 증거는 냉정하고 해답은 간단하다. 지금이 바로 그때다. 한 번에 한 가정씩 구원함으로써 세속의 문화와 맞서 싸워 이기든지, 한 가정씩 세상에 빼앗기든지 둘 중 하나다. 어찌 되든 가정이 열쇠다.

실천하기

1. 당신의 가정이 예배하는 방식을 잘 살펴보라. 당신과 자녀는 진정으로 함께 예배하고 있는가? 같은 건물에 있는 다른 교회의 일원인 것은 아닌가? 가족이 동일한 교리와 신학을 믿고 그대로 살고 있는가?

2. 당신과 자녀가 서로 다른 예배에 참석한다면, 그 예배에서 어떤 경험을 하는지 한번 나누어보라. 당신과 자녀의 예배 경험에 많은 차이가 있는가?

3. 자녀가 당신과 함께 예배드리지 않는다면, 함께 예배를 드리자고 요청해보라. 부서가 나뉘어서 어쩔 수 없다면, 가끔씩 함께 예배드려도 좋다.

4. 가정들이 모여 예배도 드리고 교제도 나누는 소그룹 모임의 시작을 고려해보라.

교회의 리더들을 위해

1. 교회의 시스템을 살펴보고, 가족들이 떨어져 지내야 하는 시간이 얼마나 되는지 솔직하게 평가해보라.

2. 자녀라는 선물을 교회에서 축하해줄 수 있는 모든 기회를 활용하라.

3. 가정 통합적인 소그룹이나 성경 공부를 시작하는 것을 고려해보라.

4. 성경의 명령에 비추어, 목회자와 사역자를 채용하는 방식을 재평가하고, 여건에 따라 개선할 점을 반영하라.

주

1장. 당신의 가정은 지금 어떤 모습인가?

1. T. C. Pinkney, *Report to the Southern Baptist Convention Executive Committee* (Nashville, Tennessee, September 18, 2001), Pinkney는 교회 청소년 모임에 참여한 십대 중 70퍼센트가 고등학교 졸업 후 2년 이내에 교회를 떠난다는 사실을 보고했다. 또한 2002년 남침례교 가족생활 위원회 보고서에 따르면, 복음주의 가정에서 자란 아이 중 88퍼센트가 18세에 교회를 떠나는 것으로 나타났다.
2. George Barna, *A Biblical Worldview Has a Radical Effect on a Person's Life* (The Barna Group, 2003), 2005년 3월 29일 접속, https://bit.ly/3vZ5B2m
3. 위와 동일.
4. Christian Smith and Melinda Lundquist Denton, *Soul Searching* (New York: Oxford University Press, 2005), 270.
5. 위의 책, 115.
6. Thom Rainer, "A Resurgence Not Yet Realized: Evangelistic Effectiveness in the Southern Baptist Convention Since 1979," *The Southern Baptist Journal of Theology*, Vol. 9, No. 1, Spring 2005, 63. Rainer의 연구 결과에 따르면, 설문 참가자 31퍼센트는 진단 질문의 응답을 기반으로 볼 때 분명 기독교인이 아닌 것으로 보였으며, 다른 14퍼센트의 답변은 기독교인으로 분류하기에 모호했다고 전한다.
7. Smith, *Soul Searching*, 131.
8. 위의 책, 130.
9. 위의 책.
10. George Barna, *Parents Describe How They Raise Their Children* (The Barna Group, 2005), 2005년 3월 1일 접속, https://bit.ly/3HHNxwg
11. 위와 동일.
12. R. Albert Mohler는 Baptist Press Online에서 이를 언급했다. https://bit.ly/42pbHFu, 2005년 8월 15일 접속, Mohler는 6월 22일에 방송된 〈패밀리라이프 투데이〉(*FamilyLife Today*)에서 이를 언급했다.
13. Al Mohler, "First Person: Deliberate Childlessness & Moral Rebellion," Baptist Press Online, https://bit.ly/3u6Xtwd, 2005년 8월 15일 접속.

2장. 오직 한 분 하나님만 섬기라

1. 관련된 사람들의 신원을 보호하기 위해 이름을 바꾸고, 다른 운동으로 변경했다. 그러나 이것은 다양한 가족과 여러 차례에 만나며 겪었던 실제 일이다.

4장. 가정에서 성경적 세계관을 가르치라

1. Peter C. Craigie, "The Book of Deuteronomy," *The New International Commentary on the Old Testament*, R. K. Harrison and Robert L. Hubbard, Jr. 편집 (Grand Rapids, MI: Wm. B. Eerdmans, 1976), 170.
2. John Calvin, *Harmony of the Law*, Vol. I, https://bit.ly/3SkbqyJ, 2005년 8월 30일 접속.
3. The Barna Group, http://www.barna.org/FlexPage.aspx?Page=BarnaUpdate&BarnaUpdateID=156.
4. Francis Schaeffer, *How Should We Then Live?* (Old Tappan, NJ: Revell, 1976; Wheaton, IL: Crossway Books, 1983). 『그러면 우리는 어떻게 살 것인가』(생명의말씀사, 2018)
5. James Sire, *Naming the Elephant* (Downers Grove, IL: InterVarsity, 2004). 『코끼리 이름 짓기』(IVP, 2007)
6. Charles Colson and Nancy Pearcey, *How Now Shall We Live?* (Wheaton, IL: Tyndale, 2004). 『그리스도인, 이제 어떻게 살 것인가?』(요단출판사)
7. Christian Smith and Melinda Lundquist Denton, *Soul Searching* (New York: Oxford University Press, 2005), 133.
8. 위의 책.
9. the Barna Group, http://www.barna.org/FlexPage.aspx?Page=BarnaUpdate&BarnaUpdateID=156, 2004년 10월 7일 접속.
10. Encarta® World English Dictionary, Microsoft Corporation, 1999.

5장. 가정에서 말씀을 가르치라

1. Christian Smith and Melinda Lundquist Denton, *Soul Searching* (New York: Oxford University Press, 2005), 28.
2. 위의 책, 269.

3. 위의 책, 269-270.
4. John Bunyan, "Christian Family," http://www.biblebb.com/files/JB-001.htm
5. Hillary Rodham Clinton, *It Takes A Village and Other Lessons Children Teach Us* (New York: Touchstone Books, 1996).
6. David Wegener, "A Father's Role in Family Worship," *Journal of Biblical Manhood and Womanhood*, Vol. 3, Issue 4, 1998.

6장. 가정에서 말씀대로 행하라

1. John Rosemond, *A Family of Value* (Kansas City: Andrew & McMeel, 1995), 2.
2. 위의 책, 144.
3. 위의 책, 148.
4. 위의 책.
5. 위의 책.
6. 위의 책, 149.
7. 위의 책, 150.
8. 위의 책, 149.
9. 느헤미야 연구소는 1988년부터 세계관 테스트를 실시하고 있다. PEERS 테스트는 응답자를 네 가지 카테고리로 분리한다(기독교 세계관, 다소 기독교적, 세속적 인본주의, 사회주의). 결과에 따르면, 공립 학교에 다니는 그리스도인 학생들은 지속적으로 세속적 인본주의 또는 사회주의에 해당하는 점수를 기록하고 있다. 이 결과에 대한 파워포인트 자료는 www.nehemiahinstitute.com에서 확인할 수 있다.
10. Cal Thomas, "Steamy Teen 'Love' in Tampa," *Jewish World Review*, December 15, 2005, www.jewishworldreview.com/cols/thomas121505.asp, 2005년 12월 19일 접속.
11. 위와 동일.
12. Bruce Shortt, *The Harsh Truth About Public Schools* (Vallecito, CA: Chalcedon, 2004), 192-194.

7장. 가정은 하나님의 영역이다

1. http://www.naturallyconnected.com.au/fengshui.htm을 참고하라. 이와 관련된 것은 지구를 둘러싸고 사람들을 서로 그 주변과 연결하는 에너지 또는 힘인 '기' 대한 동양 신비주의적 신념이다. 이는 일체론(모든 것은 하나)과 범신론 개념과 밀접하게 연결되어 있다.
2. A. W. Pink, *Family Worship*, 2005년 4월 9일 접속, https://bit.ly/490RyYD
3. David Wegener, "The Father's Role in Family Worship," *Journal of Biblical Manhood and Womanhood*, Vol. 3, Issue 4, 1998.
4. Donald S. Whitney, *Family Worship: In the Bible, in History, and in Your Home* (Shepherdsville, KY: Center for Biblical Spirituality, 2006), 37. 『오늘부터, 가정예배』(복있는사람, 2017)
5. John Bunyan, "Christian Family," http://www.biblebb.com/files/JB-001.htm
6. 이 용어는 연령에 따라 교인들을 구분하지 않는 교회를 설명하는 데 사용된다. 젊은 부부, 청소년, 노인을 위한 별도의 성경 공부가 없다. 청소년 그룹이나 어린이 구역도 없다. 우리는 교회를 가족들의 가족으로 보며, 가족이 함께 예배하고 집에서 성경을 가르치라고 요구한다(따라서 주일학교가 없다). 내가 자주 언급하는 아이들은 우리 교회에 올 때까지 자녀를 어린이 예배로 따로 보내본 적이 없는 가정 출신이다. 가족 통합 교회 운동에 대한 자세한 내용은 www.visionforumministries.com을 참고하거나 우리 교회 웹사이트 www.gracecommunityinfo.org를 방문하라.

8장. 하나님의 은혜를 기억하라

1. 이 이야기는 2004년 5월 9일 휴스턴의 KPRC 2채널에서 방송되었으며, 나중에 아래 웹사이트에 올라왔다. http://www.click2houston.com/family/3287972/detail.html, 2004년 5월 10일 접속, Associated Press, copyright ⓒ 2004.

9장. 가정 중심 신앙을 위한 교회의 전략

1. Malcolm McDow and Alvin L. Reid, *Firefall: How God Has Shaped History Through Revivals* (Nashville: Broadman & Holman, 1997).
2. Tom Rainer, "A Resurgence Not Yet Realized: Evangelistic Effectiveness in the Southern Baptist Convention Since 1979," *The Southern Baptist Journal of Theology*, 9, No. 1, 2005.
3. Roger L. Dudley, "Indicators of Commitment to the Church: A Longitudinal Study of Church-Affiliated Youth," *Adolescence*, 28, No. 109, 1993, http://www.questia.com/PM.qst?a=o&d=5000179401, 2005년 12월 20일 접속.
4. Rainer, "A Resurgence Not Yet Realized," 63. 다시 말하지만, Rainer는 남침례교와 함께 일하고 있지만, 다른 교단도 적어도 그 수치는 좋지 않을 것으로 추정할 수 있다.
5. Mike Yaconelli, "Youth Ministry: A Contemplative Approach," *The Christian Century*, April 21, 1999, 450, http://www.questia.com/PM.qst?a=o&d=5001255487, Yaconelli는 Youth Specialties, Inc.의 공동 창립자이자 청년 사역의 열렬한 옹호자였다. 그의 생애 후반에 이 모델의 실패를 인정했지만, 그는 신비주의와 '신 영성 운동'을 통해 개혁을 추구했다. 그는 나중에 이머징 교회 운동의 핵심 인사가 되었다.
6. Doug Fields, *Purpose-Driven Youth Ministry* (Grand Rapids, MI: Zondervan, 1998).
7. Mike Yaconelli, "Youth Ministry: A Contemplative Approach," 450.
8. 위와 동일.
9. Pamela Smith McCall, "All in the Family," *The Christian Century*, April 18, 2001, 22, http://www.questia.com/PM.qst?a=o&d=5000988811, 2006년 2월 4일 접속.
10. Alvin Reid, *Raising the Bar: Ministry to Youth in the New Millennium* (Grand Rapids, MI: Kregel, 2004).
11. 위의 책.
12. Mark DeVries, "Passing It On: Reflections on Youth Ministry," *The Christian Century*, October 4, 2003에 인용됨, http://www.questia.com/PM.qst?a=o&d=5002019458, 2006년 2월 3일 접속.
13. Pamela Smith McCall, "All in the Family," *The Christian Century*, April 18, 2001, 22, http://www.questia.com/PM.qst?a=o&d=5000988811, 2006년 2월 4일 접속.

14. D. A. Carson, *Becoming Conversant with the Emerging Church* (Grand Rapids, MI: Zondervan, 2005). 『이머징 교회 바로 알기』(부흥과개혁사, 2009)
15. 위의 책.
16. Dan Kimball, *The Emerging Church: Vintage Christianity for New Generations* (Grand Rapids, MI: Zondervan, 2003). 『시대를 리드하는 교회』(이레서원, 2007)
17. 위의 책.

10장. 교회가 나아가야 할 방향

1. Alvin Reid, *Raising the Bar: Ministry to Youth in the New Millennium* (Grand Rapids, MI: Kregel, 2004).
2. 소위 가족 통합 교회라고 불리는 많은 교회는 분리된 많은 교회의 방법론에 염증을 느낀 홈스쿨 가족의 피난처일 뿐이다. 이 그룹 중 다수는 가정 교회 운동의 기본 요소가 많이 부족한데도 가정 교회로 분류된다. 이러한 곳은 종종 소극적이며, 선교나 전도에 거의 관심이 없다. 내가 말하는 가정 교회는 이런 그룹이 아니다.
3. http://www.familybasedym.com/about_faq.php를 방문하라.
4. 위와 동일.
5. David Allen Black, *The Myth of Adolescence: Raising Responsible Children in an Irresponsible Society* (Yorba Linda, CA: Davidson Press, 1999).
6. Nancy Pearcey, *Total Truth: Liberating Christianity from Its Cultural Captivity* (Wheaton, IL: Crossway Books, 2004). 『완전한 진리』(복있는사람, 2006)
7. Tom Eldredge, *Safely Home* (San Antonio, TX: The Vision Forum, Inc., 2003).
8. Bruce Shortt, *The Harsh Truth About Public Schools* (Vallecito, CA: Chalcedon, 2004).
9. 텍사스주 매그놀리아의 그레이스 교회(내가 섬기는 교회)의 가족 중 약 90퍼센트가 자녀를 가정에서 교육한다.
10. David P. Baker and Cornelius Riordan, "The 'Eliting' of the Common American Catholic School and the National Education Crisis," *Phi Delta Kappan*, 80, No. 1, http://www.questia.com/PM.qst?a=o&d=5001373454, 2005년 12월 20일 접속.

11. Antony Gordon and Richard Horowitz, *Will Your Grandchildren Be Jewish? Intermarriage Rates & Statistics for Orthodox, Modern Orthodox, Conservative, Reform & Unaffiliated Jews*, https://bit.ly/4bcgXjw, 2005년 11월 23일 접속.
12. 위와 동일.
13. Peter Wonacott, "Zoroastrians Turn to Internet Dating to Rescue Religion: Declining Numbers Threaten the Future of Ancient Faith," *The Wall Street Journal*, February 6, 2006.
14. Daniel Akin, "The Future of Southern Baptists: Mandates for What We Should Be in the Twenty-First Century," *The Southern Baptist Journal of Theology*, 9, No. 1 (2005).
15. George Barna, *Parents Accept Responsibility for Their Child's Spiritual Development but Struggle with Effectiveness* (The Barna Group, 2003), https://bit.ly/47XLtef, 2004년 12월 10일 접속.
16. 영어로 진행된 이 인터뷰는 다음 링크에서 볼 수 있다. http://www.formermuslims.com/forum/viewtopic.php?t=972
17. Richard Baxter, *The Reformed Pastor* (Edinburgh, Scotland: Banner of Truth, 1979). 『참 목자상』(생명의말씀사, 2012)
18. Eldredge, *Safely Home*.
19. 디도서 1장 5-9절, 디모데전서 3장 1-7절, 베드로전서 5장 1-4절을 참고하라. 목사, 장로에게 요구되는 성품과 자질은 많지만, 기술은 두 가지뿐이다.
20. John MacArthur, *Titus*, The MacArthur New Testament Commentary (Chicago: Moody Press, 1996).
21. Baxter, *The Reformed Pastor*.
22. MacArthur, *Titus*.
23. Baxter, *The Reformed Pastor*.

참고 도서

Akin, Daniel. "The Future of Southern Baptists: Mandates for What We Should Be in the Twenty-First Century." *The Southern Baptist Journal of Theology* 9, No. 1 (2005): 70-85.

Barna, George. *A Biblical Worldview Has a Radical Effect on a Person's Life.* Ventura, CA: The Barna Group, 2003; 2005년 3월 29일 접속; https://bit.ly/3vZ5B2m

──────. *Parents Accept Responsibility for Their Child's Spiritual Development but Struggle with Effectiveness.* Ventura, CA: The Barna Group, 2003; 2004년 12월 10일 접속; https://bit.ly/47XLtef

──────. *Parents Describe How They Raise Their Children.* Ventura, CA: The Barna Group, 2005; 2005년 3월 1일 접속; https://bit.ly/3HHNxwg

Baxter, Richard. *The Reformed Pastor.* Edinburgh, Scotland: Banner of Truth, 1979. 『참 목자상』(생명의말씀사)

Black, David Allen. *The Myth of Adolescence: Raising Responsible Children in an Irresponsible Society.* Yorba Linda, CA: Davidson Press, 1999.

Carson, D. A. *Becoming Conversant with the Emerging Church.* Grand Rapids, MI: Zondervan, 2005. 『이머징 교회 바로 알기』(부흥과개혁사)

Eldredge, Tom. *Safely Home.* San Antonio, TX: The Vision Forum, Inc., 2003.

Fields, Doug. *Purpose-Driven Youth Ministry.* Grand Rapids, MI: Zondervan, 1998.

Gordon, Antony, and Richard Horowitz. *Will Your Grandchildren Be Jewish? Intermarriage Rates & Statistics for Orthodox, Modern Orthodox, Conservative, Reform & Unaffiliated Jews 2005*; 2005년 11월 23일 접속; https://bit.ly/4bcgXjw

Kimball, Dan. *The Emerging Church: Vintage Christianity for New Generations.* Grand Rapids, MI: Zondervan, 2003. 『시대를 리드하는 교회』(이레서원)

MacArthur, John. *Titus*, The MacArthur New Testament Commentary. Chicago: Moody Press, 1996.

McDow, Malcolm, and Alvin Reid. *Firefall: How God Has Shaped History*

    Through Revivals. Nashville: Broadman & Holman, 1997.
Pearcey, Nancy. *Total Truth: Liberating Christianity from Its Cultural Captivity*. Wheaton, IL: Crossway Books, 2004. 『완전한 진리』(복있는사람)
Pink, A. W. *Family Worship*; 2005년 4월 9일 접속; https://bit.ly/490RyYD
Rainer, Tom. "A Resurgence Not Yet Realized: Evangelistic Effectiveness in the Southern Baptist Convention Since 1979." *The Southern Baptist Journal of Theology* 9, No. 1 (2005): 54-69.
Reid, Alvin. *Raising the Bar: Ministry to Youth in the New Millennium*. Grand Rapids, MI: Kregel, 2004.
Shortt, Bruce. *The Harsh Truth About Public Schools*. Vallecito, CA: Chalcedon, 2004.
Whitney, Donald S. *Family Worship: In the Bible, in History, and in Your Home*. Shepherdsville, KY: Center for Biblical Spirituality, 2006. 『오늘부터, 가정예배』(복있는사람)
Wonacott, Peter. "Zoroastrians Turn to Internet Dating to Rescue Religion: Declining Numbers Threaten the Future of Ancient Faith; Fertility Drugs in Mumbai." *The Wall Street Journal*, February 6, 2006.

스터디 가이드

1장. 당신의 가정은 지금 어떤 모습인가?

Day 1: 탈교회 비율

1. 이 책에서 소개된 탈교회 통계와 당신이 체감하는 정도에 차이가 있는가? 아니면 통계가 현 상황을 잘 반영한다고 생각하는가?

2. 아이들이 교회에서 이탈하는 문제를 예전부터 인식하고 있었는가? 아니면 이것이 문제라는 사실을 최근에 알게 되었는가?

3. 탈교회율이 높은 주요 원인이 무엇이라고 생각하는가?

4. 기독교 신앙이 아이들의 삶에서 뒷전으로 밀려났다는 현 상황에 대한 크리스천 스미스의 평가를 어떻게 생각하는가?

5. 아이들이 기독교 신앙에 동의하지 않기에 믿음에서 떠나는 이 상황을 당신은 어떻게 보는가? 사도 요한의 말씀에 비추어 생각을 정리해보라(요일 2:19 참고).

Day 2: 인생의 양면

1. 당신은 삶의 '두 가지 측면'을 어떻게 균형 있게 유지하고 있는가?(개인/가족, 경력/일)

2. 아버지 혹은 어머니, 아들 혹은 딸로서 역할이 당신의 경력이나 학업만큼 중요하다고 생각하는가?

3. 당신의 삶에서 이렇게 충돌하는 두 가지 측면이 있는가? 당신이 갈등을 겪는 그 측면은 무엇인가?

4. 어떻게 삶의 두 가지 측면을 조화롭게 녹여내어 균형을 이룰 수 있을까?

5. 기독교 신앙과 복음의 진리를 증거하는 데 가족에 대한 사랑과 태도는 어떤 관련이 있다고 생각하는가?

Day 3: 와이드 스크린 대 풀 스크린

1. 와이드 스크린과 풀 스크린 비유를 당신의 말로 다시 설명해보라.

2. 당신이 풀 스크린의 세계에서 와이드 스크린의 삶을 살아가는 데는 어떤 어려움이 따르는가?

3. 부모가 풀 스크린의 문화에서 와이드 스크린의 삶을 살려고 할 때 겪게 되는 압력에는 어떤 것이 있을까?

4. 이러한 갈등이 우리 자녀가 복음을 인식하는 방식과 삶의 전 영역에서 복음의 우월성에 대한 관점을 형성하는 데 어떤 영향을 미친다고 생각하는가?

5. 당신의 가정은 '좋은 성적', '좋은 스포츠팀', '좋은 이성 교제'에 대한 기대를 얼마나 하는가? 또 당신이 자라난 가정에서는 어땠는가? 이러한 세계관이 우리 자녀의 세계관과 인생관에 어떤 영향을 미친다고 생각하는가?

Day 4: 결혼을 원하지 않는 문화

1. 우리 문화에서 결혼을 건강한 시각으로 바라본다고 생각하는가? 아니면 아니라고 생각하는가? 그 이유는 무엇인가?

2. 결혼과 책임에 대한 우리의 태도는 아이들을 양육하고 훈육하는 방식과 어떤 관련이 있는가?

3. 자녀가 대학을 마치기 전에 결혼하기를 원한다면 당신은 어떻게 반응하겠는가? 그 이유는 무엇인가?

4. 당신이 자녀에게 보여주는 태도는 결혼과 가정의 중요성을 보여주는가? 당신이 자녀에게 어떤 메시지를 전달하고 있다고 생각하는가?

5 가정에서 이런 문제에 관해 이야기할 때 인용하기에 좋은 성경 구절에는 무엇이 있을까? 한번 찾아보라.

Day 5: 아이를 원하지 않는 문화

1. 당신이 자란 가정에는 자녀가 몇 명 있었는가?

2. 현재 당신이 이룬 가정에는 자녀가 몇 명인가?

3. 기독교 가정의 '적절한' 자녀 수는 몇 명이라고 생각하는가? 그 이유는 무엇이며, 어떤 성경 구절이 근거가 되는가?

4. 아이를 양육하는 태도는 세계관과 어떤 관련이 있는가?

5. 신명기 6장을 공부하는 것이 자녀를 키우는 당신의 시각에 어떤 영향을 미칠 것으로 기대하는가?

2장. 오직 한 분 하나님만 섬기라

Day 1: 영적 외도

1. 십계명에서 첫 번째 계명은 무엇인가?

2. 제1계명을 당신 가정의 상황에 맞춰 적용할 수 있겠는가? 수많은 사건과 상황 속에서 제1계명을 지킬 수 있다고 생각하는가?

3. 앞으로 당신의 가정에서 제1계명을 지킬 방법은 무엇일까? 자녀와 함께 고민해보고, 구체적인 방법을 한번 적어보라.

4. 당신의 가정에서 제1계명을 어기고 있는 부분이 있는가? 가족마다 생각한 부분을 잘 나누고, 제1계명을 지키는 방향으로 나아갈 수 있도록 논의하라.

Day 2: 토마스의 이야기

1. 토마스의 이야기가 낯설지 않게 느껴지는 이유는 무엇일까?

2. 토마스의 삶에는 어떤 우상이 있었는가?

3. 그는 그 우상을 섬기는 법을 어디서 배웠을까?

4. 많은 가정이 토마스의 행동 뒤에 있는 영적인 문제를 보지 못하는 이유를 무엇이라고 생각하는가?

5. 당신의 가정에서 자녀에게 신앙을 지키라고 하면서 더 중요하게 여기는 부분이 있는가? 학업이나 예체능이나 사람 등 여러 가지가 있을 수 있다. 그것들보다 신앙을 우선하려면 어떻게 해야 할까?

Day 3: 우상을 깨뜨리다

1. 가정들이 흔히 섬기는 우상에는 무엇이 있는지 한번 말해보자.

2. 이 책의 저자 보디와 그의 아내 브리짓이 가정 안에서 깨뜨려야 했던 우상은 무엇이었는가? 당신은 저자가 왜 그런 우상을 섬기게 됐는지 공감할 수 있는가?

3. 적절한 희망과 열정이 선을 넘으면 잠재적 우상이 된다. 그 차이를 어떻게 알 수 있는가?

4. 스포츠나 학문이나 돈 등 그 자체에 특별한 문제가 있다고 생각하는가?

Day 4: 걸음을 조심하라

1. 바울의 "당신의 발걸음을 살피십시오"라는 권면을 우리가 열정을 쏟는 일과 취미에 어떻게 적용할 수 있을까?(엡 5:15 참고)

2. 우리의 발걸음을 살피는 방법에는 무엇이 있을까? 에베소서 5장 12-20절을 보라.

3. 당신이 아는 다른 가정에서는 어떻게 그들의 발걸음을 살피고 있는가? 그들이 실천하는 방법을 한번 말해보자.

4. 특별히 당신 가정에서 발걸음을 살피는 방법이 있는가? 가족마다 자신의 방법을 한번 나누어보라.

Day 5: 성경에 따라 관계의 우선순위를 정리하라

1. 당신 가정에서 가장 중요한 관계는 어떤 것인가? 그 이유는 무엇인가?

2. 어째서 우리는 다른 모든 관계보다 부부 관계를 우선해야 할까?

3. 당신의 가정에서 부부 관계보다 우선하는 관계가 있다면, 그것은 무엇인가? 또 부부 관계를 우선하지 못하게 방해하는 요인은 무엇인가?

4. '아이가 가장 중요하다'는 태도가 위험한 이유는 무엇인가?

5. 부부 관계를 우선하는 것은 장기적으로 자녀에게 어떤 유익이 있을까?

3장. 가정에서 사랑하는 법을 배우라

Day 1: 사랑은 모두 사랑이다

1. 당신이 알고 있던 아가페와 필레오의 정의를 말해보라. 두 가지 사랑에 차이가 있다고 생각했는가?

2. 아가페, 필레오 외에 신약 성경에 나오는 사랑을 표현하는 그리스어에는 무엇이 있는가?

3. '신의 사랑'에 아가페가 아닌 '필레오'를 사용한 성경 구절을 찾아서 한번 읽어보라(요 5:20, 16:27, 20:2, 21:15-17, 계 3:19).

4. 성부와 성자 모두 필레오의 사랑을 하나님의 사랑으로 인정하는 것을 보고 어떤 느낌이 들었는가? 이 사실은 당신에게 어떤 의미가 있는가?

Day 2: 하나님 사랑, 형제 사랑

1. '형제를 사랑하는 것'이 참되고 성경적인 기독교의 상징이라고 생각하는가? 그 이유는 무엇인가?

2. 예수님은 모세의 사랑에 관한 교훈을 어떻게 적용하셨는가?(마 22:37-39 참고)

3. 이 사실을 우리 가정에서 사랑을 표현하는 방식에 어떻게 적용할 수 있겠는가?

4. 부모가 가진 기독교적인 사랑에 대한 부적절한 시각이 자녀를 양육하고, 자녀의 성경적 세계관과 인생관을 세워주는 데 어떤 영향을 미치는가?

5. 부모의 이혼은 자녀가 사랑을 바라보는 방식에 어떤 영향을 미치는가?

Day 3: 낭만적인 사랑의 신화

1. 현재 우리가 알고 있는 낭만적인 사랑의 신화는 어디에서 시작되었는가?

2. 낭만적인 사랑 신화의 네 가지 주요 특징은 무엇인가?

3. 이 사랑의 신화를 믿고, 그대로 사는 것의 위험성은 무엇인가?

4. 이 사랑의 신화는 우리가 결혼과 가정을 바라보는 방식에 어떤 영향을 미쳤는가?

5. 이 사랑의 신화는 우리가 인내하며 다른 사람들을 사랑하는 데 어떤 영향을 미쳤는가?

6. 당신은 낭만적인 사랑의 신화를 버리기가 어렵다고 느끼는가? 그 이유는 무엇인가?

Day 4: 다른 관계에 적용되지 않는 사랑

1. 낭만적인 사랑의 신화가 다양한 관계(예: 아버지와 딸, 어머니와 아들, 형제와 자매)에서 사랑을 표현하거나 정의하는 것을 어렵게 만든다고 생각하는가? 왜 그런가?

2. 어떤 관계에서 내린 사랑의 정의를 다른 관계에도 적용하기 어려운 적이 있었는가? 예를 들어, 하나님과 나의 관계는 잘 이루어지고 있다는 생각이 드는데, 하나님을 사랑하듯이 아버지를 사랑하는 데 어려움을 느낀 적이 있는가?

3. 낭만적 사랑의 신화에 따르면, 감정이 사라진 관계에서 남게 되는 것은 무엇이라고 생각하는가?

Day 5: 성경이 그리는 사랑

1. 이 책에서 말하는 성경적 사랑의 특징 세 가지를 말해보라.

2. 낭만적 사랑과 달리, 성경적 사랑의 주요 장점은 무엇인가? 이 책에서 말하는 네 가지를 적어보라.

3. 우리가 복음을 이해하고, 삶에 적용하는 데 낭만적 사랑의 신화가 방해된다고 생각하는가?

4. 부모가 자녀에게 적절한 사랑을 표현했을 때 자녀는 복음을 어떻게 받아들이겠는가?

5. 낭만적 사랑의 신화에서 벗어나 성경이 말하는 방법으로 다른 사람들과 관계를 맺으려면 어떤 노력을 기울여야 할까?(예: 가정이나 직장이나 학교 안에서 맺는 관계들)

4장. 가정에서 성경적 세계관을 가르치라

Day 1: 충성심의 전환

1. 모세는 "오늘 내가 네게 명하는 이 말씀을 너는 마음에 새기고"라고 권면했다. 올바른 성경적 사랑을 이해한 뒤 아이들에게 성경적 세계관이 필요한 이유를 말해보라.

2. 이 책은 기독교 신앙이 생기는 과정을 미식축구의 코치가 변경되는 것과 같다고 설명했다. 우리의 기독교 세계관이 형성되는 과정에 어떻게 충성심의 전환이 일어나는지 설명해보라.

3. 기독교로 개종한 후에도 계속 비성경적 세계관을 추구할 수 있을까? 당신의 생각을 말해보라.

4. 하나님은 이스라엘 백성에게 율법을 주셨을 때 그것을 단순히 지키라고 주셨다고 생각하는가? 하나님의 계명과 백성의 세계관에는 어떤 관련이 있는가?

Day 2: 세계관이란 무엇인가?

1. 이 책에서는 세계관을 세 가지로 비유했다. 그것은 무엇인가?

2. 당신은 모든 사람이 세계관을 가지고 있다고 생각하는가?

3. 세계관은 우리 일상생활에서 어떻게 작용하는가?

4. 예수 그리스도를 믿었을 때 당신의 세계관이 어떤 식으로 변화했는지 나누어보라. 혹은 지금 어떻게 당신의 세계관이 변화하고 있는지도 이야기해보라.

5. 성경적 세계관이 현시대 사람들의 세계관과 다르다고 생각하는가? 다르다고 생각한다면, 예를 들어보라.

Day 3: 우리 아이들에게 왜 성경적 세계관이 필요한가?

1. 현재 상황을 고려할 때 당신은 케이티의 경험이 흔히 일어날 수 있는 일이라고 생각하는가? 세계관이 충돌했던 당신의 경험을 이야기해줄 수 있겠는가?

2. 당신의 자녀(또는 당신 자신)가 케이티의 수업을 듣고 있었다면, 어떻게 행동하고 말했을까? 다른 사람의 의견에 설득당했을까? 아니면 자신의 생각을 고수했을까?

3. 당신이 일상에서 만나는 크리스천 아이들이 자기 세계관을 표현하고 방어할 수 있다고 생각하는가? 아니면 크리스천 스미스가 말했듯이, 성경적 세계관을 표현할 수 있는 아이는 극소수라고 생각하는가?

4. 당신은 크리스천 중 단 10퍼센트만이 성경적 세계관을 갖추었다는 바나 연구소의 평가가 정확하다고 생각하는가? 그 이유는 무엇인가?

5. 미국 목사 가운데 절반만이 성경적 세계관을 가졌다는 주장에 당신은 어떤 생각이 들었는가?

Day 4: 세계관의 기본 요소

1. 세계관의 다섯 가지 기본 영역은 무엇인가?

2. 세속적 인본주의와 기독교 유신론은 세계관의 다섯 가지 영역을 각각 어떤 관점으로 바라보는가?

3. 각 영역에 대한 당신의 견해를 성경의 근거를 들어 설명할 수 있는가? 당신의 자녀나 목사는 그렇게 할 수 있는가?

4. 현시대에도 세계관의 충돌은 계속 일어나고 있다. 당신이 겪었거나 알고 있는 세계관 충돌의 예시가 있다면 한번 나누어보라.

Day 5: 율법주의를 주의하라

1. 율법주의를 정의해보라.

2. 자녀가 경계를 설정하지 않으면 어떻게 될까?

3. 경계를 설정하되, 그것을 이해하고 평가할 수 있는 틀을 자녀에게 제공하지 않으면 어떻게 될까?

4. 자녀에게 경계를 설정하고 규칙을 정해주면서도, 자기 행위로 의로워지려는 태도로 이끌지 않으려면 어떻게 해야 할까?

5장. 가정에서 말씀을 가르치라

Day 1: 현재 상황

1. 자녀를 가르치는 것은 누구의 일인가? 당신의 자녀는 대부분의 영적 교육을 누구에게 받고 있는가? 위의 답과 아래의 답이 일치하는가?

2. 당신은 가정에서 정기적으로 성경을 배우며 자랐는가?

3. 당신은 정기적으로 함께 식사하는 가정에서 자랐는가?

4. 당신은 위의 두 가지 일을 정기적으로 실천하고 있는가?

5. 당신의 교회는 정기적으로 가족이 모여 식사하거나 묵상 나눔을 하라고 가르치는가?

Day 2: 하나님이 자녀를 우리 가정에 보내셨다

1. 자녀에게 성경을 가르칠 자신감이 당신에게 있는가? 솔직하게 나누어보라.

2. 가정에서 하나님 말씀을 가르치는 데 필요한 도움을 교회, 가족, 친구에게서 받고 있는가?

3. 당신이 자녀의 신앙을 키우는 데 도움이 되는 가르침을 받았는가?

4. 자녀의 신앙을 키워주는 일을 우선하고 있는가? 이를 실천하기 위해 어떻게 하고 있는가?

5. 부모인 당신보다 다른 사람이 당신 자녀의 신앙을 키우는 일을 더 잘할 것 같은가? 그렇다면 그 이유는 무엇인가?

Day 3: 가정의 역할

1. 당신의 자녀가 결혼할 때 주고 싶은 가장 중요한 것은 무엇인가?

2. 151페이지에 나오는 존 번연의 인용문을 읽고 어떤 느낌이 들었는가?

3. 당신의 자녀가 청소년이나 어린이 예배에 참석하고 있는가? 그렇다면 부모는 하나님의 말씀으로 자녀를 가르쳐야 하는 책임에서 자유로울 수 있다고 생각하는가?

4. 현대 기독교 가정들이 성경을 가르치는 책임에서 완전히 손을 뗀 이유는 무엇일까?

5. 당신이 자녀에게 성경을 가르치면, 자녀가 어떻게 반응하리라고 생각하는가? 설명해보라.

Day 4: 가정 교육

1. 이 책은 '가정 교육'을 어떻게 설명하는가? 그리고 당신은 이를 어떻게 생각하는가?

2. 가족이 함께 성경을 읽으면 어떤 장점이 있는가?

3. 자녀가 성경에 관해 질문할 때 자신 있게 대답하려면 어떻게 해야 할까? 그렇게 하기 위해 어떤 노력을 기울이고 있는가?

4. 당신의 집에는 기독교 양서가 구비되어 있는가? 그 책들을 읽고 있는가?

Day 5: 가정 교육에는 헌신과 시간과 노력이 필요하다

1. 당신이 가정에서 하나님 말씀을 가르칠 시간을 내려면 어떻게 해야 하는가?

2. 말씀을 가르치려면 무엇이 필요한가?

3. 가족이 함께 공부하고 소통할 시간을 마련하려면, 어떤 변화가 필요한가?

4. 하루에 적어도 한 끼 식사를 가족이 함께하려면 어떤 준비가 필요한가?

5. 한 끼 식사를 위해 자녀는 시간을 어떻게 조정해야 하는가?

6장. 가정에서 말씀대로 행하라

Day 1: 길을 가다가…

1. 모세가 신명기 6장에서 그린 모습은 일반적인 기독교 가정의 모습과 무엇이 다른가?

2. 당신은 모세의 말을 가정 제자훈련의 청사진으로 고려해본 적이 있는가?

3. 신명기 6장의 가정 제자훈련의 모델과 마주할 때 기독교인들이 흔히 보이는 반응은 무엇인가? 그것에 이 책에서 말한 두 가지 답은 무엇인가?

4. 가정에서 하나님의 말씀을 일관되게 가르칠 때 우리 삶에 어떤 일이 일어날까?

5. 신명기 6장과 비슷한 신약의 성경 구절은 무엇인가?

Day 2: 훈육과 훈련 단계

1. 이 단계에서 우리가 자녀에게 전하려는 것은 무엇인가?

2. 이 단계에서 우리는 자녀에게 무엇을 가르치고 있는가?

3. 이 작업을 수행하는 데 하나님이 우리에게 주신 도구는 무엇인가?

4. 이 단계에서 어떤 장애물과 반대가 있는가?

5. 훈육과 훈련 단계가 자녀의 영적 성장에 왜 중요한가?

Day 3: 교리문답 단계

1. 이 단계에서 우리가 자녀에게 전하려는 것은 무엇인가?

2. '교리문답'은 무엇인가?

3. 당신은 어릴 적에 교리문답을 배운 적이 있는가?

4. 당신의 교회가 추천하는 교리문답 도서는 무엇인가?

5. 교리문답을 가르치지 않으면 '도덕주의'에 빠질 수 있다는 이 책의 주장이 어떤 의미라고 생각하는가?

Day 4: 제자훈련 단계

1. 이 단계에서 우리가 자녀에게 전하려는 가장 중요한 것은 무엇인가?

2. 제자훈련을 정의해보라.

3. 제자훈련이 가장 중요한 시기는 언제인가?

4. 제자훈련에서 '성 정체성 혼란'을 피하는 것이 왜 중요한가?

5. 제자훈련의 '잊힌 열쇠'는 무엇인가?

Day 5: 1만 4천 시간

1. 가정 제자훈련에 관한 책에서 교육 관련 이야기를 듣게 되어 놀라지는 않았는가? 놀라지 않았다면, 그 이유는 무엇인가?

2. 이 책에서 교육에 대해 다루는 이유는 무엇인가?

3. 교육은 제자훈련에 어떤 역할을 하는가?

4. 교육은 세계관 형성에 어떤 역할을 하는가?

5. 기독교인들이 교육이 세계관 발달에 미치는 영향과 의미에 관해 깊이 있는 토론을 피하는 것이 건강한 일이라고 생각하는가? 설명해 보라.

7장. 가정은 하나님의 영역이다

Day 1: 어려운 적용

1. 모세의 가르침을 기독교인들이 적용하기 어려워하는 이유는 무엇인가?

2. 구약을 신약에 비추어 해석하지 않고 모세의 가르침을 우리 삶에 적용할 때 어떤 위험이 따르는가?

3. 당신의 가정을 방문한 사람들은 당신의 집 안을 둘러보며 어떤 생각이 들까?

4. 당신이 방문했던 가정 중 적절한 방법으로 복음을 증거하는 집이 있었는가?

Day 2: 어머니에게서 온 기억

1. 당신은 다른 종교에서 기독교로 개종했는가? 혹은 온 가족이 다른 종교를 믿은 적이 있는가?

2. 다른 종교를 믿는 사람의 집을 방문한 적이 있는가?

3. 매우 '감각적인' 종교(예: 불교, 힌두교)가 국교인 나라를 방문한 적이 있는가?

4. 당신의 집에 다른 종교의 경전이나 상징물이 있는가? 있다면 그 이유를 설명해보라.

Day 3: 일반 은총의 이해

1. 이 책에서는 의사의 진료실을 예로 들었다. 문화 전반에서 이 원리를 나타내는 다른 예시로는 무엇이 있을까?

2. 의사 외에 일반 은총의 원리를 가장 잘 드러내는 사람은 누구인가? 다시 말해, 당신이 방문했던 집이나 사무실에서 '이 사람들이 가장 중요하게 여기는 것은 바로 이것이다!'라는 생각이 들었던 적이 있는가?

3. 우리 가정의 장식물에서는 어떤 이야기가 보이는가? 손님에게 우리 가정의 교육 수준, 여행한 곳 혹은 좋아하는 휴가지 등을 보여주고 있는가?

Day 4: 감각 활용

1. 당신의 집에서 눈으로 보이는 것은 어떤 것인가? 어떻게 이것을 복음이 더 드러나게 바꿀 수 있을까?

2. 지금 당신의 집에서 귀로 들리는 것은 무엇인가? 어떻게 이것을 복음이 더 드러나게 바꿀 수 있을까?

3. 지금 당신의 집에서 손으로 만져지는 것은 무엇인가? 어떻게 이것을 복음이 더 드러나게 바꿀 수 있을까?

4. 당신의 가정에서 복음이 더 드러나도록 후각과 미각을 어떻게 활용할 수 있을까?

5. 주일 예배를 드린 후 정기적으로 가족이 무여 함께 식사하는가?

Day 5: 가정 예배

1. 당신이나 주변 사람 중 정기적으로 가정 예배를 드린 가정에서 자란 사람이 있는가?

2. 현재 가족과 함께 가정 예배를 드린 적이 있는가?

3. 교회에서 가정 예배를 드리도록 장려하는가?

4. 가정 예배가 기독교 가정에 필요하고 유익한 방법이라고 믿는가?

5. 정기적으로 가정 예배를 드리지 못하는 이유는 무엇인가?

8장. 하나님의 은혜를 기억하라

Day 1: 부의 위험

1. 존 번연의 글을 읽어보라. 그는 기독교인과 부의 관계에 대한 본질을 어떻게 이해하고 있는가?

2. 마태복음 19장 24절(막 10:25, 눅 18:25 참고)을 읽어보라 예수님의 말씀은 부유한 젊은 지도자에게 어떤 영향을 주었는가?

3. 마태복음 6장 24절을 읽어보라. 왜 부를 추구하는 것이 하나님을 따르는 데 위협이 된다고 생각하는가?

4. 요한계시록 3장 15-17절을 읽어보라. 우리 문화와 라오디게아 교회는 어떤 점에서 닮았는가?

5. 이사야 31장 1절을 읽어보라. 현대의 상황에서 "말을 의지하며 병거의 많음에 의지한다"는 것은 무엇을 의미하는가?

Day 2: 우리 문화 전반의 문제

1. 대부분 가정에서 양육과 번영은 어떤 관계가 있는가?

2. 이 장에서 살펴본 미식축구 감독들의 삶은 우리 문화 전반의 문제들을 어떻게 반영하고 있는가?

3. 미식축구 감독들은 자기 경력을 위해 가족을 희생시키는 것을 정당화했다. 당신은 어떤 핑계를 대고 있는가?

4. 일정 기간 가족에게 희생을 요구할 수 있는 정당한 상황에는 어떤 것이 있는가?

5. 당신의 교회에는 '경제적 책임을 다한다'라는 이유로, 남편들이 가족에 대한 영적, 정서적 책임을 소홀히 하거나 집을 떠나 있는 일이 흔한가?

Day 3: 균형 잡힌 접근

1. 번영은 본질적으로 악한 것인가? 설명해보라.

2. 이 책은 남성에게 열심히 일하고 가족을 부양하는 책임을 포기하거나 소홀히 하라고 요구하는가?

3. 번영과 우상 숭배의 차이는 무엇인가?

4. 이 논의에서 '청지기'라는 개념을 어떻게 적용할 수 있는가?

5. 적절한 번영의 '양면'이란 무엇일까?

Day 4: 가족을 최우선시하라

1. 이 장에서 묘사된 두 사업가의 대화는 흔히 들을 수 있는 것인가?

2. 당신의 가족은 가정의 중요한 일에 시간을 내기 위해 애쓰고 있는가?

3. 당신의 가정이 성경적인 가정을 세우기 위한 시간을 보내려면, 어떤 장애물을 극복해야 하는가?

4. 이 장에 제시된, '여성은 모든 것을 소유할 수 없으며 그럴 필요도 없다'는 주장에 동의하는가?

5. 당신의 현재 생활 방식을 '가족에 대한 투자'로 묘사하겠는가, 아니면 다른 표현이 더 적절할까?

Day 5: 노코치에게서 얻은 교훈

1. 이 코치가 은퇴 후 자신이 어떤 삶을 살게 될지 미리 알았을 것으로 생각하는가?

2. 결혼 생활이 한계 상황에 이르기 전에, 그 아내가 코치에게 자기 불만족에 관해 이야기를 나누었을 것으로 생각하는가?

3. 코치의 희생을 성경적으로 변호할 수 있을까?(예: 가정을 희생하면서 젊은 학생들의 삶에 투자한 것)

4. 그가 결혼과 일을 균형 있게 영위할 방법이 있었을지 생각해보라.

5. 그의 인생 교훈이 당신의 삶과 가정이 지나온 길을 되돌아보는 데 도움이 되었는지 이야기해보라.

9장. 가정 중심 신앙을 위한 교회의 전략

Day 1: 보이지 않는 부흥

1. 부흥이란 무엇인가?

4. 이러한 종류의 부흥을 경험하는 사람들이 치러야 할 잠재적 비용은 무엇인가?

2. 하나님의 관점에서 본 부흥의 궁극적인 목적은 무엇인가?

5. 당신의 교회에 이러한 종류의 부흥이 필요하다고 생각하는가? 설명해보라.

3. 미국의 가정 중심 제자훈련과 교육 운동은 부흥과 닮았다고 볼 수 있을까?

Day 2: 교회 찾기

1. 건강한 교회란 어떤 교회인가? 정의해보라.

2. 최근에 건강한 교회를 찾아 헤맨 적이 있는가?

3. 현재 다니는 교회를 건강한 교회로 볼 수 있는가? 그 이유는 무엇인가?

4. 교회를 찾을 때 타협할 수 없는 요건이라고 생각하는 것은 무엇인가?

5. 당신의 자녀는 자기 자신을 교회의 일원으로 생각하는가?

Day 3: 현대 청소년 사역 모델의 결점

1. 현대 청소년 사역 모델의 출처는 어디인가?

2. 현대 청소년 사역 모델의 세 가지 주요 문제는 무엇인가?

3. 청소년을 전도하고 제자로 만드는 가장 효과적인 수단은 무엇이라고 생각하는가? 설명해보라.

4. 전도와 제자훈련 모델에 대한 접근 방법을 이해하는 데 어떤 성경 구절, 모델 또는 예시가 도움이 되었는가?

5. 제자훈련에 대한 비성경적이고 비효과적인 접근 방식이 반복될 때 부모는 어떤 역할을 할 수 있을까?

Day 4: 이 입장에 대한 반대 의견

1. Day 1-3까지의 내용이 불편했는가? 1부터 10까지의 점수를 매기고 설명해보라.

2. 기독교인이라고 주장하지만 자기 자녀를 제자 삼기를 거부하는 사람들에게 교회는 어떤 방법으로 대응할 수 있을까?

3. 교회는 비신자 가정의 어린이를 어떻게 대해야 할까?

4. 청소년들이 서로를 제자 삼을 때 어떤 문제가 생길 수 있는가?

5. 청소년 사역과 가정 중심 제자 양육에 관한 논의에서 전두는 어떤 역할을 하는가?

Day 5: 새로운 접근

1. 성경에 따르면, 청소년의 신앙 성장에 영향을 끼치는 주요 원천은 누구 또는 무엇인가?

2. 이머징 교회 운동은 가정 중심의 제자 양육에 대해 우리에게 무엇을 말해주는가?

3. 다음 세대를 제자로 양육하기 위한 이머징 교회 운동의 대응에서 가장 큰 실수는 무엇인가?

4. 이 책은 현재 위기에 대한 궁극적인 해결책이 무엇이라고 말하는가?

10장. 교회가 나아가야 할 방향

Day 1: 평범에서 벗어난 급진적 변화

1. 교회에서 가정을 제자 삼는 사역의 현주소와 관련해 가정 중심 청소년 사역의 발전이 시사하는 바가 있는가?

2. 가정 중심 청소년 사역이 현재 우리에게 닥친 위기에 충분한 대응이 되는가? 그 이유가 무엇이라고 생각하는가? 충분하지 않다고 생각한다면 그 이유는 무엇인가?

3. 가정 중심 청소년 사역이 현재의 위기에 대한 성경적 대응이라고 생각하는가? 당신의 생각을 자유롭게 말해보라.

4. 아이들이 믿음을 떠나는 상황에서, 가정 중심 청소년 사역 외에 다른 대안이 있을까? 아이디어가 있다면 나누어보라.

Day 2: 가정 통합 교회

1. 이 책을 읽기 전에 가정 통합 교회에 대해 들어보았는가?

2. 이 책은 가정 통합 교회 모델이 교회가 해볼 수 있는 유일한 방법이라고 하는가?

3. 가정 통합 교회는 새롭게 나타난 모델이라고 생각하는가?

4. 혹은 가정 통합 교회가 현대에 나타난 모델이라기보다 신약 교회를 더 닮았다고 생각하는가? 당신의 생각을 자유롭게 나누어보라.

Day 3: 가정 통합 교회와 연령별로 분리된 교회의 차이

1. 현시대 가정들이 교회에서 모두 함께 예배하는 일이 가능하다고 생각하는가? 그렇지 않다면 그 이유는 무엇인가?

2. 연령별 구분이 없는 교회에서 어린이와 청소년을 제자로 세울 수 있다고 생각하는가? 그렇게 생각하는 이유는 무엇인가?

3. 오늘날 청소년(연령별로 분리된 교회의)이 성경을 이해하는 수준과 100년 전의 청소년(연령별 분리가 없는 교회의)이 이해하는 수준에는 어떤 차이가 있을까?

4. 주일학교를 교회의 전도, 제자훈련 장소로 보는 것과 가정을 전도와 제자훈련이 이루어지는 장소로 보는 것의 차이는 무엇인가? 당신은 교회와 가정, 둘 중 어느 곳에서 신앙 교육이 이루어져야 한다고 생각하는가?

5. 교회가 제자 삼는 사역을 할 때 기독교 교육을 가장 중요한 방법이라고 생각하지 못하게 하는 요인에는 어떤 것이 있을까?

Day 4: 가정 통합 교회의 지도 원칙

1. 이 책에서 제시한 가정 통합 교회의 지도 원칙 세 가지 중에서 어떤 부분이 가정 통합 형태가 아닌 교회에서 적용하기 어렵다고 생각하는가?

2. 교회가 결혼과 가정에 대한 성경적인 견해를 강조하는 것은 왜 중요한가?

3. 자녀에 대한 성경적 관점을 장려하는 것이 결혼과 가족에 대한 성경적 관점을 장려하는 것과 어떻게 맞닿아 있는가?

4. 우리 교회에서 가정 예배를 촉진하기 위해 어떻게 지원할 수 있겠는가?

5. 교회 리더를 선출하거나 임명할 때 리더의 자격에 관한 시각을 어떻게 바꿔야겠는가? 성경은 어떤 사람을 교회 리더로 세워야 한다고 하는가?

Day 5: 집으로 가는 긴 여정

1. 이 장에서 제시한 가정 중심 신앙의 요소를 실천하려면 반드시 가정 통합 교회에 속해 있어야 하는가?

2. 이 책을 통해 당신이 가정을 바라보는 시각이 어떻게 바뀌었는가? 나누어보라.

3. 이 책을 보고 당신의 기존 방향을 계속 유지해야겠다고 생각했다면, 그 이유를 자세히 나누어보라.

4. 이 책을 읽고 새롭게 결심한 부분이 있는가? 가정생활과 자녀 양육, 교회 사역과 관련해 이전과는 다르게 나아가야 할 부분이 보였는가?

5. 당신이 이 책에서 배운 것 중에서 가장 복음 중심적이라고 생각하는 것은 무엇이며, 그것을 당신의 실제 삶에 어떻게 적용할 수 있겠는가?

6. 앞으로 당신의 가정과 교회가 어떻게 나아가리라고 기대하는가?